广东外语外贸大学新闻与传播学院学科发展专项经费资助

商务文化学

陈开举 汪谓超 茹 英◎著

中山大学出版社
SUN YAT-SEN UNIVERSITY PRESS
·广州·

版权所有　翻印必究

图书在版编目（CIP）数据

商务文化学/陈开举，汪谓超，茹英著. －广州：中山大学出版社，2024.12. －ISBN 9787306083425

Ⅰ. F72

中国国家版本馆 CIP 数据核字第 2025TH4807 号

SHANGWU WENHUAXUE

出 版 人：	王天琪
策划编辑：	熊锡源
责任编辑：	熊锡源
封面设计：	彭　欣
责任校对：	王百臻
责任技编：	靳晓虹
出版发行：	中山大学出版社
电　　话：	编辑部 02084110283，84113349，84111997，84110779，84110776
	发行部 02084111998，84111981，84111160
地　　址：	广州市新港西路 135 号
邮　　编：	510275　　传　真：02084036565
网　　址：	http://www.zsup.com.cn　Email：zdcbs@mail.sysu.edu.cn
印 刷 者：	广州市友盛彩印有限公司
规　　格：	787mm×1092mm　1/16　13.5 印张　262 千字
版次印次：	2024 年 12 月第 1 版　2024 年 12 月第 1 次印刷
定　　价：	45.00 元

如发现本书因印装质量影响阅读，请与出版社发行部联系调换

目 录

第一章 绪 论 ·· 1
　一、文化与文明的基本定义 ·· 1
　二、文明、文化与商务文化 ·· 3
　三、文化与符号 ··· 13
　四、作为专业方向的商务文化学 ··· 14
　思考训练 ·· 16

第二章 文化及相关概念 ··· 17
　一、引言 ·· 17
　二、文化的基本概念 ··· 18
　三、自我参照标准 ·· 22
　四、文化共性与差异 ··· 23
　五、刻板印象与文化中心主义 ··· 24
　六、文化惊骇与跨文化适应 ·· 26
　七、商务案例分析 ·· 30
　思考训练 ·· 32

第三章 商务文化学的研究路径与方法 ·· 33
　一、引言 ·· 33
　二、企业责任与商务文化 ··· 35
　三、性别分工与商务文化 ··· 40
　四、消费视域下的商务文化 ·· 45
　思考训练 ·· 50

第四章　霍尔的跨文化交际理论　51
一、引言　51
二、高语境文化与低语境文化　53
三、一元时间观与多元时间观　58
思考训练　63

第五章　文化与礼仪　66
一、引言　66
二、跨文化中的商务礼仪相关原则　67
三、日常交际中的跨文化问题　69
四、仪式　81
思考训练　85

第六章　语言与文化　87
一、引言　87
二、语境与交际　88
三、语言与文化的相互关系　91
四、语汇的内涵与外延　93
五、语用原则差异　97
六、话语模式的差异　99
七、跨文化交际中的幽默　102
八、符号、意义与文化　107
思考训练　111

第七章　文化与非言语交际　113
一、引言　113
二、非言语交际　114
三、非言语交际的功能　118
四、理解非言语交际　120
五、文化禁忌　130
思考训练　133

第八章　跨文化营销 ………………………………………… 135
一、引言 ………………………………………………………… 135
二、营销 ………………………………………………………… 137
三、跨文化营销中文化的作用 ………………………………… 140
四、影响跨文化营销的因素 …………………………………… 142
五、跨文化营销模式及策略 …………………………………… 144
六、文化创意产业 ……………………………………………… 147
七、日常生活审美化 …………………………………………… 149
思考训练 ………………………………………………………… 151

第九章　跨文化谈判 ………………………………………… 152
一、引言 ………………………………………………………… 152
二、谈判 ………………………………………………………… 153
三、跨文化商务谈判 …………………………………………… 154
四、跨文化商务沟通中的法律因素与政府因素 ……………… 165
五、文化杂糅 …………………………………………………… 172
六、多元文化主义 ……………………………………………… 173
思考训练 ………………………………………………………… 175

第十章　跨文化交际能力与企业文化 …………………… 177
一、引言 ………………………………………………………… 177
二、跨文化交际能力 …………………………………………… 178
三、跨文化视域下的企业文化 ………………………………… 184
四、单一文化能力 ……………………………………………… 196
五、跨文化能力和超文化能力 ………………………………… 197
思考训练 ………………………………………………………… 199

参考答案 ……………………………………………………… 201

第一章 绪 论

当今时代，人们的生活中充满了各种形式的数字技术以及各种商务文化元素。从早到晚，人们无时无刻不生活在各种人造物的世界中；按照各种格式化了的时间安排、循着各式各样的步骤与方法，穿戴洗漱、置配行头、出行转移、寒暄协商；在上班的黄金时间内，更是高度自觉地按照文化、商务文化的种种相关规定加入物质生产洪流，为社会文明做出切实的贡献……人们就这样日复一日、年复一年，不断重复着相似的生活。另眼观之，这种生活中，人们一方面生活在实存的自然和经过人的劳动改造的自然世界中，同时也生活在由人制定的各种显性和隐性的规则、积累的驾驭各种工具的方法和与他人协调的技巧等构成的文化世界之中。对人而言，文化世界发展得越来越精细、复杂，也越来越重要了。

正是因为人活在文明文化世界中并属于其中的构成成分，乍一被问及什么是文化，大多数人往往茫然不知如何作答：不识"庐山"真面目，只缘身在"文化"中。就像我们呼吸的空气、喝的水一样，当这些生活中的基本元素没有出现问题时，人们往往意识不到它们的存在，而一旦出现问题，如空气中有烧焦的味道，或者说有人在公共场所无端地喧哗等，这些基本元素的重要性便立即显现出来，人们会感到不安，必须弄明确并迅速解决相关问题。文化一旦出现较大的或者是系统性的问题，人们就会反思，追问原因，标本兼治地解决问题，如制定规则和惩罚机制，根治噪声问题。

文化作为一个整体，难以被细分为商务文化或其他类型的文化，但是为了学习研究的方便，本书将工作场域的文化作为专题提出并进行专门研究。实际上，当人处于较高程度自觉状态的商务文化被研究清楚了，文化的其他组成部分的研究也就相应变得简明了。

一、文化与文明的基本定义

文化难以定义并不是说不能定义，而是说不同的人往往强调文化的不同侧面，给出的定义太多，莫衷一是。雷蒙·威廉斯（Raymond Williams）考察了 culture 的拉丁文 cultura 的词源，"可追溯的最早词源为拉丁文 colere。Colere 具有一系列的意涵：居住（inhabit）、栽种（cultivate）、保护（protect）、朝拜（honour with worship）。其衍生的名词，虽然各具意涵，但偶尔会有部分重叠"①。这说明文化与文明密切相关，实际上，上述内容更多地属于文明的内容。中文里，"文化"是"文"（文字、文章、文采，礼乐制度、法律条文等）与"化"（教化、教行等）二者复合而成的词汇。以文化为核心研究对象的专业中比较被广泛接受的还是爱德华·伯内特·泰勒（Edward Burnett Tylor）的人类学定义："文化，就其在民族之中的广义而言，是个复合的整体，它包含知识、信仰、艺术、道德、法律、习俗和个人作为社会成员所必需的其他能力及习惯。"② 广义上的文化也包含着文明的相当一部分内容，常常以物质文化、精神文化、制度文化和方法论四大部分作为文化的主要成分③，狭义上的文化则聚焦在精神文化方面。

威廉·哈维兰（William A. Haviland）总结了文化的四个主要特征：文化是共享的、文化是习得的、文化以符号为基础、文化是整合的。④ 文化的共享性指的是文化由某个族群或社会共有而不是单个人或少数人偶然的行为、方法或观点；文化的习得性说明文化是人在后天通过学习得来的，而不是与生俱来的——注意这种差别对于破除宿命论的文化偏见有着重要的意义；文化是由符号表征的，这就说明符号的发明和使用是文化产生的重要标志，而且人越来越倚重他用符号构建的文化世界；文化的整合性表明了文化体之间的借鉴与融合，文化多元性和互补性的发展路径。此外，文化还应该是发展的，文化充分体现了人的主观能动性，等等。

同一文化体内，文化又常常有多种层次：高雅文化、民间文化、日常生活文化⑤等。文化的发展过程总体上呈现出从以小众的、高雅的文化为主的社会文化生活状态向以大众的、流行的文化为主的状态转化的趋势。

---

① 威廉斯著，刘建基译：《关键词：文化与社会的词汇》，北京：生活·读书·新知三联书店 2005 年版，第 101 页。
② 本段内容的详细讨论，见李鹏程：《当代西方文化研究新词典》，长春：吉林人民出版社 2003 年版，第 307 页。
③ 详见陈开举：《后现代文化娱乐化批判》，北京：知识产权出版社 2018 年版，第 4 页。
④ 哈维兰著，翟铁鹏、张钰译：《文化人类学》，上海：上海社会科学院出版社，2006 年版，第 36–45 页。
⑤ 克朗著，杨淑华、宋慧敏译：《文化地理学》，南京：南京大学出版社，2005 年版，第 5 页。

文明通常"被用来描述有组织性的社会生活状态"①。这种组织性和社会性显著地体现在社会的物质生产、生产方法与工具、社会组织与保障社会秩序的规章制度等方面。这些方面与上面所说的文化中的物质生产和方法论相重合，构成了广义上的文化和文明的共有成分。

在结束对文明和文化定义的讨论前，如张政文教授于 2022 年所言，有必要强调："文明是人类客观历史创造人与自然关系的物质力量。文明是一元的，有先进与落后之分。文化是人类主观历史创造人与人关系的精神力量。文化是多元的，没有先进与落后之分。"②

二、文明、文化与商务文化

文化是文明发展的产物，即具有文明第一性、文化第二性的特征。文化反映文明，文明是文化的物质基础，文明的发展推动着文化做出相匹配的发展。文明的进步依赖于工具的改进，文明发展的标准应该由生产工具的改进以及因此而提升的社会生产力水平来衡量。文化发展应该从符号系统的多元、多维、丰富性来考察。当然，文明与文化之间的关系又常常是缠绕难分的，因为符号经过发展、完善，又成为人类最重要的工具。语言作为最完善的符号系统，其发明和使用是文化确立的标志，从此，文明的进程得以清晰地记录下来，人类步入有文字记载的历史时期。

广义地讲，文明与文化可以通约使用；狭义地说，文明包含着文化，文明作为社会物质实践，决定着作为精神生活的社会文化。当然，作为记录、表征、阐述文明的文化一旦形成体系，文化系统本身又有一定的独立性。如一门语言一旦成熟，人们除了运用该语言来记录生产生活，也可以在语言内就词语之间开展如绕口令之类的纯文字的游戏。语言在使用过程中，各种词汇进行一定的博弈，可能表征和指涉的内容越来越清楚、细化，反过来在记录社会文明实践时更加高效、准确，即是说，语言和文化一经体系化，它们反过来也能更好地记录、指导、促进或制约社会文明的发展。按照马丁·海德格尔（Martin Heidegger）对于事物的符号或者语言表述的论述，事物和思想用符号和语言

---

① 威廉斯著，刘建基译：《关键词：文化与社会的词汇》，北京：生活·读书·新知三联书店 2005 年版，第 46 页。
② 根据张政文教授于 2022 年 4 月 23 日应邀做的一场专题讲座"关于文明与文化的冲突与反思"的内容整理而成。

表示出来，就意味着它们进入人的另外一个处理问题的空间，即文化的、知识的、智慧的空间。①

文明进程催生了文化，推动了文化的发展。反过来，文化从一开始就围绕文明进程而生，其内容的最重要来源也是社会文明时间。众多不同的文化体最初的内容几乎一致地包含了丰富的天象、天文内容，反映了早期的人类先民们对自然的观察、模拟、映射与反思，如各种观云识天气、占星术②的记载。人们观察星云天象，依据长期积累的经验判断天气，决定庆典、农事或狩猎等活动。文明与文化之间的蕴含关系可以用图1.1表示出来：

图1.1 文明与文化的关系

图1.1说明文明包含着文化，文化发生以前，原始初民已经开始某种形式的团体分工合作，使用简单的工具；随着社会文明的进步，符号的使用促成了文化的正式诞生，并依此反映、记录文明，但是文明中还是有一部分在文化范畴之外的内容。狭义的文化专指人的精神文明的那一部分，图1.1清楚地说明了文明和文化的关系。

人类社会步入现代产业文明阶段后，知识技术的大发展将社会文化推到了

---

① 原文为"Where word breaks off no thing may be," points to the relation of word and thing in this manner, that the word itself is the relation, by holding everything forth into being, and there upholding it. If the word did not have this bearing, the whole of things, the "world," would sink into obscurity. 文中译文为笔者的版本。他在同一篇文章中稍后部分还进一步论述道：To say means to show, to make appear, the lighting – concealing – releasing offer of world. （以语言）说出（某物）意味着表明（它），使（它）显现，（亦即）揭开世界（它）的遮蔽物。参见 M. Heidegger, "The Nature of Language", in Peter D. Hertz, (Trans.). *On the Way to Language*. New York：Harper & Row, Publishers, 1982：107.

② 三国演义中就充满了诸葛亮、司马懿、先主（刘备）等对星象的观察和解读，如该书第104回就记载了一则："却说司马懿夜观天文，见一大星，赤色，光芒有角，自东北方流于西南方，坠于蜀营内，三投再起，隐隐有声。懿惊喜曰：'孔明死矣！'"参见罗贯中：《三国演义：下》，北京：人民文学出版社1979年版，第905页。

一个新高度。社会文明之生产活动越来越多地是在文化的场域进行的：在设计、论证充分的基础上才展开生产环节，越重要的实践越是如此。单就设计阶段而言，就可以细分为概念设计、功能设计、技术设计、产品设计、步骤设计、试运营设计、维护设计等等，每一项工作更多的是在符号、语言等文化的形式内操作完成的。

产业经济蓬勃发展以来，社会文化更多地包含了文明要素，工厂、公司、机关单位的各种工作越来越多地以文件形式表示出来，并通过各种会议进行协商讨论，造成了人们常常听到的类似于"文山会海"的抱怨。实际上，这是因为随着知识技术的深化、细化，社会分工愈来愈专业化、精细化，各类社会文明具体的实践工作中的知识含量越来越多、越来越复杂，需要协调的关联性环节和专业增多了，客观上需要更多的协调。与这种抱怨相矛盾的是，表面上协调环节、各种会议、各种文件的增多貌似延缓了政务、商务、管理决策，增加了管理成本，降低了效益。但是实际上，以中国为例，以基础设施建设为对象进行考察，我们很简单地就可以看到，这种以语言、符号为基础的"文山会海"实际上大幅度提升了基础设施建设的生产效率、质量和数量。再以中国高水平的桥梁、隧道、高速公路、高速铁路等大型基础设施建设项目为例，如今经过更多的商议、协调、论证，每年的生产成果都远远超出该时代以前（即产业化、市场经济以前）数十年的总和，而且数量及质量更是达到了以往难以想象的高度，更不要说海上钻探、人工岛、深海探查等高科技行业了。

20世纪后期，西方主要产业化国家相继步入后工业时代的消费社会，20世纪90年代后期，中国也加入到这个浪潮中，信息技术逐渐成为社会发展最重要的新的增长领域，社会文明文化生活越来越受到数字化的影响乃至控制。"后现代社会以知识-信息为重要时代特征，也就是说，社会生活高度符号化、文化化，日常生活当然也不例外。"① 简言之，在信息化时代，一切生产生活都受数字化的支配，整个社会生产生活都文化化、信息化、数字化了。中国电子商务的飞速发展，手机支付、人脸识别、自媒体、融媒体等一连串令人应接不暇的以数字技术为基础的生产生活新样态快速改变着个人和社会生活。如今，一部智能手机在手，人们随时随地可以与他人互联，与商品链接，与服

---

① 陈开举：《后现代文化娱乐化批判》，北京：知识产权出版社2018年版，第186页。

务链接,生活无处不正事①,无处不商务,无处不文化。文化与商务文化之间的蕴含关系可以大致用图1.2简要说明:

图1.2 文化与商务文化的关系

图1.2表明,文化与商务文化之间的关系是包含关系。现代社会中,商务文化处于人类文化的核心区域,是人高度自觉状态下文化形态的集中体现。当然,在大的文化概念下还包含着许多不属于商务文化的内容。

这样,我们就可以将文明、文化、商务文化三者间的蕴含关系以图1.3简要地表示出来:

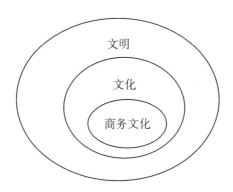

图1.3 文明、文化与商务文化的关系

整体上看,文明的概念包含着文化的内容,文化又包含着商务文化。反过

---

① 在我们本科和硕士层面"跨文化商务交际"课程里,我们反复讨论过business这个词。显然这个词译成"商务"过于片面了,涵盖不住business所包含的人类在自觉状态下主动投入的学习、生活、政务等"正事"内容,所以我们这里提的"正事"就是对"商务"一词的补充和对business应有的别的内涵的意指。

来，商务文化的内容一定是文化的，也是文明的，即商务文化尤其聚焦于文化中那部分服务于社会生产的内容。

文化几乎包含了人有意识的生活的各个方面，大致可以进一步细分为物质文化、精神文化、制度文化、方法论四个方面。按照本书中的讨论，物质文化、方法论以及制度文化的一部分更多地属于社会文明的组成部分，直接作用于社会生产和组织生活；精神文化，尤其是知识、艺术，是狭义的文化的核心成分。物质文化和方法论都是商务文化的重要构成成分；制度文化，尤其是那些关于生产标准、生产关系、人际关系、分工协作、操作规程等的内容当然也是商务文化的重要内容。随着社会文明、文化的发展，精神文化越来越多地反作用于社会文明，尤其是在现代产业文明发展到相当高的阶段时，传统的文艺领域变得越来越职业化、产业化、商业化，精神文化日益转化为商务文化的重要组成部分了。

在社会生活中，文化包含日常文化现象、代表性英雄人物、各类仪式庆典、核心价值观。它们一起形成了一个由浅入深、由表及里、从无意识到自觉的文化系统，该系统体现在日常生活中，化育成教育内容，标识出重要社会事件，彰显着群体文化身份。吉尔特·霍夫斯泰德（Geert Hofstede）用图1.4①将这些要素形象地表达出来：

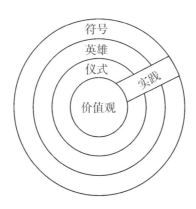

图1.4 霍夫斯泰德文化要素

图1.4表明，文化是由不同层级的内容构成的：最外层是人们可以直接感

---

① 吉尔特·霍夫斯泰德、格特·杨·霍夫斯泰德、迈克尔·明科夫著，张炜、王烁译：《文化与组织：心里软件的力量》（第三版），北京：中国电子工业出版社2019年版，第6页。

知的由符号所表达的生活的方方面面,其次是国民教育和文化传播中的承载着本民族文化意义的诸多英雄,再深层次一点的是重要生活节点时群体性的各种庆典仪式。具体文化中的核心价值观是隐含最深的,需要总结提炼出来,成为团结本文化群体成员的内核要素,也是本民族区别于其他民族的标识性要素。此外,文化也常常被隐喻为"冰山":表面的、显性的、可感知的部分实际上很小,更多的是"水面下"的隐形的、深层次的、需体悟的文化内圈成分,"水面下"的内圈成分占绝大部分,"水面上"的外圈成分在整个文化成分中占比其实很小。

将文化"冰山"内容具象化,可以得到图1.5:

图1.5 文化"冰山"的成分

资料来源:胡文仲:《跨文化交际学概论》,北京:外语教学与研究出版社,1999:41.

图1.5填充了文化所包含的部分内容:日常行为和实践活动中显见的、可感知的文化要素,如服装、音乐、语言、招呼语、饮食、闲暇活动、手势、礼

仪、文学等；深层次的文化内圈中的隐性的、可体悟的文化要素，如时间观念、对空间的利用、成就感、交际模式、对环境的取向、上下级关系的模式、对"个人"的看法、对竞争或合作的偏爱等。

1. 文明形态与文化模式

按照社会生产方式，人类已经经历的文明形态可以简略地概括为：原始文明、农耕文明、工业文明。20世纪下半叶起，部分现代化高度发展的国家和地区相继步入后工业化时代，虽然这个时代的主要特征还难以准确界定，但是根据迄今已经表现出来的重要特征，可以称之为信息文明时代。

不同的文化体之间之所以不同，乃是因为它们各自具有某些系统性的特征，故能团结本文化体的成员，区分其他文化体及其成员。文化体之间的系统性差异说明不同的文化体具有其独特的文化模式。对文化模式的研究有横向和纵向两种进路。横向的共时态的视角下，文化学家们可以聚焦某一种具体文化，如鲁思·本尼迪克特（Ruth Benedict）对日本文化[①]和对印第安人文化[②]的系统研究。另外，以具体某个文化为焦点的研究，如林语堂[③]、辜鸿铭、费正清等学者对于中国人与中国文化的专题研究。多元文化共存、互鉴、平等，是妥善应对文化差异、和谐进行互利互惠的跨文化交流的基本原则。

历时态纵向地看，人类文明、文化发展史已经经历了的文化模式有：原始文明下的自然主义文化模式、农耕文明下的经验主义文化模式、工业文明下的理性主义文化模式。当今世界，部分现代化高度发展的国家和地区正在越来越显著地步入信息文明以及与之相匹配的后现代文化模式。[④] 对于原始社会的文化模式，由于缺乏文字记载，对于人类漫长的原始时代的情形，只能在依赖考古学提供的有限证据下进行推测和猜想。

在人类历史上，农耕文明和与之相匹配的经验主义文化模式[⑤]，由于有了文字记载，是比较全面、准确地保存下来的最早的人类文明形态和文化模式。社会生产力水平的提高、物质保障的改善，促成了社会大分工。专门的社会管理机构的普遍设立和基本职能的明晰化使得社会生活在明确的秩序下展开。在

---

① 本尼迪克特对日本民族卓有成效的研究成果，参见鲁思·本尼迪克特著，胡新梅、孙志民等译：《菊花与刀》，北京：中华书局2018年版。
② 参见鲁思·本尼迪克特著，王炜译：《文化模式》，北京：社会科学文献出版社2009年版。
③ 参见林语堂：《中国人》，郝志东、沈益洪译，杭州：浙江人民出版社1988年版。
④ 关于文化模式的历时态划分和各具体模式下的基本特征，本文重点参考了衣俊卿：《文化哲学十五讲》，北京：北京大学出版社2004年版，第79-89页。
⑤ 衣俊卿：《文化哲学十五讲》北京：北京大学出版社2004年版，第81-83页。

此基础上，精神生产从物质劳动中分离开来，知识行业成为专门的门类，从而形成了文化的自觉性，部分文化内容的抽象程度甚至达到了玄奥的程度，文艺、审美也有了极大的发展，此乃与自然主义文化模式本质性的差异。与农耕文明匹配的文化模式是经验主义文化模式。所谓经验主义，强调的是对自然和生产技术的经验积累，并结合家庭内部基本以血缘为基础的宗法关系而奠定的基本的生活方式。人们凭借经验、常识、传统、习惯、宗法教条，循着依时间维度呈现的自然秩序重复自在地生活。[①] 集体主义占据着统治性地位，个人必须谦卑律己以适应集体和谐生活的要求。

经验主义文化模式下，人依据自觉积累的经验、技能，在较高水平上与自然打交道；人与人、人与群体、群体与群体之间的关系也丰富起来，相应的伦理道德得到充分细致的发展，极大地扩充了文化核心信念系统。当然，农耕文明下生产力整体上仍然不足，经济社会仍处于供给紧缺的状态；文化也只是小众的文化，只有少数精英、社会高层才能专享精神文化产品或服务。该文化模式系统的完善性也意味着稳定性，不易失衡或突破，导致向下一个阶段转型会特别困难。

工业文明和与之相适应的理性主义文化模式[②]所对应的人类现代社会虽然才经历了几个世纪的发展，但所取得的物质与精神成就却已经远远超过了此前人类历史的总和。社会生产方面，体现为资本主义生产，即劳动者、知识、技术、原料、市场等生产要素受资本的整合调配进行生产，实现资本逐利的目的。社会管理机构与职能、法制与规范、产品与服务标准、知识技能等级等均得到精细化、专业化、普及化的发展，以保证社会生产所需的要素优化配置。与工业文明相匹配的是理性主义文化模式，奉行理性至上、怀疑一切、大胆假设、小心求证的实用的科学主义。按照科学逻辑解析自然规律，衍生为各种技术指导生产生活实践。

现代工业文明的生产过程发生了本质上的变化。整个生产过程不再以自然的、直观的方式展开，而是经过多重设计、优化、组合形成一系列的碎片化环节，那种目的明确的劳动湮没于精致而琐碎的生产流程中。资本逐利的本质也在这种转喻了的生产过程中得到隐秘地实现。劳动及其分工、劳动目的与手段

---

① 对农耕文明与经验主义文化模式基本特征的阐述，详见陈开举：《后现代文化娱乐化批判》，北京：知识产权出版社2018年版，第215-216页。

② 关于这一点，详细的讨论参见衣俊卿：《文化哲学十五讲》，北京：北京大学出版社2004年版，第84-86页。

分离，最终导致劳动者人格的分裂。资本文明本身固有的资本逐利逻辑造成了这个社会阶段的全面异化①，"工人生产的对象越多，他能够占有的对象就越少，而且越受自己的产品即资本的统治"②。如此，转喻乃是符号化运动的根本性特征，换言之，现代社会中的整个生产生活都符号化了，走上了恩斯特·卡西尔（Ernst Cassirer）所谓的符号化之路，也即文化之路。在社会文明走向符号化或文化化的同时，理性主义文化模式下的社会文化取得了革命性的发展，成就远超此前社会历史阶段。物质生产的那扇让人自我实现之门关上的同时，一扇弥补性的窗打开了：大众文化。在此空间下，似乎人人可以发泄、得到快乐、获得解放、实现完整的自我。要言之，现代性的深化滋生了大众文化的空前繁荣。

20 世纪 60 年代以来，美国、西欧、日本等发达资本主义经济体渐次步入后工业化时代。90 年代末，我国以北上广深为代表的东部沿海先发地区率先叩开后工业时代信息文明之门。如今，中国越来越多的城市和人口正被卷入基于信息技术的社会文化生活的系统性转型之中。

至此，人类经历的四重文明形态和文化模式用表 1.1 可以简要地标识出来：

表 1.1　人类社会四种文明形态与相对应的文化模式

文明形态	原始文明	农耕文明	工业文明	信息文明
文化模式	自然主义	经验主义	理性主义	审美主义

循着人类历史发展的总体方向，四种文明形态和文化模式概括为：原始文明对应着自然主义文化模式；农耕文明对应着经验主义文化模式；工业文明对应着理性主义文化模式；信息文明对应着审美主义文化模式。③

当前我国所处的文明形态为"以现代产业文明为主，向后现代信息文明发展"的阶段，相应的文化模式是由经验主义文化模式转型为理性主义文化

---

① 对工业文明与理性主义文化模式基本特征的阐述，详见陈开举：《后现代文化娱乐化批判》，北京：知识产权出版社 2018 年版，第 216 页。

② 中共中央马克思恩格斯列宁斯大林著作编译局：《马克思恩格斯选集》（第 1 卷），北京：人民出版社 1995 年版，第 41 页。

③ 前三种文明形态和文化模式我们采用的是与衣俊卿一致的名称，参见衣俊卿：《文化哲学十五讲》，北京：北京大学出版社 2004 年版，第 87—89 页。第四种我们根据这个阶段文明和文化的根本性特征命名为后现代"信息文明"形态与后现代"审美主义"文化模式。

模式，同时与信息文明转型相适应的后现代文化的一些特征已初露端倪。① 我国社会普遍呈现出生产生活文化化、文化信息化/数字化和娱乐化的特征，可以说，商务文化已经突破其原有的生产领域的界限，广泛弥漫到社会生活的其他各个方面。

2. 文化危机与文化转型

文化是动态的，始终处在发展和变化的过程中，推动着文化发生变化和发展的动力来自社会生活，尤其是社会文明的物质力量。物质文明也是这样由量变到质变的发展过程，同样地，文化的变化发展也经历着由量变到质变的过程。量变发生到一定的程度，便会引起系统性的变化，给人们带来不稳定、不安的感觉，冲击着他们习以为常的旧的文化模式，此即文化危机。

一般来说，在以服务顾客为过程、以实现利润为目标的商务交往中，交际的双方会不自觉地各持己见，揣度交际对象。所以商务交际中的冲突与危机，或者说商务文化危机往往源于沟通理解不畅，尤其是跨文化背景下交际双方文化语境的非对称性造成的理解障碍。所以，理解文化模式的主要不同形态之间的差异有助于培养和提高跨文化交际能力，跨越不同文化之间的交际障碍，规避商务文化交流中的误解。

商务交际中的文化障碍源于不同文化体之间的差异性。不同文化背景的人们在交际的过程中各自以自己的文化为标准去理解对方，即自我参照标准（self reference criterion），在文化差异较大的跨文化交际中，这个问题更加突出。对该问题的详细讨论安排在第二章的"文化中心主义"专题，此处不赘。这是横向的、共时的文化差异可能导致交际障碍或商务文化交际危机的情况。

纵向的、历时的文化差异也可能导致交际障碍或商务文化交际危机。同一文化内，迁徙、侨居或者社会发展的不均衡可能造成即便是"乡音未改"也会出现儿童"笑问客从何处来"的由差异引起的有趣的不解现象，或者是商演成功的朱之文回乡面对的种种城市商务文化与农村传统文化之间的矛盾。当然，这类交流障碍或危机已经被许多电影、电视剧用"穿越"的方式夸大，典型化地呈现出来。基本的文化交际障碍的根源就在于交际双方文化语境的不对称性。

在不同文化之间，已经实现文明文化转型的一方与传统的一方进行跨文化交流时，巨大的不对称性引发的交际障碍乃至于危机在所难免。本书第五章

---

① 关于文明形态与文化模式及其转型，以及当代中国所处的文明形态和文化模式的详细论述，参见陈开举：《后现代文化娱乐化批判》，北京：知识产权出版社2018年版。

"文化与礼仪"将会讨论到中国长时期农耕文明造就的集体主义文化及其谦逊中庸观念指导下的礼节、习惯与西方理性主义文化模式下的相对直接的行为习惯的冲突,以及由此造成许多商务社交中的礼仪失误或交际障碍。

文化危机与文化转型是文化哲学的重要课题,但是在商务文化的视域下,我们只需要明白社会文化始终都在经历着发展变化,包括从日常生活中常见的量变到转型期的质变,而处于变化前后的文化系统之间会产生系统性的巨大差异,给身处其中的人们带来较强的冲击感,深切感受到文化危机。商务文化交流中,要意识到文化体之间可能存在着因为文明形态和文化模式发展的不均衡导致的交际双方文化语境的非对称性;更要意识到文化的自我参照性可能造成对异质文化的偏见,尤其是处于发展的先行地位的国家和民族更有可能具备文化优越感,极端情况则是形成种族中心主义。

三、文化与符号

上文谈到,文化与符号的关系,简明地讲,文化的发生发展就是符号登场、发展、完善的过程。商务文化研究的展开,既要涉及商务,又要聚焦在文化上。广义地,符号化的人的生产活动就是商务文化研究的基本课题。步入后工业化时代,社会生产生活一体化了,也都符号化了。商务活动进入寻常人的日常生活中,在智能手机上通过网络完成电子商务的各种商务活动,包括从购物、娱乐到消费、支付的各个环节。在后工业化消费时代的商务活动之中,符号消费贯穿着商务活动,即是说,整个商务活动全过程仿若是在演示着一场文化活动:每一个环节都被楔入了各种意义,商务活动进行得行云流水,不知不觉间就完成了商品和服务交易——这也是明星直播带货井喷式发展的重要原因:在这里,网民消费者的整个消费行为仿佛就是在与文艺明星进行的一场交互式的文化活动,在交互的过程中完成了支付,明星也以文化身份完成了直播带货的良好业绩,兑现着高额的利润。

数字经济时代,日常生活的数字化与商品、服务相互混杂,信息技术的广泛使用,使社会生活的一切皆已符号化、网络化。设想当下任何一个行业或者生活空间,如果没有网络、电脑或智能手机,则好像工作和生活基本都要处于停摆的状态!这是因为生产生活在极大程度上已经处于信息化、符号化的操作状态下,蓦然改变该状态,人们便不知所措、不知何为了。而我们大部分的生产生活活动又都变成更大的生产系统的一部分,生活需要的各种商品与服务也都可以在网络上无障碍地随时实现,这就是说,信息时代基本上已经形成了日常生活商务化、商务文化化的新格局。这就必然衍生出无数新的社会文化生活现象,也带来了诸多新的问题或课题,要求相关的研究者提高商务意识和文化意识,识别同类现象的共性,找出背后的推动力量,展开富有商务文化学理的分析批判,为商务文化、跨文化商务交际提供理论研究和实践指导。

关于商务文化研究的方法和路径,可以先从整体上将一场商务活动的具体某个或几个环节乃至于整个活动本身视为一个商务事件,当作一个商务文本,展开相应的分析研究。运用商务活动相关理论如商务目的、基本环节、营销与服务等,以及与文化相关的符号、表征、功能等理论,尝试对研究对象做深入的、规律性的分析研究。

四、作为专业方向的商务文化学

一个专业方向的发展需要厘定以下基本构成要素:对该专业方向比较清晰的定义、与相关专业之间的关系、比较明确的研究内容、基本确定的核心理论、常用的有效研究方法、既有的基础性研究成果、相关的学术期刊、既有的研究机构和重要的学术活动等。本书运用跨文化交际理论、跨文化商务交际理论、文化研究和文化哲学相关理论和方法,尝试性地提出商务文化学,当然也要尽可能清晰地阐释这些问题。

商务文化学可定义为对商务文化的研究,即对商务活动过程中的文化现象的研究:商务物质文化、商务制度文化、商务精神文化和商务行为文化。注意,这里的分类与文化的四种分类基本一致。实际研究中,商务文化学偏重过程研究,突出商务实践,通过对商务行为的观察和反思抽象出内在的规律,针对问题展开反思,通过分析提出改进方案。

商务文化是现代产业化发展的产物,突出体现在跨文化商务沟通的活动过程之中,在经济全球化的浪潮中逐渐显现出作为专业方向研究的必要性。跨文化商务交际相关教材基本上都包含着以下基本内容:文化、商务文化、跨文化交流;跨文化之语言交际与非语言交际;社交礼仪、商务礼仪;影响着跨文化商务的会议、谈判、营销、咨询等;跨文化言语幽默;跨文化商务之贸易、生产、管理、纠纷处理、企业文化、商业伦理、企业社会责任;等等。

迄今,跨文化交际方向的基本理论多来自商务相关专业和方向,如企业管理、市场营销、国际贸易等,以及文化学相关专业和方向,如组织文化、企业文化、商务文化、跨文化沟通等。聚焦于商务文化的已经获得共识的基本核心理论还不多,主要有霍夫斯泰德的文化维度(cultural dimensions)理论,爱德华·霍尔（Edward Hall）的高语境、低语境文化（high-context culture /low-context culture）理论、多元时间观与单一时间观（polychronic vs. monochronic）理论、体语学（kinesics）等。当然，相关交叉专业的部分理论是商务文化学的重要的理论来源，如市场营销学中的营销、广告等理论，语言学中的话语分析、语用学等方向的相关理论，文化研究中的种族中心主义批评、文化调适、性别研究等理论，都常常被借用来研究商务文化学的课题。另外，商务文化还涉及诸多已经较为成熟的经济法规、国际惯例、商务礼仪规范等显性的商务规则；而且，与商务活动密切相关的相关组织和行为的知识，如重要的商会和行业协会、企业文化等，也是商务文化学宝贵的理论资源。如此看来，商务文化学是个大杂烩？若果真如此，那么这个专业方向就难以明确地成立。这里，"商务文化学"明确的方向性在于其行动性，即其清晰的目的性——复杂的商务文化具体现象背后的凝聚力在于它是商务活动的一环，始终确定地指向着具体商务活动需要达成的目标（如达成一笔交易等）。

商务文化学聚焦商务活动中的文化交流，兼有商务方向和文化方向的特征，常用的主要研究方法不外乎质和量的研究，视具体课题而有侧重。具体而言，常用到的方法有文献综述法、案例分析法、问卷调查法、统计分析法等。

商务交际是经济、管理、贸易等专业和方向的基础课题，已经引起了广泛的研究；商务文化相对狭窄一些，作为研究方向出现得较晚，成果也相对少了很多。我们在中国知网（CNKI）和 Elsevier Science Direct 期刊全文数据库中分别检索"商务文化（Business Culture）""跨文化商务交际（Cross Culture Business Communication）"。中国知网上的搜索结果为期刊论文 1400 篇、硕士论文 54 篇，Elsevier Science Direct 搜索到相关论文 26725 篇。超星发现数据库中检索到著作 180 部，适用于本科及以上水平的教材 24 种。依据中国知网的数据，期刊论文按引用率由高到低排序，前五名分别是：王立非《论商务外语学科及学术研究的再定位》（《中国外语》，2012 年第 3 期）、李太志《商务英语教学与商务文化意识的培养》（《教育探索》，2005 年第 4 期）、冯俊英《商务英语教学与跨文化交际能力培养探析》（《贵州商业高等专科学校学报》，2005 年第 4 期）、陈建平《商务英语教学中的商务文化意识培养》（《兵团教育学院学报》，2001 年第 4 期）、高淑英《商务英语中的商务文化意识及其培养》（《商业文化》，2005 年第 10 期）。专著按引用率由高到低依次为：王正元主编《国际商务文化》（辽宁教育出版社，2001 年）、湛黔萍主编《商务文化》（中国商务出版社，2006 年）、（美）查理·米歇尔（Charles Mitchell）著（云红茹译）《国际商务文化》（经济科学出版社，2002 年）、徐子健编著《国际商务文化差异管理》(对外经济贸易大学出版社,2009年)、靳梅琳编著《国际商务文化英语选读》(北京航空航天大学出版社,2004年)[①]。

目前,国内外以"商务文化"为主题的学术期刊尚属空白。相关的学术机构和重要学术活动还有待建设和打造。

思考训练

一、案例分析

1. 考查以下广告:
（1）碧桂园,给你一个五星级的家。
（2）农夫山泉,我们不生产水,我们只是大自然的搬运工。

对比公益广告,分析以上广告词。它们分别融汇了哪些商务文化元素？文化元素越来越多地被运用到商务活动（此处为广告）中,原因何在？

2. 如何看待明星代言广告？

3. 搜集相关语例,分析商品品牌命名中的文化要素。

二、问答题

1. 什么是文明？什么是文化？各选取两个既有的定义,试着对每个定义添加、修改或删除一个关键词,给出修订定义的依据并做简要阐述。

2. 从横向与纵向来看,文化模式有哪些类型？不同的文化模式之间具有哪些典型的不同特征？

3. 文化对商务沟通都有哪些主要影响？选择一个方面,结合相关案例,进行深度分析。

三、思考题

1. 追溯商务文化外延的变化历程,总结出变化规律,找出致变的根本原因。

2. 如何理解消费时代的生活、商务与文化三者之间的深度融合？

3. 思考并阐述商务文化学的内涵与外延、基本论题与方法。

---

① 此段数据来源于中国知网、Elsevier ScienceDirect 期刊全文数据库中、超星发现。此段数据更新时间为北京时间2022年5月14日15:30.

第二章　文化及相关概念

一、引言

在美国接受了出国前的跨文化培训后,三个美国人开始了他们在中国的一家跨国公司(Multi-national Corporation)的海外任务。随着他们在中国的工作的开展,他们觉得出发前的培训有助于他们在与中国同事工作时了解文化差异和中国文化。他们贯彻了所学到的一些行为,例如,用双手交换名片,说"谢谢"或"你好"。然而,没过多久,他们就开始意识到,有许多工作习俗他们不理解或不喜欢。随着时间的推移,他们觉得自己对这些差异的容忍度越来越低,特别是当他们与中国同事一起工作时,他们感觉中国同事非常害羞,不愿意在会上分享自己的想法;中国同事用中文互相交谈,完全不考虑同样在场的美国同事听不懂他们在说什么。此外,这三个美国人因中国同事经常加班而得出中国同事需要提高他们的工作效率的结论。因此,美国总经理制定了新的制度和规定,希望能提高中国同事的工作效率,但在采取这些新措施后,并没有产生他所期望的改善。

有一天,公司召开部门经理会议,讨论各部门的工作。当一位中国经理展示他精心准备的工作报告时,美国总经理几乎听不懂中国经理所讲的内容。美国总经理打断了中国经理的发言,说:"请你集中精力说说你的工作重点好吗?"这一打断使中国经理感到困惑,他认为自己是在关注工作的主要部分,但美国总经理却声称工作报告太笼统。最后,这一沟通问题发展成一系列的人际和管理冲突,甚至影响了整个跨国公司的顺利运转。

针对以上案例,从跨文化角度看,可以有一些反思及讨论,如:

(1) 美国经理们在中国工作时遇到了哪些跨文化问题?

美国经理发现中方同事的不同态度、行为(如面对上司在公开场合针对自己的负面评价以及工作报告的设计、制作)。这些都涉及文化敏感度和跨文化交际意识的培养和建立。

(2) 如果让你来设计一个面向美国经理的跨文化培训课程,你如何设计?

针对这个问题，不同人会有不同侧重点，但有几个要素需要考虑在内：首先，需要具备必要的跨文化理论知识；其次，还需要了解中美文化差异（特别是隐性的那些）。具体而言，需要了解中国人在工作场合的工作方式、行为模式，如：中国人的"害羞""谦虚"其实是一种内敛，往往倾向于避免直接冲突，注重营造和谐局面；中国人的思维模式往往是归纳式（由具体到一般，重点往往在最后呈现）；中国人在公众场合（如此案例中的部门会议）较少对人公开批评；对面子的看重；等等。只有各自努力做到"自知"和"他知"，才能逐步提高跨文化交际敏感度并逐步形成跨文化适应。总之，应对各自言行尽量互相尊重、互相调适，并充分了解跨文化沟通技巧和不同沟通方式及非言语交际。

二、文化的基本概念

文化是人类特有的、极为复杂的社会现象，它有丰富的内涵和外延。"文化"这一概念时时出现在人们的生活中，但因其内容包罗万象，很难给它下定义。一般来说，学界多认为文化是一个有层次的结构系统，是物质文化与精神文化的有机统一，是客观方面与主观方面的统一，是物质价值和精神价值的聚集体。

文化的本质内涵主要表现为：第一，某一群体的生活方式；第二，精神文明及其对个体的规训与教化。在中文里，文化一词最早源于《易经》。"观乎天文，以察时变；关乎人文，以化成天下"[①]，"文"指静态的"既成成果"，"化"指动态的"创造方式"，动静组合，充分体现了人的活动成果与人的活动方式的辩证统一。

区文伟、罗钢等对文化的概念进行了总结，认为大致应从五个方面来进行界定：①文化即知识；②文化是以知识为载体的思想、观念、精神、价值观等内容；③文化是由一定的风俗、习惯、观念和规范形成的某一群体的生活方式或行为模式；④文化是人类在社会实践过程中创造出来的物质财富和精神财富的总和；⑤文化是人在创造物质文明和精神文明的同时，精神文明对人本身的影响和塑造过程，及精神力量对人的教化过程。[②]

---

① 冯国超译注：《周易》，北京：华夏出版社2017年版，第127页。
② 区文伟：《区文伟文集》，广州：花城出版社2015年版；罗钢：《文化研究读本》，北京：中国社会科学出版社2000年版。

西方学者讨论"文化"这一概念的时间比中国人晚，但他们的论述比中国古文献中对"文化"的论述更有深度和广度。1690年，安托万·费雷迪埃（Antoine Furetière）在《通用词典》中，将文化culture定义为"人类为使土地肥沃，种植树木和栽培植物所采取的耕耘和改良措施"①。到19世纪中叶，"文化"才作为一个完整体系的术语出现。众多学者从不同角度（如社会学、人类学等）探究文化现象及其历史，并诠释文化的本质，最具代表性的三种观点如下：

　　方式论。这种观点认为文化是特定民族的生活方式，与基因、遗传无关，而是后天社会化习得而来。②其主要内容更强调文化的继承性，其中包括人们的习惯、爱好、兴趣、风俗等。美国著名文化人类学者本尼迪克特③将"文化"界定为某一民族通过活动所体现的不同于其他任何民族的思维和行动方式。

　　过程论。这种观点特别强调文化的演进性。他们认为文化是人类学习和制造工具，特别是制造定型工具的过程，而在这个过程中，人类的创造能力和智力也不断得到进化。④

　　复合论。这种观点特别强调文化的熔铸性。他们认为文化是作为社会成员的个体所获得的多种能力的复合体，包括知识、艺术、音乐、信仰、法律、风俗以及其他种种能力。⑤ 人类学家泰勒在其《原始文化：神话、哲学、宗教、语言、艺术和习俗发展之研究》（*Primitive Culture*：*Researches into the Development of Mythology*，*Philosophy*，*Religion*，*Art*，*and Custom*）［通常简称为《原始文化》（*Primitive Culture*）］中说："文化是人类在自身的历史经验中创造的包罗万象的复合体。"

　　马克思主义的理论家将文化分为广义和狭义两种。罗森塔尔（М. Розенталь）、尤金（П. Юдина）认为，文化是人类在社会历史实践过程中创造的物质财富和精神财富的总和，这就是所谓"广义的文化"。而与之相对的"狭义的文化"则专指精神文化，也即社会意识形态以及与之相适应的

---

　　① 参见维克多·埃尔著，康新文、晓文译：《文化概念》，上海：上海人民出版社1988年版，第3页。
　　② 鲁思·本尼迪克特著，王炜译：《文化模式》，北京：社会科学文献出版社2009年版。
　　③ 鲁思·本尼迪克特著，王炜译：《文化模式》，北京：社会科学文献出版社2009年版。
　　④ 路易斯·亨利·摩根著，杨东莼等译：《古代社会》，北京：商务印书馆1995年版。
　　⑤ 爱德华·泰勒著，连树生译：《原始文化：神话、哲学、宗教、语言、艺术和习俗发展之研究》，桂林：广西师范大学出版社2005年版，第1页。

典章制度、政治和社会组织、学术思想、文学艺术、风俗习惯、宗教信仰等。①总之，对文化的定义一直以来众说纷纭，不同学者从不同角度有不同阐释。

1952年，美国文化学家阿尔弗雷德·路易斯·克罗伯（Alfred Louis Kroeber）和克莱德·克拉克洪（Clyde Kluckhohn）出版了《文化：概念和定义的批评考察》（Culture：A Critical Review of Concepts and Definitions），对西方自1871年至1951年期间关于文化的160多种定义做了清理与评析，并在此基础上给文化下了一个综合定义："文化由外显的和内隐的行为模式构成；这种行为模式通过象征符号而获得和传递；文化代表了人类群体的显著成就，包括他们在人造器物中的体现；文化的核心部分是传统的（即历史的获得和选择的）观念，尤其是他们所带来的价值；文化体系一方面可以看作活动的产物，另一方面则是进一步活动的决定因素。"② 这一文化的综合定义为学术界广泛认可，有巨大的影响力。

学者们从各自观点角度和学术立场定义文化，自然会出现仁者见仁、智者见智的现象。尽管如此，不同的文化定义并非完全对立，整体上具有关联性，甚至有些定义彼此形成一种互补关系。基于此，我们可以看出"文化"这一概念总体上可以被划分成两大部分，可以用冰山来比喻，一部分处于水下，一部分露出水面；也即可分为"可见""不可见"，"显性""隐性"，"前台""后台"这样几组对比的概念。可见文化包括行为、实践；不可见文化包括态度、信仰、价值观。具体而言，文化包含以下方面，即物质文化、精神文化、行为文化和文化规范。

1. 物质文化

"物质文化"与"非物质文化"概念相对。所谓物质文化，是指为了满足人类生存和发展需要所创造的物质产品以及其所表现的文化，它是指表征某一生活方式的特定存在，如器具、房屋等。它们为人所创造，并为人服务。它们能为人所见、为人所感。他们具体、实在，是一种表层次的文化。我们倾向于认为，除了未经改造的或者人化的（自然物被人主观赋予感受和意义）自然环境外，凡是人类创造出来的，可以通过学习获得，可以通过各种信息媒介传

---

① 罗森塔尔、尤金著，中共中央马克思恩格斯列宁斯大林著作编译局译：《简明哲学辞典》，北京：生活·读书·新知三联出版社1973年版。

② A. L. Kroeber & C. Kluckhohn, Culture：A Critical Review of Concepts and Definitions. New York：Alfred A. Knopf, Inc. and Random House, Inc., 1952：357.

承于后世的一切物质产品都是文化。①

2. 精神文化

精神文化通常主要是指的是一个民族的思维方式、心理结构和价值体系。它区别于意识形态和哲学，它介于意识形态和哲学之间，且尚未上升为哲学理论。② 通常我们认为它是一种深层次的文化。具体而言，如思维方式通常指的是看待事物的角度、方式和方法，它会对人们的言行起决定性作用。例如，不同国籍、不同文化背景的人看待事物的角度、方式不同，便是思维方式不同的一种例证。思维方式与文化密切相关，是文化心理诸特征的集中体现。如"一切从实际出发，理论必须联系实际"③，便是我们的思维方式从非理性走向理性的飞跃；它是思维方式转变的重要原则和方法，尤其是当我们运用线性思维时更应该去多思考是否符合当下的情况。

再比如，中国人在绝大多数情况下，都希望实现社会和谐、天下大同，这是中国人为人处事时惯用的一种思维方式的表现。在《淮南子·人间训》中，有"塞翁失马，焉知非福"④"福兮祸之所伏，祸兮福之所倚"⑤，从这些句中可以看出，中国的思维核心是承认对立双方可以互相转变。

3. 行为文化

行为文化是指人们在日常生产、生活中沉淀的特定行为方式和行为结果。行为文化往往由社会实践，特别是在人际交往中约定俗成的习惯构成。也即这种行为方式是人们所作所为的具体表现。它们体现了人们的价值取向。在我们的日常生活中，会慢慢衍生出一些习惯的行为文化。⑥ 例如，中国人之间初次见面，我们会微笑说"您好"并点头致意；又如，中国人及世界上多数国家的人们点头通常表示同意或正在认真倾听之意，而印度人的点头则表示不同意。

4. 文化规范

文化规范是一种中层次的文化。其主要是指在历史进程中，受到意识形态

---

① 孙显元：《"物质文化"概念辨析》，载《人文杂志》2006年第3期，第7–13、162页。
② 董伟武：《精神文化概念初议》，载《理论观察》2011年第3期，第31–32页。
③ 候且岸：《中国近代社会的演变与共产主义运动的产生》，载《中共党史研究》1991年第3期，第49页。
④ 该成语出自《淮南子·人间训》，其中"故福之为祸，祸之为福，化不可极，深不可测也"反映了对立双方在一定条件下可以互相转化。参见沈雁冰选注，卢福咸校订：《淮南子》，武汉：崇文书局2014年版，第118页。
⑤ 吴根友导读注释：《老子》，长沙：岳麓书社2018年版，第65页。
⑥ Neil J. Smelser, Theory of Collective Behavior. London: Routledge & Kegan Paul, 1962.

和哲学理论的影响而形成的各类规范及制度，它们是不断发展、变化的。它们的呈现方式通常有典章制度文本，或是存在于人们内心深处并为一定文化族群所认同、接受并践行的"潜规则"。例如，在西方传统文化中所强调的契约精神，最早源于古希腊哲学和罗马法，初时作为商品经济的产物，仅限于规范人们的经济活动。到16至18世纪，古典自然法学派的思想家将这类契约观念由经济领域引入到政治、社会领域，试图以此来解读和规范人类的社会政治活动，西方社会实现了"从身份到契约"的变化，契约观念开始渗透到西方社会的各个领域。西方传统文化中的契约精神，从开始就蕴含了契约关系中个体的平等、自然权利等一系列规则。而进入现代社会后，契约精神事实上已经内化成为西方文化背景下，人们的一种基本行为模式和主流价值取向，指导着人们从事各种经济、政治和社会活动。

中国传统文化也被美誉为礼乐文化。礼乐一直以来都是规范国家政治、经济和社会活动的最主要手段。在某种意义上，我们甚至可以说正是礼乐文化的绵延传续，成就了中国几千年的超稳定的社会结构形态。每一次重大的社会变革，变的都仅仅是皇权而已，改朝换代从来没有改换过规范社会生活的文化，正统的文化传承既没有中止、中断，也没有发生重大变化，承载礼乐文化的儒家思想，总体上一直是中国社会的主流文化思想。

梁漱溟先生曾说："中国数千年风教文化之所由形成，周孔之力最大。举周公来代表他以前那些人物，举孔子来代表他以后那些人物，故说'周孔教化'。"① 杨向奎先生也曾说："没有周公就不会有传世的礼乐文明，没有周公就没有儒家的历史渊源，没有儒家，中国传统的文明可能是另一种精神状态。"② 正是周公"制礼作乐"以及后来孔子倾力复礼的儒家思想，一举奠定了中国传统文化的基本风貌，传承后世，以至今日。

三、自我参照标准

自我参照标准指的是我们在社会交往中倾向于无意识地使用本族文化、标准去判断其他国家的文化和行为的对错、合适与否。也即我们会有这种倾向：将我们自身的信仰、标准投射于他人，这种倾向容易成为跨文化交际的障碍。例如，进行商业决策时，必须摆脱自我参照标准的影响，基于跨文化视域开展

---

① 梁漱溟：《梁漱溟全集》（第3卷），济南：山东人民出版社2005年版，第103-104页。
② 杨向奎：《宗周社会与礼乐文明》，北京：人民出版社1992年版，第136页。

分析。具体如下：

第一步：参照母国的文化特质、规范或风俗习惯进行界定；第二步：按照东道国的文化特质、风俗习惯或规范，明确商务活动中遇到的问题或商业目标，但无须进行价值判断；第三步：具体分析自我参照标准所导致的问题复杂性，借此分离自我参照标准；第四步：在无自我参照标准下，重新界定问题，尝试解决问题，以达成最佳商业目标。

这种方法需要理解各个东道国市场的文化以及本国文化。而理解母国文化，需要额外的研究，因为母国文化对市场行为的许多影响处于潜意识层面，没有明确的说法。例如，宝洁公司曾有一款沐浴露产品 Zest（中文名：激爽），因其香味浓郁、醒神清新，在欧美市场很受欢迎，但该产品在投放亚洲市场之后，却遭受冷遇。其原因是多方面的，但从文化角度看，是由于没有注意到"自我参照标准"的体现：欧美人较喜欢香味浓郁；多数亚洲人则偏好淡香。其主打营销概念"醒神激爽"可以较好对应欧美人的生活习惯——多数欧美人都是早晨起床之后洗澡；而多数亚洲人洗澡的时间是晚上睡觉之前，此时不需要"醒神激爽"，而是"愉快放松"。如此一来，产品在市场受到冷遇是必然结果。由此，我们可以看出，在国际营销中，克服"自我参照标准"造成的障碍，是非常重要且必要的。

四、文化共性与差异

理解跨文化交际和进行有效跨文化沟通的核心问题在于理解"具有不同文化背景的人往往对相同事物有不同认识和理解"。文化差异是否意味着不同文化背景的人具有本质的差异呢？科学研究表明，不同人种之间基因具有一定差异，但差异非常小，地球上两个完全没有关联的人类个体之间的基因差异为 0.4%～0.6%。[1] 人类拥有类似的需求、欲望和类似的情感，如快乐、悲伤、嫉妒、焦虑、尴尬等；所有人类也面临相同的基本问题，如人的本性、人与自然的关系、贫富差距、环境污染等；与此同时，人类还有相同的身份群体，如年龄、性别、兴趣、职业、宗教、国家、地区等。但尽管如此，来自不同文化的人们很多时候也具有很大差异性。片面强调同一性而忽视差异性本身就是跨文化交际的障碍之一。具体而言，我们的行为模式、情感表达、需求满足方式

---

[1] S. Mallick, L. Heng, M. Lipson, et al, "The Simons Genome Diversity Project: 300 Genomes from 142 Diverse Populations", *Nature*, 2016, 538: 2.

与我们所在的文化群体息息相关。因此，最佳沟通策略是互相尊重、共情。正如中国著名社会学家费孝通所言，"各美其美，美人之美，美美与共，天下大同"①。

五、刻板印象与文化中心主义

在跨文化交际过程中，有两个重要概念需要厘清，即刻板印象与文化中心主义。

1. 文化与认识论

认识的本质在于其文化性。"人观念地掌握世界的方式有神话—宗教的、科学的、艺术的、道德的、哲学的方式，从广义上说，它们都属于人的认识。"②

人类认识论的研究要取得新突破，需要探寻新思路、选择新角度，以开辟新领域。文化认识论是对认识进行文化学反思的科学，它是从文化学的特定视角去研究认识问题，即把人的认识当作文化现象来研究。"文化是'人化'的复合体，是人的社会性意识、对象性活动、客观性产物的总和。"③ 人类的认识生成了认知文化。而认知文化是文化的重要组成部分，它是由认知文化意识、认知文化活动以及认知文化产物构成的复合体，也即意识、活动、结果的复合体。文化认识与认知文化、文化认知论与认知文化论是统一的，也即文化认识也就是认知文化，文化认知论也就是认知文化学。因此，文化认识论将认知文化作为研究对象，它把人类的认识作为一种文化现象进行研究。

2. 刻板印象

刻板印象是社会心理学领域的术语。它主要是指人们对某个事物或物体形成的一种概括、固定的看法，并把这种观点、看法推而广之，认为这个事物或者整体具有该特征而忽视个体差异。④ 它通常具有两大特征：过度概括和过度

---

① 费孝通在印度新德里"英迪拉·甘地国际学术研讨会"上提出的概念，他的演讲题目为"对'美好社会'的思考"。参见费孝通：《孔林片思》，北京：生活·读书·新知三联书店2021年版，《出版前言》第2页。

② 李俊杰，范晓丽：《文化认识论》，载《济南大学学报（社会科学版）》2002年第6期，第24-25页。

③ 吴家清：《论认识的文化本性》，载《学术研究》1994年第2期，第36页。

④ W. Lippman, *Public Opinion*. New York: Macmillan, 1922.

简化。① 刻板印象的属性既可以是积极的，也可以是消极的。其积极表现体现在对于具有较多共同之处的某类人在一定范围内不用探寻信息就可以进行快速判断，直接按照已形成的某种惯常看法快速得出结论，这就极大简化了认知过程，节省了大量时间、精力，从而使人们能够迅速了解某人的大概情况，有利于人们应对周围的复杂环境。例如，在初次与陌生文化接触时，我们可以通过学习简要介绍快速了解该文化，提前做好一定的准备。其消极方面体现于容易在有限材料的基础上做出带普遍性的结论，容易使人在认知别人时忽视个体差异，一叶障目不见泰山，从而导致知觉上的谬误，容易造成先入为主，妨碍对他人做出较为精准的评价。例如，一个典型的刻板印象认为美国人非常热情、开放，中国人会功夫、数学好，这些都是比较片面和不准确的。

佐斌的一项关于认知中决策风格的研究表明，② 当跨国企业的中国各分部召开项目决策会议时，各地区团队负责人会表现出不同的决策风格。当需要快速做出项目决策时，华北地区团队通常会立即表态："就这么干，出了问题我负责！"江浙地区团队往往会说："我们需要再核算一下数据，明天给答复。"华南地区团队倾向于表示："这个方案不错，不过可能还需要再斟酌一下。"总的来说，华北地区成员被认为会直接表态，常用"必须""一定"等绝对化表达；江浙地区成员要反复核算数据后才发言；而华南地区成员传统认知中倾向于使用"可能""建议"等委婉措辞。当然，随着科学技术、交通的快速发展，地区的特征标签呈现越来越不明显的趋势。另外，随着全球化、区域融合的不断发展，不同地区的人们也越来越互相趋同。

其他类似的外表刻板印象有：漫画中的人物造型：以尖嘴猴腮的有钱人为坏人的形象；"体态肥胖的人都贪吃，体形消瘦的人是有疾病"；抽个烟、文个文身就是社会人物；化着浓妆，穿着时尚，一身奢侈品的就是拜金女。

因此对于刻板印象，我们应辩证地看，具体问题具体分析，才能得出相对较为准确和公允的认识。

3. 文化中心主义

文化中心主义，也叫种族中心主义，指各个国家、各个民族都常有的一种倾向，即易于将自己的生活方式、信仰、价值观、行为规范看成是最理想的，是优于其他人的。该定义的关键在于"优越（感）"。它具有以下重要特点：

---

① G. W. Allport, *The Nature of Prejudices*. New York: DoubleDay, 1958.
② 佐斌：《中国人的地域刻板印象及其动态变化》，载《心理学报》2006 年第 38 卷第 6 期，第 950–960 页。

(1) 成员对所属群体拥有的是一种心理认同。

内部成员对所属群体有较强的心理认同,如韩国的韩民族,他们坚定认为韩民族是世上最优秀的民族。他们通过各种方法增强群体的概念和团结,引发成员的忠诚和士气,减少团体内的冲突,促进文化的稳定和一致。

(2) 具有对外性,即僵化而严格地区分内部群体和外部群体(也即眼中非黑即白,二元对立的世界),用定势思维或成见、偏见区分二者,对外部群体往往持有消极偏见和敌对态度,而对内部群体则有积极偏见。与此同时,对外部群体交互关系持等级主义、权威主义的态度,而往往对内部群体则认同、屈从。目前较为常见的有"西方中心论""韩民族优越主义"等文化中心主义。

六、文化惊骇与跨文化适应

文化惊骇的起因在于人是有文化差异的。成熟、明智的跨文化交际者应妥善驾驭这些差异,使其成为自己的核心能力,从而顺利地实现文化适应。

1. 文化差异

文化差异是指由于文化背景的不同而导致的人们价值观不同和评判行为标准不同。不同国家有不同的文化,其政治、经济、体制、艺术等各方面都不尽相同;每一个民族的文化也都有其独特性,因而不同民族的文字、语言、性格、风俗、习惯甚至饮食习惯和穿衣风格也会大相径庭。

文化差异是客观存在的,但文化差异不是本质的差别。虽然人们在社会生活、言谈举止、待人接物方面有具体差异,但归根到底,我们都是人,具备人应所具有的基本特征,对真、善、美都有类似的向往和追求。正是有此基础,不同民族、不同文化的人可以互相交流、共同合作。在国际交流与合作中,非常重要的一条原则就是"互相尊重,求同存异"。例如,在国际商务谈判中,很多文化因素会影响谈判的整个过程,进而影响到整个谈判进程能否顺利完成。影响谈判风格的主要文化因素有:个人风格、时间观念、冒险程度、交流方式、决策方式、谈判目标、谈判态度以及合同形式。因此,在谈判过程中,谈判人员需要针对不同的谈判对手采用不同的谈判策略。[1]

---

[1] 谢绎文:《国际商务谈判中的跨文化障碍及应对措施分析》,载《现代商业》2021年第26期,第45-47页。

2. 文化惊骇

"文化惊骇"是美国人类学家卡莱沃·奥博格（Kalervo Oberg）提出来的一个概念，[①] 是指一个特定文化的个体进入到另一新的不熟悉的文化环境时，因失去自己熟悉的所有社会交流的符号与手段（如语言、思维方式、行为方式等）而产生的疑惑、迷失、排斥甚至是恐惧的感觉。它是一种暂时的社会性隔离、焦虑、抑郁的心理状态。文化惊骇是沉浸在陌生环境中不可避免的结果，人人都会遇到。文化惊骇及其症状是正常的，也是可以预测的。面临文化惊骇时，我们可能会感到困惑或沮丧，对自信心产生负面影响。当原本用来理解生活的所有意义手段突然不能解释新的文化时，我们会感到与原来的文化相隔绝，价值观也会受到挑战。规则的不明确、环境的不熟悉，会给我们带来压力，且在新环境中无所适从。

母国与东道国之间的文化距离或文化差异的大小，与所经历的压力或困难成正比。文化惊骇的主要问题之一就是如何弄清含混不清的问题，明晰处理问题的不同方法。尽管怀有良好意图，但深处压力之时，仍然会做出错误判断。因此，我们需要熟悉跨文化沟通的知识与技能以便应对文化惊骇。许多人在本国内出差或者旅居，也会经历文化惊骇，尤其是当地区之间的地理、气候和社会差异相对较大时，会感受到身体和心理上的压力。经常出差的人对这些压力往往感受更加强烈，因为他们惯有的生活方式受到了干扰，缺乏足够的时间准备和适应。文化惊骇的另一高发群体是移民，背井离乡、与家人两地分居、文化水平及宗教信仰等存在差异和冲突，会导致严重的焦虑、无助和压抑感。[②] 然而，有些学者的调查也发现，有的移民不会出现类似问题，原因之一是这些移民多数具有攻击性小、较温和等特征，而这些特征起到了缓冲社会环境应激的作用。[③] 笔者认为另外一个可能的原因可以通过马斯洛的需求层次理论得到解释：只有较低层级的需求得到满足之后，人们才会寻求满足下一层级的需求。

随着中国对外开放的不断深入，中国与外界双向交流越来越频繁、越来越深入。同时，由于地域环境、少数民族文化及经济发展差异等原因，中国文化

[①] K. Oberg, "Cultural Shock: Adjustment to New Cultural Environments". *Practical Anthropology*, July, August, 1960: 177–182.

[②] G. Mirdal, "The Condition of "Tightness": The Somatic Complaints of Turkish Migrant Women", *Acta Psychiatrica Scandinavica*, 1985 (3): 287–296.

[③] T. Graves & N. Graves, "Stress and Health among Polynesian Migrants to New Zealand", *Journal of Behavioral Medicine*, 1985 (1): 1–19.

具有多元化特征，且随着中国现代化经济建设和对外开放的深入，本地文化与外来文化的交互越来越多，其相互影响也日渐凸显，在此过程中涌现的文化惊骇案例不胜枚举。在现实生活中，很多学习某个语言多年的专家、学者，虽然已经掌握该语言的形式、规则、逻辑，但如果将他们放到该语言的社会环境中，依然很容易遭遇文化惊骇。例如，有些人在英国生活了十多年甚至更长时间，仍然难以适应文化差异所带来的一系列后遗症。中国文化与英国文化确实存在较多差异。具体而言，中国文化强调团结、和谐、淡定、平和、中庸；而英国文化以新教为立国基础，强调独立、实践精神、经验主义和民主法治的游戏规则。中国文化重视群体和家庭的利益，是一种社群主义取向的文化；而英国文化则倾向于强调个人权利和隐私，是一种个体主义取向的文化。[①] 有关中国文化的本土研究有费孝通所提出的"差序格局"等。

如前所述，文化惊骇是一种人们置身于新异的文化环境中所经历的暂时性心理状态。当一个人处于陌生的文化环境中时，他可能会感到社会隔离、焦虑和抑郁。这种状态如果走向极端，则会出现"恐外症"（Xenophobia）。Xenophobia一词来源于两个希腊语词，Xenos，意为"陌生人"，phobos，意思是"恐惧"，合起来之意为"对陌生的恐惧"，于19世纪末首次出现在英语中。"恐外"或者"仇外"，指对陌生人或外国人的恐惧和蔑视。当身处他乡或者自己的民族身份认同受到威胁时，人们会认定对方无法融入自己的文化，个体会产生一种敏感乃至恐惧的心情，最终产生一种对外国人的仇恨心态。

恐外症往往源于个人的文化中心主义观念。这种观念使得人们以自己的文化为标准来衡量其他社会和文化，从而形成对外国人的偏见和敌意。当人们对异文化的理解和接纳能力不足时，他们倾向于将自己的文化看作是唯一正确的，而将其他文化视为陌生和威胁。

需要注意的是，文化惊骇与恐外症并不是一种疾病，而是一个在不断学习、体验和成长的心理过程。正如上文所说，即使身处母国文化，因为地域位置、风俗习惯的差异等，也会导致文化惊骇或者类似恐外症的状态。面对陌生环境和陌生文化时，感到身心不适或者困惑是人之常情，因此，提前做好相应功课，加强自身跨文化沟通的意识和技能，努力适应新文化，是明智之举。保持开放的心态，主动学习，尊重差异，建立良好、健康的互动模式，是应养成的好习惯。如果心理压力太大，影响正常生活，要及时寻求心理支持，度过适应期，发展健康、积极的心理状态，实现良性的跨文化沟通。

---

① 王小海：《西方社会与文化》，南京：南京大学出版社2021年版。

3. 文化适应的四个阶段

有学者将文化惊骇划分为四个阶段,即蜜月期、危机期、调整期、接受与适应期。[①]

(1) 蜜月期 (honeymoon phase)。蜜月期通常发生在初次接触异文化,通常伴随强烈的兴奋感。在此阶段,人们通常会忽视一些小的问题并期待学习新事物。例如,当留学生初到异国一所学校时,往往会表现出强烈的新奇感。无论看到什么,他们都会感到兴奋和好奇,充满了积极的情绪。他们会变得非常健谈,愿意结交新朋友,并且与他们谈论学习和生活。这个阶段我们可以称之为蜜月期。

(2) 危机期 (crisis period / culture shock)。随着时间的推移以及问题的累积,如语言障碍、交流困难等,人们在异文化中生活一段时间后往往会进入危机期。在这一阶段,人们经常会面临母文化价值观与异国文化中一些价值观的不和谐或相抵触,导致行为上无法找到合适的适应方式。异国文化中的生活方式、生活习惯等差异也会使生活在异国他乡的人们难以适应。在这种情况下,人们通常会产生焦虑、愤怒等负面情绪。如果不能进行适当的调整和干预,这些情绪可能会导致抑郁,并最终可能导致与社会完全脱离。例如,很多留学生在这个阶段往往会感到不安和孤独,在学习、生活中遇到挫折就开始抱怨,对周围的老师、同学或者课程产生厌烦甚至是憎恨的情绪。同时,他们可能会特别思念自己的家乡和亲人,变得敏感和孤僻,对学习失去了兴趣甚至感到厌倦。这个阶段是问题多发期。

(3) 调整期 (adjustment phase)。在调整期阶段,人们慢慢开始学习接受异国文化,从而改变之前消极的态度,努力尝试适应、融入异国文化。在度过危机期后,随着对新环境的不断适应,人们的思想和认知也会逐渐发生改变。他们开始逐渐熟悉当地的语言、食物、风俗习惯,从而减少了心理上的孤独和失落感。随着时间的推移,他们也逐渐建立起对自己的自信,逐渐适应新的环境。在适应的过程中,人们会慢慢意识到自己的成长和进步。他们开始更加自如地与当地人交流,逐渐融入当地社区。这个阶段也是人们逐渐建立起新的友谊和社交网络的时期。然而,需要注意的是,每个人的适应过程是不同的,有的人可能会适应得更快,而有些人可能需要更长的时间。适应新环境是一个渐进的过程,需要耐心和积极的心态。

---

① M. Winkelman, "Culture Shock and Adaption". *Journal of Counseling and Development*, 1994 (2): 121-126.

（4）接受与适应期（acceptance and adaptation phase）。在接受与适应期，经过一段时间的接触和适应，人们已经完全接受并适应了异国文化，甚至开始产生宾至如归的感觉。他们积极参与各种活动，欣赏并开始享受异国文化和风俗习惯的魅力。他们的交际能力、问题处理能力和自我调节能力都得到显著提高，学习、工作和生活都逐步进入正轨。在这一阶段，他们往往积极探索当地的文化景点、传统活动，并享受其中的乐趣。总之，通过积极的适应和努力，他们对异国文化和风俗习惯的欣赏和享受让他们的生活更加丰富多彩。

文化惊骇也存在"逆向文化惊骇"的情况，即当旅居者返回家园时，通常会出现伴随适应陌生文化时的症状。这种情况略微具有讽刺性，旅居者渴望回到自己熟悉的文化，但是回归之后，却经常批评或者质疑自己的母国文化，这常引起身边人的不耐烦。回归者发现家人或者朋友有了新的经历，公司的人事发生了变化，自己好像成为一个局外人，心里的落差和压力带来身心不适。一些公司会为这类员工提供咨询和培训，以缓解其重新入职的压力。逆向文化惊骇同样也是需要注意的问题。

七、商务案例分析

案例一

有一位在四川生活了多年的美国女孩，不仅能流利地讲汉语，还懂一些广东话。她对于四川话也有一定的听解能力，可以用四川话进行简单的交流。她对于中国文化和语言非常了解，但令人惊讶的是，她对川菜店的服务员却不太满意。

"你们中国人来吃饭，服务员总是问您是要微辣、中辣还是重辣。我来吃饭，从来就没有人问过我这个问题。如果我疏忽了，忘了告诉他们要重辣，上来的准不是辣的；就算我再三重复，上来的最终只是微辣。"

有一次她忍无可忍，气愤地把服务员叫来："我刚才跟你讲了那么多遍要重辣，你为什么还是给我微辣？"

"你们外国人不能吃辣的，我知道的。我们这里来的外国人多着呢。"没想到服务员还是见过世面，和很多外国人打过交道的。

美国女孩非常生气："你又不是我肚子里的蛔虫，你怎么这么了解我？"

案例二

一位意大利妈妈移居中国后，经常在冬天用小推车推着孩子出门玩，这时总会有很多中国人过来关心地告诉她：这么寒冷的天气，孩子不能只穿着袜子，一定要穿上鞋子。有时候，好心的中国人多得让她无法继续正常推车走路。

"在意大利，冬天穿短袖衬衫夏天穿羽绒服的多了去了，这个天只给孩子穿袜子是极其正常的。"这位意大利妈妈感到非常生气和困惑："难道我不比他们更了解我的孩子吗？难道我不比他们更关心我的孩子？"

针对以上案例，我们可以做出以下分析。

意大利妈妈和美国女孩的气愤源自她们对中国文化缺乏理解，且双方的跨文化沟通意识和技能都比较薄弱，所以导致了跨文化交际的矛盾冲突。

在案例一中，川菜馆的服务员看到一位外国女孩，就自以为是地认定她不能吃辣，并自作主张主动提供微辣的菜品。这是因为服务员对外国人有刻板印象，以偏概全，忽视了个体之间的差异，并且坚信自己是对的。刻板印象使得人们丧失了对于不同文化的敏感性，并无法客观地了解另一种文化。这种印象阻碍了我们与不同文化背景的人进行良好的交流，有碍于跨文化交际的顺利进行。

在案例二中，中国人对意大利妈妈的关心在他们看来是出于好心，是关心别人，但对意大利妈妈来说却非常令人不快，她认为自己受到了"面子威胁"。中西方的面子文化存在许多不同之处：在中国文化中，"面子"是个人对在公众场合塑造的形象的要求；而在西方文化中，建议、劝告、提醒类的话往往被视为对听话人的面子威胁，讲话人表示自己认为听话人应该做某事或可能会忘记某事，似乎是在显示自己比别人强，因而会冒犯听话人。但对多数中国人来说，其实这是对自己的关心（多数情况下，中国人信奉"各人自扫门前雪"，不愿去干涉别人），他们对这种提醒只会产生感激之意。

这两个案例从根本上讲是中西方思维方式的差异导致的。对一件事，双方都有各自的理解。众所周知，思维方式受到文化差异的影响，而造成文化差异的原因是多样和复杂的，其中主要包括历史发展轨迹的不同、宗教信仰的差异以及生活环境的不同等。例如，一般来说，中国文化更注重集体主义，强调整体观念、和谐观念，注重关心他人和维护他人的利益，在很多时候为集体利益牺牲个人利益是被提倡和颂扬的。而西方文化则更注重个体主义，强调个人意识，他们往往倾向于将个体置于中心地位，一切从个体利益出发。具体而言，在第一个案例中，美国女孩的思维方式体现了典型的"直线思维"，她认为发出的信息应直截了当地表达自己的需求，对方也应按照她的思路去理解；而中国服务员的思维方式则体现了东方的"螺旋形思维"：在接收信息的同时，很多其他相关因素也应考虑在内（尽管对方没有明确提出），因此在交际过程中会出现与美国女孩不一致的情况。

总体来说，处于不同文化背景的人在交际过程中应具有跨文化意识，意识到不同文化在语言、生活、交际和思维上的差异可能会导致跨文化交际的冲突。因此，我们需要克服主观的价值判断，多做功课，积极培养跨文化意识和敏感度，努力了解不同文化之间的差异，实现文化适应。在跨文化交际中，交际双方需齐心协力，相互配合，如此才能达成交际成功。

思考训练

1. 请简要评述"自我参照标准"。
2. 请简要论述"刻板印象"的优缺点。
3. 文化惊骇的四步骤各是什么？各步骤有什么特点？
4. 既然不同文化之间有如此巨大的差异，那么我们又是如何实现跨文化交际的呢？

第三章 商务文化学的研究路径与方法

一、引言

据《国际金融报》报道，① 吉利投资18亿美元正式收购福特旗下沃尔沃（Volvo）汽车100%股权，沃尔沃轿车正式落入中国自主品牌汽车企业旗下。2010年3月28日，吉利汽车总裁李书福与美国福特汽车公司签订了合作协议。至此，当时中国历史上最大的海外整车资产收购尘埃落定。

2020年底，有消息称吉利和沃尔沃将正式合并为一家集团公司，但到2021年3月，吉利和沃尔沃联合宣布继续合作，但停止合并。主要原因在于两家公司的股权合并面临一系列难题，包括已有股东股份可能被稀释，以及沃尔沃汽车无法估值等。但股东们仍然希望两个品牌以合作的形式寻求发展，所以吉利为期一年的合并计划最终失败。未来，两家公司将在动力总成、电气化、自动驾驶和其他业务领域进行合并和合作。比如动力总成方面的业务，双方将以股权合并的形式将动力总成业务合并到一家新公司，共同开发新一代双电机混合动力系统和高效内燃机。此外，吉利还将利用沃尔沃的渠道进军海外市场，让两个品牌真正实现资源互补。

2021年7月21日，沃尔沃汽车发表声明称，将购买吉利在双方合资公司中的股份。简单来说，虽然吉利获得了对沃尔沃的控制权，但它仍然属于国外品牌，如果要将其变成国产，必须在中外合资企业生产。这一次，沃尔沃只收购了吉利在国内的一家合资企业的股份。即使沃尔沃拥有这家合资企业的全部股权，沃尔沃仍然属于吉利集团。

两家不同文化背景的企业克服语言障碍、管理理念和方式上的众多差异，顺利实现并购并不断发展，真实地显现了商务文化学起到的重要作用。在未来的合作发展中，不同文化之间要学会相互包容、求同存异。企业自身可以通过研讨、培训等方式强化员工的跨文化交际敏感度，提升其有效解决跨文化冲突

---

① 孙婉秋、樊梦成：《李书福——收购12年》，载《国际金融报》2022年5月23日第013版。

的能力，跨国企业的文化才能够逐渐在同一组织内部实现融合共生。早在"二战"过后，一些专家、学者由于当时跨国公司经营的需要，就对各国各民族文化进行了深入研究，其中影响力很大的有荷兰心理学家霍夫斯泰德提出的衡量不同国家文化差异的文化维度理论。霍夫斯泰德认为，文化是在一个环境下人们共同拥有的心理程序，能将一群人与其他人区分开来。[①] 通过对企业的长期跟踪研究，他用六个文化价值观维度描述不同的文化差异，即权势距离（power distance）、个体主义与集体主义（individualism vs. collectivism）、不确定性规避（uncertainty avoidance）、男性倾向与女性倾向（masculinity vs. femininity）、长期取向与短期取向（long-term orientation vs. short-term orientation）、放纵与自我约束（indulgence vs. restraint）。这些维度的集合描绘了文化对其社会成员价值观的根深蒂固的深刻影响，并借助结构化的权重分析来描述这些价值观与人们行为之间的作用关系。换言之，这一套理论对文化的多维度进行了探究，并提供了一个可用作维度对比的评分系统。霍夫斯泰德的成果为跨文化心理学领域的其他研究奠定了基础，同时也促进了更多学者进入国际商务和交流等更多领域进行研究。

并购活动中，吉利和沃尔沃积极探索文化异同的成因，它们的努力为解决跨文化冲突提供了可借鉴的模板。全球化背景下企业之间各种兼并、重组、联合层出不穷，面临客观存在的不同文化差异的考验在所难免，但对于差异是积极应对还是置之不理，成为企业是适应生存还是淘汰失败的关键环节。从吉利并购案例不难看出，"中国企业并购当地企业后，要让当地员工接受企业整体文化，实现文化的融合，还存在管理制度、理念和方法上的冲突"[②]。这些差异的客观存在，使得要想达到国际并购中多方共赢的效果只是一个美好的愿景，但以此为目标，从点滴做起，一定会有更大的发展。

在当代中国推进"一带一路"建设和构建人类命运共同体的实践背景下，跨文化交际的重要性和急迫性不言自明，全球对跨文化交际研究的兴趣也从未如此浓厚。社会与技术的融合以及由此产生的全球文化的发展，给企业带来了更大的压力。在这种全球文化中工作的挑战和收益以及企业的全球观，无不证明了跨文化沟通的重要性。不同的历史、地理环境、信仰、社会规范形塑了巨

---

① G. Hofstede, G. J. Hofstede & M. Minkov. *Cultures and Organizations: Software of the Mind*. 3rd edn. New York: McGraw-Hill, 2010: 4 – 5.
② 董晓琳、吴亚玲：《中国企业海外并购现状分析与策略建议》，载《国际经贸探索》2010 年第 12 期，第 4 – 8 页。

大的个体差异，这种内化的心理背景是无论多么强大的技术力量都无法改变和消解的。我们每个人都需要深刻认识我们自己和他人的文化背景、固有偏见的差异。如果没有这种了解，把所有事情当作理所当然，无疑会导致误解。同时，我们需要培养对其他文化中价值理念、行为方式的开放心态。培育和强化文化理解的必要性和跨文化交流的重要性才有助于打破工作场所的跨文化交流障碍，发挥企业优势。

二、企业责任与商务文化

现代企业除了提供服务和产品以赚取利润之外，也应当开始关注企业责任建设。"企业责任是企业履行社会责任的基础，没有基本的责任文化，企业履行社会责任不过是表象行为，很难持续和深入推进。"[1] 审视当下，经济全球化进程的加速让企业认识到，企业核心竞争力不仅仅是产品和服务的质量，而且也包含对环境的保护。强化企业责任感，可以促使企业不断提高其产业创新能力、社会责任管理水平，最终形成可持续发展的良性循环。

1. 企业对内责任与文化

经济学、管理学与商务活动密切相关，在这些领域内，"个人"与"组织"的内涵除了数量及人员结构外，还有更进一步的意义。在管理学中，"个人"与"组织"是一组意义相对的概念，[2] 二者因对方的存在而存在。个人是组织内部的个体，组织是由无数个人组成的集合。组织通过建立科学高效的管理体系，为个人提供奖惩分明、激励作用明确、权责清晰、发展空间充足的环境，而个人要在遵循组织规范、结构的前提下，充分发挥主观能动性，帮助包括个人在内的组织及其他成员实现利益最大化。组织从大局着眼，个人以自身发展为着眼点，在协调统一中发挥人力资源效应。而企业的进一步发展也会带来个人利益的增加。随着全球化进程的加快、全球化程度的加深，各种文化的交流、碰撞紧密而频繁。如何构建适应现代经济背景的组织文化成为大型跨国企业文化建设的核心问题。早在1973年，日裔美国管理学专家威廉·大内（William Ouchi）便通过对比美、日两国的管理理论与实践，提出了著名的

---

[1] 殷格非：《责任文化为企业注入新动力》，载《WTO经济导刊》2018年第4期，第17-21页。
[2] 斯蒂芬·罗宾斯、玛丽·库尔特著，刘刚、程熙镕、梁晗等译：《管理学》，北京：中国人民大学出版社2017年版。

"Z 理论",① 即 Z 型组织的实质是在本国文化背景下,建立和谐稳定的组织关系的组织。② 大内区分了 A 型组织与 Z 型组织。他将大多数美国企业定义为 A 型组织,在这类组织中,员工处于从属地位,企业领导者对于企业政策制度建立具有绝对的话语权。而与此形成鲜明对比的是日本企业,它们大多实行长期甚至终身雇佣制,力图打造组织成员间的相互信任和员工的归属感,利用制度将组织与员工利益融为一体,达到企业与员工共荣的局面。这种日本企业管理模式被大内称为"Z 型组织"。大内认为,美国的企业组织形式存在诸多缺陷,应该结合本国文化持续向 Z 型组织转化。

本·施耐德(Ben Schneider)等人提出了 ASA 理论,即"吸引—挑选—摩擦"(Attraction-Selection-Attrition)理论,该理论认为员工与组织在双向选择过程中,往往都是考虑接纳与自己的价值理念接近或相同的一方。也就是说,如果个人和组织具有相似的价值观和目标,他们就会相互吸引。③ 张晓芹、李焕荣的研究表明,个人与企业价值观念的一致性是可以通过组织社会化来建构的。个人经过不断学习和调整,可以由个人进入组织初期的相异逐步向与企业相似或相同靠近。组织会根据发展需求,要求个人进行有针对性的提升,而个人也会通过认同组织的管理框架与核心需求,努力使自身发展与组织发展结合起来,双方不断适应调整,共同提升个人与组织的效率和潜能。④

在跨文化心理学中,霍夫斯泰德所讲的不确定性规避是一个社会对不确定性和模糊性的容忍度。它反映出社会成员是否试图通过最小化不确定性来应对焦虑的程度。当社会成员能够在不产生压力的情况下,对未来不确定性呈现出一定的接受程度。他指出,"对于不确定性的处理方式却是每个国家(地区)的制度的重要组成部分。……未来是不确定的,但我们必须与之共处"⑤。较弱的不确定性规避具有以下特点:承担风险、灵活变通、对不同意见和行为的容忍。此外,对不确定性的强烈规避表现在以下几个方面:避免风险的倾向,

---

① 该理论是区别于 X 理论和 Y 理论的管理学理论。大内在研究美、日企业管理方式异同的基础上,提出美国企业应向日本企业的管理方式学习,并结合自身特点,形成一种新的,兼有美、日企业管理方式中积极方面的管理方法。
② 威廉·大内著,朱雁斌译:《Z 理论》,北京:机械工业出版社,2013 年版。
③ B. Schneider, H. W. Goldstein & D. B. Smith, "The ASA Framework: An Update", *Personnel Psychology*, 1995 (48): 747 – 773.
④ 张晓芹、李焕荣:《个人 – 组织价值观一致性:一个动态促进模型》,载《重庆工商大学学报(社会科学版)》2016 年第 2 期,第 49 – 55 页。
⑤ 吉尔特·霍夫斯泰德、格特·杨·霍夫斯泰德、迈克尔·明科夫:《文化与组织:心里软件的力量》(第三版),张炜、王烁译,北京:中国电子工业出版社 2019 年版,第 136 页。

有许多标准化程序、书面规则和明确划定结构的组织,对协商一致的强烈要求,对权威的尊重,强调规划重要性的可预测性要求,对偏离行为的低容忍或不容忍,取决于年龄或年资的晋升。①

戴谷·特克(Duygu Turker)②、安东尼奥·韦维斯(Antonio Vives)③的研究指出,企业内部责任是企业为员工履行的企业主体责任,其外在的表现形式是为员工创设安全的工作环境、提供公平合理的选拔晋升体系和机会、帮助切实解决员工本人生活乃至家庭生活中的困难。

对于企业来说,员工既是企业责任的主体,也是企业负责任的对象。不可否认,员工的素质、奉献精神、配合与努力,是企业维系日常运转、进行文化建设、形成凝聚力、提升产品服务质量、树立良好社会公共形象的重要依托。企业有责任为员工的生存和全面发展提供良好的物质基础;满足他们被尊重、被信任、被关心的精神需求;积极开展技能或素质培训,满足员工实现个人发展的终极目标。"充分发挥员工的积极性、创造性和主观能动性,努力为员工提供一个良好的生活和工作环境,想方设法来满足员工不断提高的物质文化生活需要,帮助员工实现其求生存、谋发展的人生目标。"④

企业的另一重对内责任是对企业股东负责。现代企业资金来源大多依赖股东进行投资,股票作为现代股份制企业所特有的产物便应运而生。股东投资,一方面为保证公司经营同时对公司债务负责,另一方面寻求企业为股东提供收益作为投资回报,满足股东自身生存和发展的要求。企业回报股东的主要方式是股票分红或者股息。股票是具有流动性的有价证券,股票的流动就意味着股权的变更。股票是否顺利发行、股东是否愿意持有股票与股份制企业的经营状况息息相关又双向影响。若企业业绩欠佳,没有股息或股息下降,股东便会失去投资信心,转而抛售股份,这一举动会加剧企业经营的困难局面。而相反,若股东在投资中有稳定获利,他们将为企业发展注入更多资金支持。所以企业为其长远发展考虑,都会把如何予以股东稳定、有吸引力的投资回报作为其重要任务。

---

① 吉尔特·霍夫斯泰德、格特·杨·霍夫斯泰德、迈克尔·明科夫著,张炜、王烁译:《文化与组织:心里软件的力量》(第三版),北京:中国电子工业出版社2019年版。

② D. Turker, "How Corporate social Responsibility Influences Organizational Commitment", *Journal of Business Ethics*, 2009 (2): 189 – 204.

③ A. Vives, "Social and Environmental Responsibility in Small and Medium Enterprises in Latin America", *Journal of Corporate Citizenship*, 2006, 21: 39 – 50.

④ 邓集甜:《企业责任论》,长沙:湖南师范大学博士学位论文,2003年,第32页。

企业与企业间的交流所促成的密切合作伙伴关系也是企业发展的一条路径。在这一过程中,一个企业的行为直接影响另一个企业的生存,关系到其他企业的利益。因此,企业之间除竞争外,还要建立友好的合作伙伴关系,在履行合同、完成双方约定、加强合作过程中形成彼此互信互任的良性互动。企业是现代化大生产的必然要求,激烈的市场竞争将单打独斗的企业抛弃于市场体系之外。只有通过不断与兄弟企业联系与协作,才能够在行业内或跨行业中广泛地进行资源交流共享,趋利避害,发挥自己的最大优势。

安德鲁·弗莱德曼(Andrew L. Friedman)[①]、詹姆斯·赫顿(James Hutton)[②]等人的研究发现,企业对其社会责任的投资比例总体上逐年攀升,大型国际化公司均将企业社会责任提升到公司战略层面,不惜重金投入。

2. 企业对外责任与文化

企业具有多重身份属性,既是经济单位,是市场竞争的主体,也由于它能够为社会提供产品和服务而同时作为社会文化单位存在。当企业具备了为社会大众服务、满足社会需要的能力时,也就具有了社会价值。一个合格的企业,必须在商业活动中,既能实现其自身价值,又能展示出它的社会价值。企业的自身价值在显性层面为其创造利润,保证企业正常运转,而社会价值则需要经过长期精耕细作才能得以体现。一旦形成,将为企业带来良好的品牌效应和社会效应,为其长远发展奠定基础。这两种价值并行不悖,互为补充,而且在一定条件下可以互相转化。

然而,尽管现代企业责任的意蕴随着时代发展不断丰富,但企业的性质究其本质仍然是以营利为目的,将经济责任作为最大的社会责任。1979年,阿尔齐·卡罗尔(Archir Carroll)提出了企业社会责任的模型即金字塔型结构,该模型一直沿用至今。在卡罗尔的企业社会责任金字塔的底部是经济责任。这说明,按照企业的概念和内涵来说,企业社会责任的基础是经济上有盈利且可以持续发展。如果缺失其中一个,企业就无法实现对股东的责任。与经济责任相连的是金字塔的下一个层级——法律责任,目的是保证公司运作的正当程序,企业期望在有关业务增长和扩展的法律纠纷中得到公平对待。第三个层级是伦理道德责任。到这个层级为止,金字塔的前一半内容属于"社会需要什

---

① A. L. Friedman & S. Miles, *Stakeholders: Theory and Practice*. Oxford: Oxford University Press, 2006.

② J. Hutton, M. Goodman, J. Alexander, et al., "Reputation Management: The New Face of Corporate Public Relation", *Public Relations Review*, 2001 (3): 247–261.

么"的概念,第三个层级则转向"社会期望什么"的概念。例如在美国,立法越来越多地将道德责任与法律责任联系在一起,因此这些层级的内容并不是一成不变的,而是随着社会环境的变迁发生流动和改变。[①] 不可否认,盈利是企业在激烈竞争中赖以生存的基础。为了避免被市场无情地淘汰,企业的日常经营管理活动都是围绕企业利润最大化而进行的。

企业的发展壮大,或是破产倒闭与社会环境密切相关。相反,其生产经营活动也会对社会产生积极或消极的影响。比如,近年来大力倡导的新能源绿色汽车研发,就是为了减少汽车尾气的排放,保护环境,这一政策和企业行为会对社会产生积极影响。再如,大力发展"乡村经济""农家乐产业"等,将城郊或乡村农业资源盘活,既美化了环境,又带动了周边地区房地产价格上涨,直接实现了当地居民的经济收益。但有时,消极影响也会相伴相生,例如兴建道路、楼宇的噪声,使附近居民苦不堪言,同时也在某些程度上破坏了当地生态环境。而居民在享受产业经济为生活带来便利的同时,也不得不为环境破坏和生活成本的增加而承担额外的费用。

可持续发展观念的内涵不断丰富,不仅仅只停留在环境保护层面,更多的企业开始关注环境与社会、经济的共同发展。20世纪以来,许多企业或区域经济的发展造成了空气和水资源污染、不可再生资源的消耗、土地资源过度开发、生态环境破坏等。截至20世纪末,大量事实为非持续性增长敲响了警钟,环境、社会、经济协调发展的可持续发展观点得到广泛共识。人们越来越体会到单一粗暴地以追求经济利益为代价的发展模式是对人类自身极大的不负责任。经济增长与发展仍然以自然资源为基础,自然资源的永久性破坏,将对社会经济造成无法挽回、不可估量的后果。

美国学者霍华德·鲍安(Howard Bowen)在其著作《企业家的社会责任》[②]中认为,企业管理者应将其商业活动的内容和范围放置在满足社会发展目标、为社会提供有益的价值这一核心责任圈层内。很显然,新时代的发展潮流要求企业应树立保护环境的生态平衡观,把经济利益平等地置于社会和生态系统之中,企业盈利、投资回报率这些硬性经济指标不应作为衡量企业效益的唯一最大化标准,相反,应更鼓励在保护生态环境、创建可持续发展路径的前提下开展商业活动。同时,企业和社会都有责任通过舆论引导,激发企业各级

---

① C. Archir, "A Three-Dimensional Model of Corporate Performance", *Academy of Management Review*, 1979 (1): 91.

② H. Bowen, *Social Responsibilities of the Businessman*. New York: Harper & Row, 1953.

人员的生态意识和责任感,通过长期教育,使之内化为员工信念,从而形成企业持久的价值取向。

现代社会里,随着互联网等媒体的兴起,消费者与生产者在信息获取程度上变得逐渐平等,这就使得消费者拥有更多、更强大的渠道去监督企业生产者,如果企业在生产中以欺骗或其他不法手段侵害消费者权益,不仅要承担经济损失,更要面临无法弥补的社会信任度流失。同时,高度发达的生产力水平已经将社会带入以消费为导向的阶段,消费者有充足的自主权选择购买什么、去哪里购买。经济和媒体因素加剧了企业在恪守各种责任的基础上的激烈竞争。在市场经济环境下,以消费者为中心的企业经营理念已经成为审视社会文明与和谐程度的重要标志。同时,企业尊重消费者、提升企业客户价值是众多企业在竞争中获利的法宝。由于企业生产经营的目的是满足消费,因此只有满足消费者需求才能创造利润,进而为企业生存发展提供动力。若产品或服务无法吸引消费者,企业的生产经营活动就无法推进,企业自身的价值更无从谈起。在日趋激烈的市场竞争中,人们坚信"消费者就是上帝"。为消费者负责、满足消费者需要、重视消费者权益,已经成为企业一切工作的出发点和归宿。所以,企业很重要的社会责任是做到为自己的消费者着想,以提供安全高质的产品和服务为己任。只有这样,企业才得以树立品牌形象,建立消费者忠诚度,从而实现企业与消费者的双赢。

三、性别分工与商务文化

1. 性别的角色及其社会化

女性主义学者舒拉米斯·菲尔斯通(Shulamith Firestone)认为,生殖差异导致的性别分工,是男性统治、经济阶级剥削、种族主义、帝国主义和生态不负责任的根本原因。性别角色不平等的社会化分工是历史的选择,可以追溯到动物界本身。在这个意义上,性别角色社会化一直是普遍的和不可避免的,但现在存在的文化和技术的先决条件,使其消除成为可能,这也许是人类生存的必要条件。[①]王金玲认为,无论是社会整体还是独立的个体,都会对性别角色、分工有不同的期待和规制,也就因此形成了与之相对应的社会操作流程。而社会规范是人为内化的产物,从这个意义上说,男女既是社会角色分工的承受

---

① S. Firestone, *The Dialectic of Sex*. London: Paladin, 1972.

者、行为执行者,也是这一贯穿生命始终的过程的制造者。[1] 性别研究与文化的社会特征紧密相连,一直处于动态变化之中。性别社会化的过程在生命早期就开始了。儿童在很小的时候就对性别有了理解。研究表明,儿童在 6 个月大时就能分辨出男性的声音和女性的声音,在 9 个月大时就能区分照片中的男人和女人。在 11 至 14 个月之间,儿童发展出将视觉和声音联系起来的能力,将男性和女性的声音与男性和女性的照片相匹配。到 3 岁时,儿童已经形成了自己的性别认同。[2] 他们也已经开始学习他们文化中的性别规范,包括哪些玩具、活动、行为和态度与哪个性别有关。由于性别分类是儿童社会发展的一个重要部分,儿童往往会特别注意同性别的模型。当孩子观察到同性别模型持续表现出与异性别模型的行为不同的特定行为时,孩子就更有可能表现出从同性别模型中学到的行为。这些模型包括父母、同龄人、教师和媒体中的人物。儿童对性别角色和定型观念的了解会影响他们对自己和其他性别的态度。尤其是年幼的孩子,可能会对男孩和女孩"能"和"不能"做什么的认识变得特别僵硬。这种非此即彼的性别思维在 5 至 7 岁时达到顶峰,然后变得更加灵活。[3] 这种性别社会化会成为一个人终身的身份认同过程。所以性别社会化的研究要充分融入社会文化演进的各种变量,其研究结论甚至会因此发生质的变化。例如,霍夫斯泰德 1980 年的研究将美国归为比较男性化的社会。[4] 而 1997 年丹尼斯·费尔南德斯(Denise Fernandez)等人[5]所做的一项跨文化研究的结果却显示美国社会男性化的程度转低,而其形态可被定义为性别平等型社会。这一典型转变表明,社会性别角色和个性化程度呈现出缓慢的流动变化性,社会制度、社会文化以及个体在其中所经历的理念、价值行为的变迁共同推动着这一结果社会现象的进程。

性别社会化是由多重因素塑造的,并通过四个主要的社会化媒介进行:家庭、学校、同龄人群体和大众传媒。每个媒介都通过创造和维持对特定性别行

---

[1] 王金玲:《论个体性别社会化和性别角色表演》,载《云南民族大学学报(哲学社会科学版)》2011 年第 9 期,第 107 – 111 页。

[2] 张新华:《儿童性别角色认同研究现状及教育策略》,载《开封教育学院学报》2017 年第 9 期,第 183 – 185 页。

[3] 王恩国、郭明印:《儿童性别角色发展及其影响研究》,载《心理研究》2008 年第 2 期,第 32 – 35 页。

[4] G. Hofstede, *Culture's Consequences: International Differences in Work-Related Values*. LA: Sage Publications, 1980.

[5] D. Fernandez, D. S. Carlson, L. P. Stepina, et al., "Hofstede's Country Classification 25 Years Later", *Business Journal of Social Psychology*, 1997 (1): 43 – 54, 137.

为的规范性期望来强化性别角色。次级媒介，如宗教和工作场所，也会发生这样的情况。随着时间的推移，反复接触这些媒介会使男女两性产生一种错误的感觉，即他们的行为是自然的，而不是遵循一种由社会构建的角色。同时，社会发展阶段、文化类型等因素，也会影响性别差异的判断和认知。此外，性别的社会化也体现在资源分配上，因为社会和家庭在进行资源、财富分配时也存在性别之分，以及通过观念、政策、制度等将这一区分合理化、合法化。从家庭教育开始，社会化分工就导致男女扮演着不同的家庭劳动角色。例如，与女儿相比，儿子在较早的年龄就被允许有更多的自主权和独立性。很多家庭不要求儿子承担清洁或烹饪等家务，而女儿则受限于对她们的期望，她们要被动地养育孩子，一般要顺从，并承担更多家务劳动。

一般情况下，不同性别的个体在社会情境中扮演固定的角色，例如一般指派男性承担父亲的角色，女性承担母亲的角色。但有些特定的社会文化背景和情境也会打破这一界限，例如单亲家庭中，一方要同时充当父亲和母亲的角色。在约定俗成的社会精神层面也会有性别差异的显现。例如，在西方情人节，大多以男方送红玫瑰、女方送巧克力作为正常的爱情表达手段，反之则很少见，甚至不被接受；在婚恋的主流认知中，更多的倾向于男性主动，女性被动。不同场景中的性别角色设置有时也表现出差异。例如，白酒类广告多以男人及其相关商务活动为背景，而红酒类广告中则会出现女人和休闲娱乐社交场所。

文化的区别使各性别群体具有独特性，同时也给它们提供了一个社会框架。文化塑造了性别，而性别的社会化也将文化的多重性演绎得深刻而富于变化。

2. 男性倾向与女性倾向

据霍夫斯泰德等[①]研究，男性气质反映出社会主导价值观的决断性和竞争性。在男性气质社会中，诸如自信、果断、进取、好胜等男性气质居统治地位。在男性化倾向文化中，社会性别的角色差异明显。在这样的文化中男人应该展现出自信、勇敢，女人则应表现得温顺、谦卑。在现实社会中的表现，以男女倾向不同的群体消费者抱怨为例，两种群体呈现出明显的不同。卢长宝在其研究中认为，男性倾向的群体中，消费者多数表现出很强的个人保护意识、抗争意识。面对不公正待遇，他们不会隐藏自己的情绪，而是通过各种手段、借助多种渠道，以力求还原真相、保护自己、警示他人为目的，展开积极的抱

---

① G. Hofstede, *Cultures and Organizations: Software of the Mind*. London: McGraw-Hill, 1991.

怨。而群体内的其他成员也比较容易受到情绪的感染和影响，与抱怨者一起产生不满情绪，甚至采取激进手段。① 而在女性化倾向明显的社会中，社会性别角色出现重叠。男女都表现得谦和、恭敬、关注生活质量，人与人之间的关系更加和谐，群体的主流价值观信奉"以和为贵"。同样在消费者抱怨语境下，这类群体无论在抱怨的强度、公开性、影响力，还是最终结果方面都远远弱于男性化倾向文化。大多数群体选择将负面情绪隐忍不发、自我内化，并将其视作一种私密体验，不会向陌生人坦白自己的真实心理，更不会公之于众，所以这种情况下，负面情绪最终只会在少数亲密关系中小范围传递。②

考察一个社会的男性化/女性化倾向，一般可以审视其对性别角色定位是传统还是保守、对财富获取能力的推崇程度、对人际与家庭生活的重视程度等。其区别在于：男性化社会对性别角色定义更加保守；而女性化社会则较为开明，对家庭关系的角色并没有严格的性别区分。此外，男性化社会更加推崇较强的获取财富的能力；而女性化社会则看重人际关系，努力寻找家庭、生活与工作之间的平衡。

3. 商务场景下的性别差异

在商务活动中，从语言的使用到具体行业操作，性别差异都普遍存在。语言作为商务沟通的载体，也是社会现象的缩影。不可否认，虽然女性通过自身的努力，在社会当中的地位日渐提高、成就卓越，但男性仍然是当下商业领域的主力军。这一事实从沃尔夫汉普顿商务英语语料库（the Wolverhampton Corpus of Written Business English）得出的数据可见一斑。比如在商务英语语料库中，男性词汇的出现频率远高于女性词汇，并且他们通常处于管理层等较高的职位。③ 在商务交际中，对男性的称谓一般只有先生（Mr.），与年龄、婚否等信息无关；而对女性的称谓则根据年龄和婚姻状况区分，常用 Mrs.（已婚女性）和 Miss（未婚女性）以及 Ms.（已婚或未婚女性）。导致这一现象的原因主要是由于男性婚前婚后都一样要工作，而部分女性在结婚之后就停止工作，专心在家相夫教子，靠丈夫的收入来生活，其社会角色有很大变化，所以人们

---

① 卢长宝：《消费者个体抱怨对群体满意度的影响机制——基于 Hofstede 五种文化维度的理论研究》，载《北京工商大学学报（社会科学版）》2014 年第 1 期，第 59－68 页。

② 任锡源、王迎桃：《女性消费者口碑传播意愿的实证研究》，载《中华女子学院学报》2008 年第 5 期，第 116－120 页。

③ 李泽莹：《基于商务英语语料库的性别词汇研究》，载《暨南学报（哲学社会科学版）》2008 年第 2 期，第 110－114 页。

对出入职场的女性是否已经结婚非常在意。① 其次，在英语词汇中，有些职业既有男性专属名词也有女性专属名词，例如 waiter/ waitress（服务员）、steward/stewardess（乘务员），而有的职业如 president（总裁）、manager（经理）、CEO（首席执行官）、director（总监）、professor（教授）、lawyer（律师）、engineer（工程师）、scientist（科学家）则不分男性还是女性名词。为了区分后者的从业人员为女性，就在名词前面加 female、lady、woman 等作为说明。有些职业在其出现的初期大多专属于女性，如 receptionist（前台）、secretary（秘书）等，因此现代社会常在该类职业的男性从业人员前用 male 或 man 加以说明。这一现象的成因在于：自远古时期出现的社会分工，男子因生理、身体因素逐渐在社会生产活动中占据主导地位，而大部分适于女性的职业则在体力强度上弱于男性。由于男性承担了重要工作，社会上普遍认为男性更有决断力。但随着社会经济文化的发展，这种情况发生了一定改变，而商务活动中使用的语言深刻体现出了性别差异现象。

具体到商务领域，以投资管理行业为例，据凤凰网财经新闻报道，在上海从事金融资管行业的职场白领中，女性比例占到了49%，但薪资和男性相比仍然存在较大的差距，同时还额外面临职场歧视等诸多问题。近期，智联招聘携手励媖中国发布了《2022 女性、职业与幸福感：上海资管行业女性发展报告》。数据显示，2021 年上海资管行业的男女从业者比例为 1.12：1，女性从业者从 2019 年占比45.9% 到 2021 年的 47.2%，提高了 1.3%。女性从事职能岗比例高于男性，而男性则在高级管理和业务岗位比例占优。2019 至 2021 年间，在上海资管机构就业的女性，从事人力资源、财务、行政等职能岗位的比例更高，三年间女性占比均超过七成；在高级管理岗和业务岗（如证券/期货/投资管理/服务）的比例则平均低于男性近三成。但是，后两类岗位中女性比例在逐年提升，2021 年比 2019 年分别提高了 3.2% 和 4.4%。②

性别差异及其社会化角色等多方面原因导致了商务领域内男女诸多方面的不同，但包容性和可持续发展是联合国《2030 年可持续发展议程》的首要目标，其中，性别平等是实现这一愿景的重要方面。因此，如何缩小经济领域内的性别差异始终得到学界和社会其他领域的关注。

---

① 魏敏、王少杰：《英语中的性别歧视语研究》，载《吉林师范大学学报（人文社会科学版）》2004 年第 4 期，第 78－81 页。

② 报告内容及数据来源参见《为职场女性发声：智联招聘用具体调查数据反映职业女性生存现状》，凤凰网（http://finance.ifeng.com/c/8OUWcuj8zhc）。

四、消费视域下的商务文化

在早期的生产和消费关系中,商品的使用价值才能满足消费者的核心需求,因为囿于物质资料匮乏,消费的目的仅为维持基本生存。进入现代工业社会后,机器的广泛使用以及伴随而来的标准化的生产流程促进了生产效率的提升,商品与服务不断增加,消费也逐渐不再仅局限于维持日常生活。直到今天,消费已经无处不在,加之电视、广告媒体、互联网的介入,目不暇接的商品选择关注的已经不是对物质本身的真实需要,消费者反而更容易受到商品的支配。人不断制造消费需求,激发欲望机制,而欲望机制又反作用于人类,使之投入到更多更大的"消费"中去。随着生产消费模式的转变,消费视域下的商务文化研究也应运而生。

1. 长期取向和短期取向、约束与自我放纵

随着研究的发展,霍夫斯泰德逐渐发现其研究结论受制于比较单一的环境,且缺乏非西方国家的研究人员。因此,他开始联合迈克尔·邦德(Michael Harris Bond)在中国香港开展合作。长期—短期取向是霍夫斯泰德在分析邦德对华人价值观调查资料基础上提出的。长期取向是着眼于未来,尊重未来的价值观,相信未来会比现在更繁荣,社会成员以更强的毅力和节俭的文化视角来等待未来的回报。为了实现这一目标,他们愿意为之隐忍、服从,体现出很强的适应性。而短期取向恰恰相反,专注于现在,把价值观放在过去和现在,强调速成,尊重传统,维护"面子",追求即时的快乐而不是内心的平静。[①] 短期取向文化大多将消费视为正常行为,人们将传统与社会地位、义务置于同等重要的位置。例如,在这种文化中的企业将其对企业管理者的奖励附加在"即时"或"下一季度"的组织业绩上,而不是长期的业绩。在商业领域,这些不同的观点也是显而易见的。在今天的市场上,一部分来自中国和印度的企业,在其长期导向的观点的指导下,从短期导向的公司和国家那里获取了许多自然资源的使用权,而短期文化导向的国家或地区的公司也同样乐于通过出售国家资产获得短期收益。在企业管理中,在具有长期取向的国家,企业往往关注至少未来10年的利润,倾向掌握较高的储蓄额,资金偏向流入房地产;而在具有短期取向的国家,企业更注重当前的盈亏状况,储蓄额较低,投

---

① G. Hofstede, G. J. Hofstede & M. Minkov, *Cultures and Organizations: Software of the Mind*. 3rd edn. New York: McGraw-Hill, 2010.

资倾向于共同基金。阎婕等人的研究认为，我国所推崇的是坚持不懈和节俭的长期取向文化及与之相应的价值观。所以自古以来很多名言警句都告诫人们，只有坚持到底才能达成目标，例如"君子遵道而行，半途而废，吾弗能已矣"①，意为半途而废无异于前功尽弃。北宋司马光用家训"由俭入奢易，由奢入俭难"②告诫儿子司马康要勤俭节约，这一美德已成为中华民族的宝贵财富。③

纵容与克制是保加利亚学者迈克尔·明科夫（Michael Minkov）提出的维度。明科夫从世界价值观调查（WVS）中分离出三个关键项目——幸福、生活控制和休闲的重要性，还确定了在 WVS 中发现的另外两个价值观：高度重视拥有朋友，以及相对不重视选择节俭作为教育孩子的重要价值观。纵容—克制与主观幸福感紧密相关，其涉及个体是否可以掌控和选择自己的生活，自如地享受生活和娱乐。④ 纵容—克制这一文化价值取向维度被霍夫斯泰德于 2010 年收录在其著作中，成为六个维度文化价值之一。纵容代表了允许相对自由地满足与享受生活和乐趣有关的基本欲望的倾向。它的反面，克制，则反映了一种信念，即这种满足需要被严格的社会规范所抑制和调节。⑤ 有外国学者根据放纵与克制维度对企业发展，尤其是对企业现金持有量的影响进行研究，揭示文化如何影响企业行为以及这种影响的边界。研究认为，与约束型社会的企业相比，放纵型社会的企业由于更倾向于风险投资（预防动机）和对管理者相对较弱的道德约束（代理动机），会持有更多现金。⑥ 该研究对 39 个国家的 16 997 家公司进行分析，其结果有助于加深对民族文化在现代企业管理，尤其是资金管理上的指导作用。

在纵容型文化的国家和地区，个体的生活方式由自身掌控；而在克制型文化的国家和地区，社会传统和规范约束着个体行为。主要差异有以下几点：

---

① 焦金鹏：《中庸——国学经典诵读丛书》，南昌：二十一世纪出版社 2015 年版，第 14 页。
② （隋）颜之推等原著，周彪译注：《中国家训》，天津：天津古籍出版社 2017 年版，第 193 页。
③ 阎婕、张英、马玉梅：《Hofstede 文化价值取向研究的新进展与应用》，载《河南工业大学学报（社会科学版）》2020 年第 5 期，第 98 – 99 页。
④ M. Minkov, *What Make Us Different and Similar*: *A New Interpretation of The World Values Survey and Other Cross-Cultural Data*. Sofia, Bulgaria: Klasika y Stil Publishing House, 2007.
⑤ G. Hofstede, G. J. Hofstede & M. Minkov, *Cultures and Organizations*: *Software of the Mind*. 3rd edn. New York: McGraw-Hill, 2010.
⑥ A. Alipour & A. Yaprak, "National Culture and Firm's Cash Holdings: The Role of Indulgence and Its Boundaries". *Journal of Business Research*, Available online 29 November, 2023. http://gfbfh7f12bbd3c09549a1sk0xqukubwo0v6xu0.fcix.librra.gdufs.edu.cn/10.1016/j.jbusres.2023.114414.

①对休闲时间和自我幸福感的态度，纵容型文化认为休闲时间很重要，注重个体对生活的感悟；克制型文化虽然已逐渐开始关注个体幸福感，但更为保守。②社会规范方面，纵容型文化的个体自我管理、控制能力较强，因此社会道德规训少，对个体比较宽容；克制型文化里，个体受到社会道德、规范等约束体系的严格管制。③对待个体消费的态度，纵容型文化提倡鼓励享乐型消费；而克制型文化强调满足基本生活消费即可。④企业文化方面，纵容型文化中的企业，管理者与普通员工距离较为亲近，公司整体倾向于愉快、轻松的相处模式；而克制型文化中，氛围管理者多以严谨态度示人，展示出阶层性，并力求在公司文化中彰显公平、公正。

2. 马克思历史唯物主义消费观

现实生活中，人通过消费获得必要的生活物资，从而实现自我的发展。人的消费活动既可以满足个体的不同需求，也同时反作用于自然人。消费不仅仅是人在社会生活中的具象行为，通过消费体现的是人在社会网络中所处的地位。消费观是人的一种心理属性，作为一种文化形式，其得以通过消费结构、水平、行为等外化的方式表现出来。① 基于社会经济活动的一般规律，马克思围绕消费进行了大量研究，形成了马克思历史唯物主义消费观。马克思指出，不能将消费看作是终点或最后的结束行为，它是社会经济过程中的一个要素，而不是独立的个人行为。②"无论我们把生产和消费看作一个主体的活动或是许多个人的活动，它们总是表现为一个过程的两个要素。……消费作为必需，作为需要，本身就是生产活动的一个要素。"③

在《资本论》中，马克思将商品描述为独立于人之外的物体，认为它可以通过自己的品质来满足人类的需要。相比单纯的消费理论，马克思更关注消费背后所反映的阶级关系，例如剩余劳动时间、消费占有及分配等。对马克思来说，消费数量是实现剩余价值的一个潜在障碍。克服这一障碍需要增加需求和改变消费的商品类型。因此，马克思的历史唯物主义消费观不仅包括商品的生产，还包括人的生产和他们之间的社会关系。马克思认为生产条件完全决定了消费的条件。换言之，生产关系为人们分配了"角色"，并为他们提供了适当的支付手段。消费主要由生产决定。为了使资本主义顺利运作，人们的

---

① 刘天童：《马克思主义消费观探究》，载《商场现代化》2013年第24期，第59页。
② 中共中央马克思恩格斯列宁斯大林著作编译局：《马克思恩格斯选集（第30卷）》（1857—1858年经济学手稿《政治经济学批判导言》），北京：人民出版社1995年版，第22-36页。
③ 中共中央马克思恩格斯列宁斯大林著作编译局：《马克思恩格斯选集（第30卷）》（1857—1858年经济学手稿《政治经济学批判导言》），北京：人民出版社1995年版，第35页。

"需求"必须符合生产系统的要求。同时，资本不断扩大并操纵着对剩余价值的追求。凝结在不同商品中的劳动时间就变成了交换的基础。人类的劳动时间是允许交换的共同要素，因此，商品价格是由商品的价值和价值之间的关系决定的，体现的是抽象劳动时间或价值。① 马克思看到了消费、流通对生产的重要性，鼓励将资本投入生产，但同时要防止不充分的消费成为实现剩余价值的障碍。

商品的消费强化了社会关系的建构，无论是马克思的阶级分析理论还是他关于需求的社会建构和个人与商品的异化关系的理论，都通过对商品的分析，强调生产的决定论的假设和相对地位的重要性，但马克思同时主张辩证地看待消费与生产的关系，消费、交换与流通同样会对生产产生巨大的反作用。产品通过市场交换，形成消费，因此，交换是连结生产和消费的桥梁。交换的规模、速度受制于生产与消费的规模和快慢，也就是说，生产与消费的规模、速度与交换的规模、速度成正比。②

马克思历史唯物主义消费观有利于帮助我们树立正确的消费观、实现产业结构升级以及人的全面发展。

3. 大众消费与文化唯物主义

人类在漫长的发展历程中逐步形成特有的文化概念，精神文明与物质文明成为推动社会发展的根本动力。消费文化也日益呈现出涵盖了物质、精神、生态等多层面、多形式的样态。消费已经不仅仅是一种单纯的购买行为，而是在通过挑选、获取产品和服务的过程中，展现出某一群体对待生活的态度以及其行为背后隐含的社会文化属性。③

但随着社会物质的极大丰富，一种全新的消费模式，即大众消费社会出现了。普遍认为，大众消费社会中消费已不再是少数人或某些阶级的特权，而是大多数家庭都能因生产力提高而获益，人们不断扩大消费范围、提高消费层次，享受消费的快感。大众消费社会代表社会生产力水平发展的较高阶段，表现特征是物质财富极其丰盛。因为传统手工业被现代化大工业取代，生产效率大幅提升，机器在很多方面代替人力甚至超越人力，产品可以满足绝大部分的

---

① 中共中央马克思恩格斯列宁斯大林著作编译局：《马克思恩格斯选集（第23卷）》（《资本论》第一卷），北京：人民出版社1972年版，第122－131页。
② 中共中央马克思恩格斯列宁斯大林著作编译局：《马克思恩格斯选集（第30卷）》（1857—1858年经济学手稿《政治经济学批判导言》），北京：人民出版社1995年版，第31－41页。
③ 单洪波、张耀宇：《关于商业文化对消费文化渗透与引导的思考》，载《商业经济研究》2016年第2期，第210－212页。

消费需求。"今天，在我们的周围，存在着一种由不断增长的物、服务和物质财富所构成的惊人的消费和丰盛现象。它构成了人类自然环境中的一种根本变化。恰当地说，富裕的人们不再像过去那样受到人的包围，而是受到物的包围。"[①]

当代消费研究的一个共同概念就是将商品作为符号，因此可以根据它们的符号内容进行评估、购买和消费。因为符号可以作为实体代表其他实体，所以作为符号的商品被视为拥有超越其有形存在的意义。也就是说，将商品视为符号的消费者赋予了它们超越其直接物理性质的属性。与产品相关的符号意义被逐渐放大，会极大地影响着购买和使用。例如，购买一件服装的决定可能不仅仅受其颜色、面料或设计的影响，甚至主要不受其影响，而是受消费者对品牌的喜好、受他人对这件商品所配置的符号意义的解读等影响。而某些产品类别中，商品的符号意义可能会克服或主导其技术性能，成为消费的决定因素。例如，某些"显著消费"的商品类别——汽车、服装、家居用品、教育机构、发型和休闲活动等，因为这类商品经常被用来表征社会地位和/或自我认同，消费者消费的与其说是商品本身，不如说是商品负载的符号意义。

以雷蒙·威廉斯为代表的西方马克思主义者通过各种途径进行文化理论构建和文化批判，其中威廉斯倡导的"文化唯物主义"思想作为哲学方法论，内涵丰富。威廉斯系统考察了18世纪以来"文化"概念的演进，认为文化是一种生产过程，是生产资料的一部分，并以此作为其思想的逻辑起点。[②] 文化唯物主义与马克思的文化与物质关系的理论的不同之处在于，该理论认为如果仅仅将文化作为上层建筑的一部分，被动地受经济基础的支配和决定，这种思想就掩盖了文化的建构性和独立性。文化唯物主义认同创新或变化对上层和下层都有益处。此外，文化唯物主义者认为，所有社会都是按照一种模式运作的，其中生产和再生产主导并决定了文化的其他部门，有效地成为所有文化发展的驱动力。社会的所有非基础设施都是以有利于社会的生产和再生产为目的而创造的，包括政府、宗教、法律和亲属关系等系统都是只为促进生产和再生产的目的而存在的构造。人口、环境和技术的变化都被用来解释文化的差异。

文化唯物主义与马克思主义的不同之处还在于它缺乏阶级理论。但文化唯物主义理论和马克思历史唯物主义在文化研究的框架上相互对话、启发，二者在文化研究领域展开理论探讨，互为依托、借鉴，既丰富了双方的理论内容，

[①] 让·波德里亚著，刘成富、全志钢译：《消费社会》，南京：南京大学出版社2000年版，第1页。
[②] 雷蒙·威廉斯：《文化与社会》，高晓玲译，北京：商务印书馆2018年版。

也开辟了新的理论扩展空间。

思考训练

1. 请根据霍夫斯泰德的文化维度参数，选出你感兴趣的某个国家与中国进行对比，阐述两国的文化差异。
2. 你认为中国文化是否符合霍夫斯泰德的文化维度划分？有没有文化维度理论无法解释或解释力不足的情况？请用具体例子说明。
3. 大众消费时代的一个显著特征是符号的剧增，特别是图像符号的剧增。电视、广播都是传统的广告传播媒介，而进入互联网时代，互联网短视频广告对大众消费会产生怎样的影响？

第四章 霍尔的跨文化交际理论

一、引言

一家日资跨国公司在伦敦分公司的总经理是一位日本外派高管,名叫秀吉(Hideyoshi)。一天,这位经理走进行政办公室对大家宣布:"常务董事明天到。他是一个非常有条理、非常整洁的人。"然后他就走了出去。工作人员立即停止了手头的工作,开始整理办公室,使办公室看起来一尘不染,干净整齐。每份文件、每张纸都整理得整整齐齐。这些行为都是深谙日本文化的员工自发进行的。尽管总经理只说了两句话,无须进一步解释,他们都从中揣摩出言外之意是为了获得这位常务董事的认可,需要满足他的喜好,即干净整洁、有条理的工作场所。因而,需要按照这个标准立刻对公司环境进行整理打扫。这里听话人对总经理一句简单的消息通告,进行了深入的、结合多种语境因素的话语含意的分析,并就分析出的结果做出及时的行为反应。但在该公司的欧洲本土雇员则很容易被这个问题难倒。他们采用的方法则是不断来回确认他们收到的指示,特别在理解上存有疑问时,会用一些表述来进行确认,如:"让我确认一下我是否理解了您的意思。您是要我这样做……"[①]

这个有趣的案例体现出跨国企业管理中涉及高语境文化与低语境文化的冲突,这也是本章要介绍的"霍尔跨文化交际理论"的核心发现之一。跨文化交际学是商务文化研究的理论核心。自霍尔开创跨文化交际学研究以来,在霍

---

① B. Tomalin & M. Nicks, *The World's Business Cultures and How to Unlock Them*. 2nd edn. London: Thorogood Publishing, 2010.

夫斯泰德[①]、谢洛姆·施瓦茨（Shalom H. Schwartz）[②]、冯斯·琼潘纳斯（Fons Trompenaars）和查尔斯·汉普顿－特纳（Charles Hampden-Turner）[③] 等学者的共同努力下，跨文化交际学理论逐渐被应用到跨国商务活动的跨文化研究中。跨文化交际学的理论成为之后跨文化商务交际研究的主要理论源头之一。[④] 本章主要探讨跨文化交际学奠基人霍尔的跨文化交际理论及其在不同商务场景下的相关研究。

霍尔是美国人类学家和跨文化研究者。他因发展近身学（proxemics）的概念和探索文化和社会凝聚力，并描述人们在不同类型的文化定义的个人空间中的行为和反应而为人所知。马歇尔·麦克卢汉（Marshall McLuhan）和巴克敏斯特·富勒（Buckminster Fuller）的研究深受其影响。在20世纪50年代，他在美国国务院外交学院（FSI）工作时，在向外交人员教授跨文化沟通技巧的实践基础上，发展了"高语境文化"和"低语境文化"的概念，并撰写了几本关于处理跨文化问题的实用性书籍，他被视为跨文化交际学的创始人。

在他的整个职业生涯中，霍尔引入了许多新概念，包括近身学（proxemics）、多元时间观和一元时间观（polychronic vs. monochronic），以及高语境文化和低语境文化（high-context culture vs. low-context culture）等。在他的《隐藏的维度》（*The Hidden Dimension*）[⑤] 中，霍尔发表了他的近身学理论，即对人类如何使用空间表达意义的研究，近身学创造了一个新的研究领域，调查个人和公共空间的性质，以及它如何在文化之间有所不同。他描述了特定文化下围绕我们每个人的时间和空间维度，比如人们在不同环境中保持的物理距离。随后，在他出版的《超越文化》（*Beyond Culture*）[⑥] 中，提出了高语境文

[①] G. Hofstede, "Cultures and organizations", *International Studies of Management & Organization*, 1980 (4): 15 - 41; G. Hofstede, & M. H. Bond, "The Confucius Connection: From Cultural Roots to Economic Growth", *Organizational Dynamics*, 1988 (4): 5 - 21.

[②] S. H. Schwartz, "Universals in the Content and Structure of Values: Theory and Empirical Tests in 20 Countries", in M. Zanna (Ed.), *Advances in Experimental Social Psychology*, 25, New York: Academic Press, 1992: 1 - 65; S. Schwartz, "Beyond Individualism-collectivism: New Cultural Dimensions of Values", in U. Kim, H. C. Triandis, et al (Ed.), *Individualism and Collectivism: Theory, Method, and Application*, Newbury Park, CA: Sage, 1994, 81 - 119.

[③] F. Trompenaars, & C. M. Hampden-Turner, "Riding the Waves of Culture: Understanding Diversity in Global Business", *International Journal of Social Economics*, 1997 (5): 223 - 226.

[④] 徐珺、史兴松：《商务英语教学的任务型设计——以商务沟通英语课为例》，载《外语电化教学》2011年第6期，第66 - 71页。

[⑤] E. T. Hall, *The Hidden Dimension*. New York: Doubleday, 1966.

[⑥] E. T. Hall, *Beyond Culture*. New York: Doubleday, 1976.

化与低语境文化的想法。语境是指包括非语言交流、着装、空间、家具的布置、等级、时间和期望等与交际事件相伴的环境信息，他认为这些信息会帮助听者/接收者"解码"交际传达的含义。他将不同国家的文化价值观分为两大类：高语境文化和低语境文化。高语境文化更喜欢间接的沟通方式，交际者的意图较少体现在字面意思中，而需通过语境进行解码；相反，低语境文化更喜欢直接的沟通方式，交际信息通过对字面意思的解码即可获得。下一节将更深入地讨论这一对文化维度概念。

二、高语境文化与低语境文化

作为一名人类学家，霍尔研究了影响跨文化理解的因素，并解释了它们如何增强或阻碍了来自不同文化背景的个人之间的交流。在此基础上，他提出了一个称为"语境"的文化维度。语境解释了人们评估和解释他们所接收信息的含义的方式。霍尔规定，语境包括一个信息的意义系统。它提供了一个模型，使人们能够理解从纯粹的非语言（如手势、肢体语言、面部表情和语气）到纯语言（如书面文本或口语）的交流形式。高语境文化和低语境文化处于一个连续统的两端，该连续统描绘了人们如何通过手势、关系、肢体语言、口头信息或非语言信息等一系列沟通能力与他人沟通。"高"和"低"语境文化通常是指语言群体、国籍或区域社区，但是，该概念也适用于公司、行业和其他文化群体，包括线上和线下等各种信道。高语境文化通常表现出不太直接的口头和非语言交流，比如利用小的沟通手势，并在这些不太直接的信息中总结出更多的含义。低语境文化则恰恰相反，人们需要直接的语言交流来正确理解说话者正在传达的信息，并且在很大程度上依赖于明确的语言技能理解意义。高语境和低语境文化的模型为跨文化交流研究提供了一个流行的理论分析框架，尽管早期它被批评为缺乏实证验证，但越来越多基于问卷、访谈或观察法开展的实证研究对该理论框架的论证，奠定了它在跨文化交际和商务文化研究中的重要地位。

高语境文化中的沟通通常以使用大量符号的间接信息和礼貌信息为特征。在高语境文化中，"大部分信息要么在物理语境中，要么在人的理解内化，而很少在显性的信息编码传输中"[1]。如前所述，物理环境可以包括通信发生"位置"以及它是否是正式的场合。在这种情况下，内化与"谁"说话有关，

---

[1] E. T. Hall, *Beyond Culture*. New York: Doubleday, 1976: 91.

例如，沟通是来自经理还是低级别员工。根据霍尔的分类，高语境文化包括日本、中国、俄罗斯和阿拉伯等国家。在高语境文化沟通中，消息的接收者应具有足够的语境信息来正确"解码"消息，因此说话者不必将话语的含义进行显性表征。这样做是因为他们的交际目的是通过面子和确保和谐来维护和加强关系。高语境文化往往也是集体主义文化，因此维持群体和谐很重要。但是，没有语境信息的接收者可能无法理解信息。

来自高语境文化的人通常习惯于间接、非正式和非语言的沟通方式，通过图片和娱乐创造情感。[①] 在这种文化中交流的人更关心不失去尊重或"面子"，更关心和平共处。根据弗朗西斯卡·巴吉拉-基亚皮尼（Francesca Bargiela-Chiappini）等人的说法，"当考虑'面子'时，说话者需要受到尊重和喜欢，以及社会对听众积极自我形象的认可。这体现在任何类型的沟通中，在参与者可能遇到潜在冲突的环境中尤其如此"[②]。高语境文化交流倾向于"严重依赖精心设计的符号、肢体语言、语音语调和隐藏的基于文化的含义"[③]。因此，在交际时，信息接收方需要听取"言外之意"，以便完全理解说话者正在传达的信息。

与之相对应的是，低语境文化的人会直接说出他们在想什么，而不会根据他们正在与之交谈的人来调整信息。信息的质量归属于显式代码，并且倾向于使用文本、分析论证、事实和数据。在这种情况下，沟通是简洁的，在交流时由于知道说话者的真实意图，听众没有必要尝试解码说话者隐含的话语内涵，同时对于说话者来说，交流的目标只是确保听众完全理解正在向他们传达的信息。因此，这种背景下的沟通通常比高语境文化中的沟通更清晰、更详细，但习惯于在高语境文化中沟通的交谈者可能会认为他们的交际行为是粗鲁、唐突的。霍尔的研究将西欧/北欧文化确定为低语境文化，这一群体中的代表国家主要包括斯堪的纳维亚国家、美国和欧洲国家。

接下来，结合不同的商务交际场景，谈一谈高语境文化与低语境文化对商务交际活动的影响。本章分别从商务谈判和企业管理两个商务交际活动讨论高语境文化与低语境文化具体的表现特征及影响。

---

① A. Badre & W. Barber, "Culturabilty: The Merging of Culture and Usabilty", Proceedings of the 4th Conference on Human Factors and the Web AT and T Labs, Basking Ridge, NJ, USA, 1998.
② F. Bargiela-Chiappini, C. Nickerson, B. Planken, *Business Discourse*. 2nd edn. New York: Palgrave Macmillan, 2013: 232.
③ B. J. Hurn & B. Tomalin, *Cross-cultural Communication: Theory and Practice*. New York: Palgrave Macmillan, 2014: 21.

1. 谈判与高语境/低语境文化冲突

在当今世界，文化对商业沟通的影响日益凸显，来自高语境文化和低语境文化的人们在商务谈判中的不同思考方式、决策方式、冲突处理方式以及表达沟通方式会影响人际关系和商业关系。通过表情、肢体语言等非语言方式传达的信息在高语境文化下被凸显，对它们的正确解读至关重要。我们以亚洲文化作为高语境文化的代表。例如，在存在潜在冲突的交际（比如谈判）中，为了维护面子，亚洲文化会引出高语境为导向的文化图式。谈判者会考虑，一个决定会对他们小组中的其他人产生什么影响以及它可能对群体内的关系产生什么影响。因此，在给出任何明确或直接的答案之前，常采用模棱两可的回答，例如"我想知道其他人的想法"或"我们需要再好好考虑一下"。

对于低语境文化的谈判者而言，解读高语境文化背景下的谈判者意图存在极大挑战性，其话语内涵可能存在歧义，一时难以把握，是否能正确解读对方话语的内涵很大程度上依赖于对语境信息的掌握和理解。围绕参与者、谈判过程与谈判内容，高语境文化对语境的关注都有明显不同于低语境文化的特征。比如，参与者的国籍、语言、职位、年龄、性别、在团队中的角色等因素都是理解沟通中的话语意图的重要线索。谈判过程中的沉默、含糊其辞、不急于表态等表现通常是在释放进行讨价还价的信号，而不能以字面意思理解为拒绝沟通或者不满意这笔交易。在谈判内容上，为了维护面子，人们会尽量回避正面的冲突，故在有争议时更愿意通过私下其他的渠道或者第三方进行沟通协商，语言上则会避重就轻，给出看似含糊但积极正面的反馈。例如在日本，"不"这个词通常被视为不礼貌的。所以，即使与对方有很大分歧，谈判陷入困境，日本谈判者也依然经常会说"是"而不是冒犯"攻击者"。因此，对高语境文化的信息评估必须充分考虑语言以外的情境。来自低语境文化的谈判方如果仅从语言表达所传递的信息去理解对方的意图，就会产生误解。为避免这种情况发生，低语境文化的谈判方需要通过前期收集的对方谈判者的个人信息，特别是谈判者在团队中的地位，谁是决策者，了解对方的行事和话语沟通方式和风格，以便在谈判过程中准确解读面部表情、语气、肢体语言等副语言信息。如果出现意见分歧时，不必寄希望于直接当面解决，而是在其他非正式场合或者让对方信任的第三方介入，从中协调沟通。高语境文化的谈判者经常将低语境文化的谈判者视为不成熟、不耐烦或对他人不敏感，而低语境文化的谈判者在与高语境文化的谈判者打交道时,会感觉他们有一种不诚实和不值得信赖的感觉[①],因为他们常抱怨无法从对方获得足够的信息,而怀疑对方是否故意隐藏了信息。[②]

墨西哥一家知名的跨文化商务沟通咨询公司在公司官网上分享了他们服务客户的一个真实案例。

一个欧洲的生产商公司在与墨西哥批发商企业谈判合同事宜时,出现了低语境文化与高语境文化的跨文化冲突。欧洲的生产商来自低语境文化,对这次谈判的预期是在会议中高效落实合同相关细节条款,达成一致,并立即签订合同。他们采取的谈判风格是以效率优先,采取简单直接的沟通方式,以促成合作。而墨西哥本土的批发商企业来自高语境文化,他们希望通过更多时间的接触先全面了解谈判对手,建立人情关系,通过更多谈判桌以外的交际活动与谈判对手交换信息。欧洲生产商公司抱怨墨西哥批发商公司决策时间太长,谈判进度推进缓慢。欧方公司打算向墨方公司提出,如果不尽快给出明确答复,将更换其他公司开展合作。但这一想法立刻被咨询公司否决了,该公司解释,在低语境文化语境中,这种抱怨是为了让对方了解更多背景信息的正常沟通行为,并没有不礼貌的含义。但在高语境文化中,这种抱怨是具有威胁意图的冒犯行为。因为欧方有多个备选公司、可以随时更换合作方的这个信息是不言自明的,墨方应该清楚这一事实,不需要特别提出。如果刻意提供该信息,则易被解读为威胁行为,会破坏双方关系。欧方听取了咨询公司的意见,没有再提及这一信息。这才避免了双方在谈判中的冲突。

由此可见,谈判这一商务场景下,高低语境文化差异对谈判过程中的交际表达有很大的影响,并会直接导致对谈判结果不同的判断。

2. 企业管理与高语境/低语境文化冲突

为了保持竞争力,跨国企业往往倡导劳动力多样化,跨国公司带来了他们的国家文化,影响东道国的组织文化。跨国公司的组织政策以多种形式传达给子公司。在高语境/低语境文化中,企业员工在子公司内部以及与总部沟通的方式存在显著差异。有研究采用问卷调查的方法,调查了来自欧洲和美国的

---

① K. Akasu K. Asao, "Sociolinguistic Factors Influencing Communication in Japan and the United States", in Gudykunst, W. B. (Ed.), *Communication in Japan and the United States*, New York: State University of New York Press, 1993, 89–118.

② P. Rudlin, "Communication Depends on the Process as Well as the People", *Nikkei Weekly*, July 18, 2011: 32; "Mexico Distributor. High Context vs. Low Context Cultures—A Case Study of Business in Mexico", https://mexicobusinessassociates.com/high-context-vs-low-context-cultures/[2022–10–10].

11家作为子公司的跨国公司的270名受访者，以高语境/低语境文化维度为理论框架，来阐明文化对跨国公司子公司传播渠道的影响。与口头交流相比，书面交流方式被认为是一种更体现低语境文化的沟通方式。研究结论表明，跨国公司的企业文化表现为低语境文化，显性信息在企业高管的上级沟通与下级沟通中普遍存在。书面沟通方式以电子邮件为主，它不仅是快速可靠的沟通方式，还可用作文件记录向管理人员简要介绍工作进展等问题，高管更容易使用此方式交流他们的工作相关问题，尤其在同级沟通中。为了达到沟通的目的，管理者选择书面沟通而不是口头沟通。①

此外，高低背景文化差异也会影响企业员工自我认知的差异，安德烈·佩克蒂（Andre A. Pekerti）②发现，低语境文化和高语境文化不同的沟通方式体现出企业员工的自我定位差异。佩克蒂③探讨了高低语境文化维度对自我概念和经理—员工归因的影响，即管理人员和雇员在面对组织任务成功或失败结果时的归因如何受文化差异的影响。来自高语境文化的具有社会中心概念的管理者和雇员可能会偏向于外部归因，而来自低语境文化的具有自我中心概念的管理者和雇员倾向于更多的内部归因。这些归因倾向的差异会对跨国企业的组织管理产生影响。

除了本章开篇分享的日资跨国企业在管理沟通中遇到的高语境文化与低语境文化的冲突外，2019年获得奥斯卡最佳纪录片奖的纪录片《美国工厂》（*American Factory*）也生动地反映了跨国企业管理中的高低语境文化面临的文化冲突问题。这部由美国前总统巴拉克·H. 奥巴马（Barack H. Obama）担任制片人的纪录片讲述了中国"玻璃大王"曹德旺在美国"工业锈带"俄亥俄州代顿（Dayton）投资办厂的传奇故事。该纪录片的部分片段也真实地展示了中国外派的工厂管理层的高语境文化与美国本土工人的低语境文化冲突所带来的管理问题。

2014年底，曹德旺来到代顿并斥巨资买下通用汽车的废弃厂房，创建了

---

① F. Khalique, D. Parimoo, F. Q. Hasan, "Impact of High Context/Low Context Culture on Corporate Communication in MNCs", *International Journal of Engineering Technology Science and Research*, 2018（3）: 1572–1578.

② A. A. Pekerti, *Influence of Culture on Communication: An Empirical Test and Theoretical Refinement of the High-and Low-Context Dimension*. Doctoral Thesis, University of Auckland, 2001.

③ A. A. Pekerti, "Cross-Cultural Perceptions in the Leadership Process: Theoretical Perspective on the Influence of Culture on self-concepts and Manager Worker Attribution", *Thunderbird International Business Review*, 2005（6）: 711–735.

福耀玻璃美国工厂。工厂在当地投放了大量的工作岗位,极大地解决了当地劳工失业问题,但文化冲突带来的企业管理问题接踵而来。代顿工厂的美国员工抱怨中方的主管只是告诉他们该做什么,而不是更详细解释他们的要求细节。他们希望获得尽可能准确的信息。因为美国的低语境文化更倾向于选择直白的表达方式,对表达的内容提供充分的解释和足够的细节,但它通常易失去一些沟通的微妙之处及缓和余地。

有一个细节,是在工厂揭幕仪式上,被邀请上台致辞的代顿市市长对正和公司管理层陷入冲突的临时工会组织表达支持,这让在场的美方首席执行官(Chief Executive Officer,CEO)和曹德旺非常尴尬和愤怒。但表达愤怒的方式则截然不同,美方首席执行官在台下听到致辞中对公司不利的说法时,当场甩脸,还骂了句脏话。而曹德旺并没有太大的情绪变化,听完发言还和其他现场观众一起鼓掌,选择隐藏了负面情绪。后续美方首席执行官因为工作不力,导致工厂建设工期拖延,被曹德旺罢免了职务,曹德旺在后续央视的采访中表示会起诉他。但在工作的正面沟通中,二人并没有发生直接冲突。显然,这位美国本土的高管并没有留意到自己的老板曹德旺的诸多不满,缺乏听懂弦外之音的能力和意识是其被免职的重要原因。比如,当曹德旺第一次去参观新装修的工厂时,他说大门的朝向不好。在翻译讲完这句话后,美方首席执行官当时并没有意识到这句话的潜台词是必须更改朝向,重新建造新的大门。由于缺乏对中国风水的认识,特别是其在中国商业文化中的重要地位的认识,这位美方首席执行官无法识别这句话中的潜台词,而单纯理解为一种审美上的建议,于是以造价高、时间紧为理由进行了三四回合的反驳,直到曹德旺面带愠怒之色说出"换掉这个大门"才告终。但显然,这个过程中老板已经不满意了。

在面对文化差异时,重要的是首先了解这种差异,通过前期调研认识到所在的文化是高语境文化还是低语境文化,并有策略地适应这种沟通方式,采用对应的方式进行交流。

三、一元时间观与多元时间观

霍尔在跨文化交际研究中提出文化对交际活动的影响主要体现在三个维度:语境、时间和空间。上一节阐述了高语境文化与低语境文化的含义及其对商务交际活动的具体影响表征。这一节,我们重点关注霍尔对时间维度的提出及时间维度如何影响商务交际活动。霍尔讨论了在不同文化背景下对时间使用方式的差异,并由此提出了一元与多元时间观的文化维度。在一元时间观下,个人倾向于将时间视为线性的、连续有序的结构，倾向于一次做一件事，时间通常由一个接一个的片段组成，这些片段具有一定的逻辑顺序，议程和详细的时间表是必不可少的。这种类型的时间管理在低语境文化中最为常见，比如西欧和北美的文化多是一元时间观的文化。在这种态度所塑造的文化中，我们听到诸如"时间就是金钱"的说法，时间被视为商品，准时性往往是非常重要的。参加商务会议迟到的人通常会被认为"不可靠"。

在多元时间观文化下，人们认为时间更具流动性和变化的结构，人们将时间视为灵活的实体，不必遵循特定的预定顺序，并不太重视守时。个人更多同时执行多项任务，更重视人际互动而不是时间，他们更关注如何完成任务，而较少关注完成事情的结果。这种类型的时间管理在高语境文化中最为常见。当一元时间观的商务人士与多元时间观的合作伙伴进行交际活动时，会对后者"过多"同时处理多项任务感受到被冷落或被冒犯。而多元时间观的人则不理解为什么一元时间观的人长期专注于完成工作任务本身而忽略工作中的人际关系和人性的一面。接下来，本节将结合谈判和企业管理两个商务交际场景，谈一谈一元时间观与多元时间观文化维度的具体表现特征及对商务交际活动的影响。

1. 谈判与一元/多元时间观文化冲突

与同一文化内的谈判相比，在跨文化谈判中，谈判策略的文化差异可能会使协商共同利益变得更加困难。然而，了解文化与谈判策略之间、战略与共同利益谈判之间的联系有望帮助跨文化谈判者适应彼此的战略。共同利益意味着各方可以分配更多的价值，因此，在任何一方都无法接受简单妥协的情况下，追求共同利益更容易促成协议达成。但一元时间观文化更多按照一定顺序逐一考虑事件的每个环节，较少顾及共同利益。这在一定程度上不利于在谈判中达成共识。因此，尽管谈判双方无法预估谈判过程中双方会采用一元时间观还是多元时间观的方式进行谈判，如果一方希望达成共同利益，不管对方的偏好如何，建议遵循多元时间观的策略。

多元时间观的谈判主要有两种具体实施方法。一种是单独讨论每个问题，不做任何承诺。当对所有问题进行讨论之后，一次性给出一个涵盖所有问题的解决方案的一揽子提案。第二种是在用一些开场白铺垫之后，立刻一次性提出涵盖所有问题的解决方案，再和对方协商。根据对方更倾向于直接还是间接的信息共享方式，调节协商沟通方式。对于倾向直接信息共享方式的对象，可选择将有分歧的内容从提案中剥离出来，单独协商。对于倾向间接信息共享方式的对象，则可选择继续围绕笼统的多主题提案进行协商。

在谈判中,另一个受一元/多元时间观文化冲突影响的要素是谈判的进度。来自一元时间观和低语境文化的谈判者,将时间视为线性、连续和有序的事件。在谈判中,他们习惯于进行快速的、直接的决策,时间就是金钱,谈判进度有预设的时间表,对他们来说,效率是第一准则。这种"直截了当"的风格和对谈判结果的渴求往往给谈判造成一定的心理压力。而来自多元时间观和高语境文化的谈判者,相对谈判进度缓慢,在做决定时往往会花更多时间,而且许多亚洲社会都采用基于共识的方法,因此谈判者需要参考其他同事或他的老板的意见,这意味着他可能无法自己做出决定。同时,多元时间观的谈判者可能并不会严格遵守提前商定的谈判主题议程,也不一定会逐一考虑单一主题,而是一次性考虑笼统的多主题。

受一元时间观和多元时间观的影响,双方对谈判进度的预期也大相径庭。通常一元时间观文化的谈判者预计在一天内完成谈判,而多元时间观文化的谈判者可能需要几天时间来处理同一个问题。如果缺乏对对方文化背景的理解,在一元时间观文化的谈判者眼中,多元时间观文化的谈判者是在浪费时间,作风拖拉。而反之,在多元时间观文化的谈判者看来,一元时间观文化的谈判者给人以咄咄逼人甚至不礼貌的印象。不同文化背景的谈判者都有对谈判的不同预期目标,并在不同的决策框架中运作。谈判中必然伴随一种文化对另一种文化的适应,我们在这一点上提出一个关键问题:谁对谁适应,谁满足谁的期望?这就取决于谈判中的议价能力等多种因素。

除了在谈判结果和谈判进度两方面体现出一元时间观与多元时间观文化差异对谈判的影响外,在商务会议进行过程中的具体言行上也因为这种一元时间观与多元时间观的文化差异产生一些冲突。例如艾里丝·瓦尔纳(Iris Varner)和琳达·比默(Linda Beamer)[1]曾观察到这样一个案例。一名从不列颠哥伦比亚省到委内瑞拉的加拿大销售代表前往运输办公室安排从魁北克运送到另一个国家的订单。她准时赴约,但货运代理正在为一些已经在办公室的客户提供服务。她不得不等待。当终于轮到加拿大代表时,她解释了她的需求,代理人开始填写货物文件并讨论价格。与此同时,代理人接听了一个电话,回答了一位同事关于日程安排的问题,并指示传真一条关于其他事情的消息。这位代理人实际上是同时在处理其他三个项目。这在委内瑞拉的多元时间观文化中是视为寻常且有工作效率的处理方式。然而,从加拿大的一元时间观文化的角度来

---

[1] I. Varner, L. Beamer, *Intercultural Communication in the Global Workplace*. 5th edn. New York: McGraw-Hill/Irwin, 2011.

说，如果代理人没有在她预定的会面期间专门处理她的事务的话，她会将这种做法视为一种杂乱无序、缺乏专注点的工作方式。因为在加拿大，人们通常每天都会将商务会面和待处理的事务写入当天的议程，并按此议程顺序推进每一项工作，直到完成每项任务或一天结束。显然，在商务会面中两方对处理事务的顺序存在文化上的冲突。

2. 企业管理与一元/多元时间观文化冲突

霍尔最初提出的一元和多元时间观文化维度概念将欧洲人、美国人置于一元时间观文化类别中。①② 这些地区的高管一次只做一件事，并强调全神贯注地和一个人打交道，而不是同时与多人互动。在多元时间观文化中，人们在一个给定的环境中执行许多事情。霍尔最初的多元时间观概念可能在中东、拉丁美洲或非洲国家更为常见，这些国家的人们对时间的态度更为宽容，强调的是人和事件而不是日程安排。正如艾伦·布鲁多恩（Allen C. Bluedorn）、卡洛·高夫曼（Carol F. Kaufman）和保罗·莱恩（Paul M. Lane）③ 的观点，一元时间观与多元时间观的区别不必局限于个人对时间的不同倾向上，它可能会扩展到组织文化、企业管理方式中。在这种情况下，一元时间观的个人可能因为工作需要而学习以多元时间观的方式工作，反之亦然。

另一组与一元/多元时间观密切相关的概念是时钟时间观与事件时间观。国际商务人士首先应确定是时钟指导行为还是由事件过程决定行为。按照时钟时间行事的人会很重视提前约定的会议时间，确保他们的手表走针是准时的，他们会因为其他人不遵守约定会议时间而气愤。而按照事件时间行事的人会围绕各种事件计划他们的日常活动并专注于一项活动，直到它自然结束，再开始从事另一项活动。④ 时钟时间观与一元时间观近似，代表性国家及地区包括北美、西欧、东亚、澳大利亚和新西兰。事件时间观则近似多元时间观，经常出现在南美洲、南亚（新加坡可能是一个例外），以及一些不太关注时钟时间秩序的发展中国家。⑤

---

① E. T. Hall, *The Dance of Life: The Other Dimension of Time*. New York: Doubleday, 1983.

② A. C. Bluedorn, "An Interview with Anthropologist Edward T. Hall", *Journal of Management Inquiry*, 1998（2）: 109 – 115.

③ A. C. Bluedorn, C. F, Kaufman & P. M. Lane, "How Many Things Do You Like to Do at once? An Introduction to Monochronic and Polychronic Time", *Academy of Management Executive*, 1992（4）: 17 – 26.

④ R. Levine, *A Geography of Time: The Temporal Misadventures of a Social Psychologist, or How Every Culture Keeps Time Just a Little Bit Differently*. New York: Basic Books, 1997.

⑤ R. V. Levine & A. Norenzayan, "The Pace of Life in 31 Countries", *Journal of Cross-Cultural Psychology*, 1999（2）: 178 – 205.

在跨国企业或者合资企业的管理中，如果员工分别来自不同时间观文化背景，就需要注意在工作安排中体现这种差异，或以一种方式作为主导，让其他不同时间观文化背景的员工融入主导文化。比如，一元时间观倾向于关注单一的活动或一次只能安排一件事。一次安排多项活动在这种时间观文化下就通常被认为是不礼貌或效率低下。大多数来自北美和北欧文化的公司在给定的时钟时间内只会安排一个业务。在多人参与的会议中，一次只允许一个人发言。但在多元时间观文化下，同时安排多个业务或者在会议中多个人同时发言被认为是很正常的。这里涉及的人力资源管理问题是如何确定和识别此类的文化差异，让与主流文化相悖的文化能较好地进行调适，从而融入主流文化中的商业行为规范。为合资企业配备人员时，或与本土公司合作沟通中，管理者应该尽量根据其文化背景对人力资源与企业组织进行协同匹配。管理者也应认识到，随着业务特征的不同、处理水平和时间观点的不同，处理这些时间文化差异的问题可能会更复杂。

在企业管理上最能体现一元时间观与多元时间观文化冲突的领域是在企业对劳动力的时间管理上。具有不同文化的企业会在时间管理上采取精益管理模式和弹性管理模式两种截然相反的管理模式。前者是指通过对劳动者时间的精确管控，减少时间浪费，实现降本增效。例如考勤打卡、加班管控、工时管理、排班等都属于这种模式。员工被要求一心一意专注于手头工作、守时、严格遵守时间安排并彻底执行工作计划，强调处理事务的精确度和次序。后者则对时间日程安排、计划的执行没有严格的要求，以结果为导向。这种模式的特点就是不管理时间，员工不需要打卡，不需要报出勤时间，依靠员工进行自我管理，提升时间管理的技能。这种模式下会衍生出一些管理模式，例如不考勤、居家办公、把事情完成（Get Things Done，GTD）、时间管理的艾森豪威尔法则、目标和关键成果工作法（Objectives and Key Results，OKR）等。

作为弹性管理模式最成功的代表企业之一，字节跳动这家公司的做法引起了广泛的讨论。人们发现一个很奇怪的现象：这家公司没什么"管理"。字节跳动就是采用庄子所说的"无为而治"的方式。公司没有考勤，它采用了起源于英特尔的OKR管理，OKR即英文的"目标"和"关键结果"的缩写。通过很明确的目标牵引员工激发自动能，使用OKR就是用无形的、看不见的手来管理，而不是用看得见的手、看得见的等级、看得见的制度来管理。显然，这与很多对员工行动进行精益管理的一元时间观文化的企业做法相冲突。而字节跳动在应对海外市场的文化冲突时，采取的解决方式是本土化。为了更好地进行本土化改造，他们将这种分区贯彻到管理团队上，到目前为止已经挖来许多各领域的头部人物，试图打造一支强大的海外管理和运营团队。截至 2020 年 5 月，字节跳动在海外的"豪华高管团队"已经涵盖了来自迪士尼、谷歌、脸书、微软、索尼、华纳、Hulu（一家美国视频网站）、万事达等诸多顶级公司的前高层。在海外各国建立一个强有力的本土化团队，为字节跳动的海外市场注入强有力的本土基因，从而更顺畅地避免文化冲突带来的企业管理问题。由此可见，跨国企业的企业管理中，一元/多元时间观的文化冲突重点体现在工作安排、时间管理、行为考核等多个方面。现代跨国企业和海外投资企业越来越倾向于通过聘用本土管理团队实施本土化管理方式来解决跨文化企业管理中的诸多文化冲突问题。文化顺应成为主要手段。

思考训练

一、选择题

1. 下列哪个陈述是不正确的？
  A. 多元时间观文化认为时间是周期性的。
  B. 在一元时间观文化中，人们容忍迟到和打断。
  C. 在多元时间观文化中，人们认为同时参与多个活动是正常的。
  D. 在一元时间观文化中，人们认为时间本质上是线性的和固定的。
2. 在身体接触方面，高语境文化国家包括＿＿＿＿＿＿＿＿＿＿＿＿＿＿＿＿＿，而低语境文化国家包括＿＿＿＿＿＿＿＿＿＿＿＿＿＿＿。
  A. 美国、英国和大多数北欧国家；地中海国家、印度尼西亚
  B. 美国、英国、日本；东欧国家、俄罗斯、中东
  C. 地中海国家、印度尼西亚；美国、英国、大部分北欧国家
  D. 地中海国家、中国；美国、英国、大部分北欧国家
3. 下列哪个陈述描述的是一元时间观文化？
  A. 同时做很多事情
  B. 坚持计划
  C. 更加灵活，以人为本
  D. 经常改变计划
4. ＿＿＿＿＿＿＿＿＿＿文化：认为时间是严格线性的，严重依赖时钟和时间表来规划事件的文化。＿＿＿＿＿＿＿＿＿＿文化：认为时间是有弹性的，相信事情会在该发生的时候发生。
  A. 一元时间观；多元时间观

B. 多元时间观；多元时间观
C. 多元时间观；一元时间观
D. 一元时间观；一元时间观

5. 多元时间观与一元时间观的区别在于多元时间观_____。
   A. 表示几件事同时发生
   B. 强调时间表和及时性
   C. 描述每次完成一件事
   D. 强调离散而不是连续

6. 以下关于高语境文化的陈述哪个是不正确的？
   A. 较少的口头明确交流，较少的书面/正式信息
   B. 对交流内容有更内在的理解
   C. 与他人的多重交叉联系
   D. 更多短期的人际关系

7. 下列哪个陈述是不正确的？
   A. 在高语境文化中，沟通主要是通过语境元素进行的。
   B. 在低语境文化中，人们间接地、含蓄地表达自己的意思。
   C. 在高语境文化中，人际关系是紧密的。长期的关系和严格的界限比任务更重要。
   D. 在低语境文化中，大多数交流是通过语言进行的，规则是直接写出来或陈述给所有人看的。

8. 如果某人来自高语境文化，他/她_____。
   A. 可能有更多短期的人际关系
   B. 认为任务比关系更重要
   C. 可能与他人有多重交集
   D. 依靠外部规则进行交际

9. _____指的是人们在很长一段时间内有着密切联系的社会或团体。_____指的是往往人们有很多联系，但持续时间较短或出于某种特定原因的社会。
   A. 高语境；低语境
   B. 低语境；高语境
   C. 低语境；高语境
   D. 高语境；低语境

10. 高语境文化与低语境文化的不同之处在于低语境文化_____。

A. 喜欢明确、直接和语言的交流
B. 强调与文化中其他成员的人际关系
C. 通过面部表情、眼神交流、声调和其他肢体语言传达信息
D. 成员更喜欢在小组中学习

二、案例分析

以下是一位中国人和她的美国朋友之间的对话。阅读对话并回答下面的问题。

中国人：我这个周末要去华盛顿。

美国人：太好了！我希望我能和你一起去。你要在那里待多久？

中国人：我会在那里待三天，周五起飞。（希望她能开车送我去机场）

美国人：玩得开心！（如果她想让我开车送她去机场，她会主动提出）

中国人：谢谢。再见！（如果她真要送我，她会告诉我的。她没有主动提出，所以她不想送我去。）

思考：你能从这个案例中得出什么结论？运用跨文化交际的知识进行分析，我们应该做些什么来防止这种情况发生？

第五章 文化与礼仪

一、引言

美国一家管理公司派年轻的迈克去德国开辟欧洲市场。他与位于汉堡的一家机械设备进口经销商达成第一笔业务,后来,这家机械设备公司成为公司最大的一个客户。迈克与公司的老板汉斯先生初次见面洽谈时,发现自己一整天都在说"汉斯先生"和"汉斯博士",言谈十分正式,这对于一个美国年轻人来说,很不习惯,迈克深感压抑。因此,当天返回法兰克福的途中,他打电话给德国朋友卢卡斯说:"我真的很不喜欢这种老式规矩。我还要和汉斯打多少次招呼才可以不称他为'汉斯先生'呀?"卢卡斯在电话里会心地笑了,然后试图安抚他遭遇异质文化产生的厌烦情绪。"你是在问你什么时候能直呼卢卡斯先生的名字?我告诉你,答案是永远都不能,傻瓜!"显然,卢卡斯的话是对的。在接下来的两年里,迈克都以得体的德国方式称呼这位高贵的先生。并且,有一次与他的妻子共进午餐时,迈克还称呼她为博士夫人。①

这则轶事趣闻用事实证明了国际商务活动中,入乡随俗、尊重地方习俗的必要性。迈克称呼"汉斯先生"或"汉斯博士",是因为它符合德国人所遵循的正式称呼原则。相较而言,美国人尽管在比较正式的场合与德国人一样采用称谓+姓氏或称谓+全名,但是一旦彼此熟悉,一般则习惯直呼其名。

以上述案例的汉斯先生为例,迈克十分正式地称呼这位德国绅士,只是因为这是德国的习俗,但实际上隐藏在这古老习俗背后的是尊敬。首先,汉斯先生年长。在德国文化中,长者为尊,年长者具有较高地位。其次,汉斯先生拥有博士头衔,而且在学术界成绩斐然。对个人身份地位的认可很大程度体现在你对他们的称呼中,这一小小的礼节很重要。当前,在德国近一半管理公司的

---

① R. R. Gesteland, *Cross-Cultural Business Behavior: A Guide for Global Management*. Copenhagen: Copenhagen Business School Press, 2012: 51 – 52. 本案例节选自理查德·盖斯特兰德《跨文化商务行为》,略有删减和改动。

经理通常都是工程师，拥有博士头衔。再者，在国际商务交际中，正式的称呼方式也是对客户表达尊敬一种方式，可以说是放之四海而皆准的，因为提供让客户满意的产品与服务包含了尊重顾客的人格，这也是企业持续经营的前提条件之一。为此，跨文化商务交际中存在一个共识：在陌生的场合下，使用正式性礼仪是一种最安全的做法，也就是，使用姓氏或者职务、头衔称呼他人，着装正式，举止优雅。

在商务实践领域中，礼仪显得格外重要，它涉及不同组织之间或组织内部的沟通交流方式，尤其体现在跨文化商务交际中，由于所处的语境不一致，文化内核不一致，礼仪中容易产生冲突。尽管如此，礼仪的相似性一定程度上超越了礼仪的差异性，这使得跨文化商务交际成为可能。礼仪与文化密不可分，得体的商务礼仪方式可以避免尴尬或者避免无意识的冒犯。

在全球化与数字经济时代，商务礼仪是参与商务实践活动人士共享的，可以通过后天培训习得，表现为不同形式的符号现象。它涉及商务领域的方方面面，如问候、交换名片、餐桌礼仪。

二、跨文化中的商务礼仪相关原则

在跨文化商务交际中，尤其是初次商务洽谈，能给对方留下深刻印象的人士通常表现如下：着装得体，介绍中有目光接触，言语表达、肢体语言、交换商务名片的方式恰到好处等，这些无一不包括在礼仪中。德国著名商务培训师、礼仪培训师和个人形象顾问弗里德里克·冯·德尔·马维茨（F. F. Marwitz）指出，相互尊重是商务礼仪的基本准则，具体表现在问候方式、言行举止、当地的风俗习惯等方面。[①] 我们可以说，跨文化商务活动中的礼仪的原则是指凝结在其背后的共同价值观和宗旨，其主要体现为平等适度、诚实守信、尊重隐私、女士优先、入乡随俗等原则。

平等适度：国际商务交际活动是全球范围内的跨文化活动，也是一种双向互动交流活动。世界文化是多元的，文化没有优劣高低之分，文化与文化之间是平等的。因此，在跨文化商务实践中，主体之间是平等的。中国人热情好客，同时又谦卑恭逊，必须要把握好"度"，做到热情有度、不必过谦。一方面，在接待外国客户时，需时刻意识到自己不仅仅是企业形象的代言人，同时

---

① 弗里德里克·冯·德尔·马维茨著，王玉燕译：《职场礼仪·国际商务礼仪》，北京：电子工业出版社2017年版，第16－23页。

也是国家、民族的代表，不必畏惧自卑，也不能狂妄嚣张，对待来自不同文化的客户须一视同仁，同时自己也应不卑不亢，既不过分客套，也不过度自谦，言行举止端庄得体，表现既谨慎又不拘谨，既主动又不盲动，总之，跨文化中的商务礼仪中应遵循平等有度原则。

诚实守信：朱熹中庸章句对"诚"的内涵做了诠释，认为"诚者，真实无妄之谓"①，"诚"即诚实，与客观事实相符，与自己的本性相一致，没有弄虚作假，伪装假冒。"信"是恪守承诺、诚实不欺，要求言行一致，"言必行，行必果"。跨文化商务实践中，商务人士都必须严格地遵守所有承诺，说话一定算数，言语与行为相符。诚信是商业文化的核心价值，因此，诚实守信原则在国际商务礼仪中尤为重要。

尊重隐私：笔者认为，当前跨文化商务活动中，强调以人为本，维护人格自尊，尊重个人隐私，凡涉及年龄、收入、婚姻状况、健康状况、宗教信仰等均属个人隐私，他人无权调查，即在跨文化交流中"有所不为"。在跨文化商务礼仪中，尊重隐私原则将公与私分离开，有利于商务活动的开展。

女士优先：该原则源自中世纪欧洲的骑士之风，是西方传统礼节的基础，是判断男士是否具有男性气质和绅士风度的首要标准。当前，女士优先原则已经成为国际社会公认的重要礼仪原则之一。尤其在国际商务领域，提倡男女平等，反对性别歧视。男士有义务自觉地以自己的实际行动尊重、礼让、体谅、保护、照顾、帮助女士。遵循"女士优先"原则，也是人类文明高度发展的必然产物。

入乡随俗：这里"俗"是指人们在长期的社会生活中逐渐形成并一致认可和遵守的风俗习惯，简言之，是一种社会行为规范。中国有俗话"三里不同风，五里不同俗"，西方也有俗语"When in Rome, do as Romans do"（直译：人在罗马，请参照罗马人的行事方式做）。由于地理环境不同、历史文化不同，不同的国家、地区的人们有了不同的生活方式、习俗、风俗和观念。"入乡随俗"的真谛体现在人与人之间的相互理解、相互包容和相互尊重。因此，在跨文化商务交际中，人们必须了解和尊重对方独特的风俗习惯，即在言谈举止、衣食住行等方面的禁忌讲究。

---

① （宋）朱熹著，（宋）黎靖德编：《朱子语类（第4册）》，武汉：崇文书局2018年版，第1176页。

三、日常交际中的跨文化问题

1. 会见

跨文化商务交际中,首先应了解特定文化中商业行为的准则和规范,并适应它们,而不能直接选择无视,这点尤其表现在双方会面中。

在中国,熟人见面下意识张口就说:"吃饭了吗?"或"吃了吗?"这类日常问候表达容易被国际友人误会,以为是邀请聚餐。而与之相对应的大洋彼岸的美国,商务人士即使不是初次见面也会说"Hi, how are you?"(嗨,你好吗?)这里并非真的问候对方的身体状况是否良好,而只是问候的习惯表达,这种表述容易让来自其他文化的人士感觉不真诚。当然,这里如果换一种表达"Hello, nice to meet you"(你好,很高兴见到你),会显得真诚些。通过对比中美两种不同文化中的问候表达语,我们很清晰地了解到问候语的字面意义与言外之意相差甚远,从深层次讲,即是不同国家的文化对跨文化交际中问候的影响。

在实际商务活动中,伴随着言语问候,双方会做出非言语问候行为,如握手、鞠躬和吻礼等,初次见面者还会相互交换商务名片。当前国际较通用的非言语问候方式是握手,不论职务级别或性别。一般情况下,握手最好的时机是当他人介绍你时,或者你与客户道别之时;当客户来访时,或你去拜访客户时;又或者参加商务酒会、推介会时。但是要特别注意握手方式,一般要求握手要放松而坚定,既不能太紧也不能软绵无力,同时保持目光接触。一般西方人习惯稍微用力地垂直摇动一两次,然后立即松开,同时身体距离也相应拉开。中国人则先习惯握一下手,然后相互靠近,手并不松开,或者变成握住不放。对比西方人的简短的握手方式,中式握手显得较为热情,这与中国人在商务领域特别讲究私人交际关系分不开,但在西方人眼里则变得有点侵犯私人空间,略显尴尬。握手一般遵循"尊者优先"的原则。异性之间握手的主动权由女士掌控,上下级之间由上司先伸手;在客户面前,由客户先伸手;在长者面前,由长者先伸手。当然,随着时代的发展,女性在商务领域表现得越来越自信、独立,因此,握手的礼仪也不一定受到女士优先原则的限制。另一方面,经济全球化伴随着文化全球化,不同的文化进行碰撞与融合,握手的礼仪也越来越趋同化。

同是东亚国家的日本,通常不喜与人握手。日本人遵守高度的礼仪规范,非言语问候以日式鞠躬为主。泰国人不喜与不相熟的人有身体上的接触,他们实行拜礼，或称合掌礼，将双手合十于胸前、头稍稍低下，互相问候"你好"，女性专用问候语"sawatdee ka"（萨瓦迪卡），而男性专用问候语"sawatdee krab"（萨瓦迪卡不）。吻礼或贴面礼在欧美国家是一种社交活动中的问候方式，一般不建议在跨文化商务领域中使用。除非双方认识时间较长，商业关系较成熟，在这一前提下，友好地轻啄或者轻贴一下对方的脸颊是可接受的。在纯粹的商务活动场合，尽量使用握手方式表示。

初次见面交换名片是一项基本的商务礼节。首先，名片印制的内容讲究实事求是，名不副实的头衔或职务一旦被发现容易给人留下失信的印象，有违商务礼仪的基本准则，这点已达成普遍共识。交换名片时，一般是地位或职务较低者向地位或职务较高者先递出名片；主动站着，双手捏住名片下角，同时确保名片正面朝上并保持与客户查看的方向一致，这样，客户双手接过对方名片时，可直接查看以获取对方的头衔或职务等基本信息，不用再反转名片方向。在东亚和东南亚大部分国家地区，由于深受等级文化影响，"交换名片"的礼节普遍存在，那些恭敬地递出名片的人希望能够被同等对待——对方也能庄重地赠送和接受名片。

不同文化背景下的商务人士会面方式各不相同。一般，采用"客随主便"的原则，即入乡随俗，遵守东道国文化的礼仪很重要。

2．称谓

跨文化商务交际活动中，一定要知道如何称谓，包括称呼对方的姓氏、名字、头衔、职务，特别是在初次见面的场合下。正确的称谓在跨文化商务交际活动中显得尤为重要，这也是商务人士应掌握的基本礼仪技能。如在商务通用语是英语的情况下，对于女性称谓要特别注意。一般，已婚女士称呼"Mrs."或"Madam"，未婚女士称呼"Miss"，如无法判断是否已婚，用"Miss"比贸然地称呼"Madam"更得体。此外，为了表示对女性的尊重，可以将女性统称为"Ms."。德国人、意大利人十分注重礼节，称谓十分正式。在正式的商务场合下，美国人初次认识一般使用正式称谓，一旦彼此熟稔或在对方建议下，则不再拘泥称谓礼数，直呼其名。相较而言，中国人在商务活动领域中存在严格的上下级关系区分，称谓上必须显示其社会身份地位的头衔、职务、职业、职称等，直呼其名是禁忌，其原因在于中华儒家文化源远流长、影响深远，注重长幼有序，社会等级严格遵循"君君，臣臣，父父，子子"，因此在称谓上也格外讲究。为此，对当代中国企业而言，凡是主要在海外开展业务、经常进行跨文化商务交际的公司里，一般新员工入职第一天会被要求起英文名，职场上习惯直呼英文名，这样使得称谓简单化，以便更好地融入全球化的市场竞争中。当然，这种英文称谓也不是绝对的。若是在正式商务场合或是双方地位相差悬殊，直呼其名则显得不妥，如普通员工很少面对面直呼大老板的英文名，往往称呼其传统的中文称谓。日本人习惯用"San"作为最常见的敬语，相当于西方的尊称"Madam""Miss""Mr."等，而"Sama""Dono"比"San"更为恭敬、礼貌，一般出现在商务往来信函中，此外还可加上其职务，以示庄重。与俄罗斯人开展商务活动时，要特别注意称谓，一般商务头衔在前，如直呼其姓氏，则被视为是一种侮辱，极度不尊重。在马来西亚，有爵位头衔之分，依次分别是敦（Tun）、丹斯里（Tan Sri）、拿督斯里（Dato'Seri）和拿督（Datuk）①，其中"敦"的级别最高，例如世界华人联合总会永远名誉主席敦曾永森。因此，如果你的马来西亚合作伙伴具有"丹斯里"资格，无论是在书面交流还是口头交流中，一定要使用这样的头衔。

此外，还需特别注意姓氏的位置。西方国家一般姓氏在后，而匈牙利人的姓氏在前，这与其历史变迁不可分割；此外，不仅仅是中国，深受儒家文化影响的朝鲜、越南、泰国、日本等东方国家也同样遵循"姓氏在前，名字在后"这一排列顺序，②他们注重家庭观念，在这点上，与西方文化圈所倡导的个人独立性有着显著的差别。但也有些中国人、日本人在印制商务名片时常常把名和姓颠倒过来，以顺应海外商务人士的习俗，对此如有疑惑，建议问清楚。再者，在有些国家、地区，姓名中包含多个名或者姓。例如，在印度尼西亚，人口最多的族群是爪哇，他们没有姓氏，属于纯粹本名系统。普通爪哇人一般只有一个名字，但是中产爪哇人却可以有两个名字，而上层爪哇人则有三个名字。当然，随着时代发展，当代爪哇人可根据自己的喜好选择单名、双名或多名。在西班牙和其在拉丁美洲的殖民地国家中，名字中有两个姓氏，一般以父姓为自己的姓：父姓为倒数第二节，母姓为最后一节。

3. 褒奖语

美国心理学家亚伯拉罕·H. 马斯洛（Abraham H. Maslow）于1943年在人类激励理论论文中提出了著名的需求层次理论（Maslow's hierarchy of needs）③，认为人类的需求是由低到高分层次，即：生理需要（physiological needs）、安全需要（safety needs）、社交需要（love and belonging）、尊重需

---

① 骆永昆、马燕冰、张学刚：《列国志：马来西亚（第2版）》，北京：社会科学文献出版社2017年版。

② 朱静：《文化传播视角下英汉翻译理论与实践的再探索》，长春：吉林大学出版社2020年版，第120页。

③ A. H. Maslow,"A Theory of Human Motivation", Psychological Review, 1943（50）: 370 - 396.

(esteem)、自我实现需要（self-actualization）。其中，尊重需要表明人类内心都希望自己得到他人的尊重，包括他人的关注、重视、认可和褒奖。

褒奖是一种积极的言语行为，反映了说话者的价值取向、情感判断和评价标准等深层次的文化心理。褒奖语被称为社会交往的润滑剂，它或显性或隐性地表明说话者对听话者的外貌、所有物、成就、能力等方面的肯定、鼓励、羡慕、欣赏等情感表达，其首要功能并不是信息的传递，而是拉近交际双方的社会交往距离，增进感情，表示祝贺，表达谢意，建立或维系和谐、融洽的人际关系，等等。例如，日常工作中，老板对下属的赞美和奖励，往往会让下属更加努力工作，主动性增加、工作效率提高，形成良性循环。

另一方面，交际是一种双向的、互动的行为，"来而不往非礼也"。因此，听话者对褒奖语的反馈是双方能否继续进行交际的必要条件。在跨文化商务交际活动中，给予他人真诚的赞美往往也会产生意想不到的效果。然而，在跨文化商务交际活动中，由于双方的文化背景不同，对于褒奖语的反应存在差异。

跨文化商务谈判中，当外方代表赞赏中方谈判团队，说"你们的专业素养和团队协作能力令我佩服"时，中方通常会表现谦虚的姿态，说"哪里，哪里！""您过奖了！""不成熟的意见"，或者"我们也在学习您的团队谈判经验"。在中外合资产品发布会上，外方代表对于中方团队在产品研发中付出的努力直言感谢时，中方团队负责人一般会回应："这是团队共同努力的成果，也离不开您的支持与指导，我们会继续努力""我们还有很多不足之处"等等。中方的反应模式与中国传统文化中的集体观念有紧密关系，中国人认为团结就是力量，强调人与自然、他人、社会之间的和谐统一关系，习惯与他人行为保持一致；不会过于突出个人，认为"枪打出头鸟"。对于他人的褒奖，喜欢采取转移、拒绝或不正面承认的回应模式，甚至自我贬低，避免"锋芒毕露"。此外，在中国人看来，"满招损，谦受益"，谦虚是一项重要的道德标准，它也是一种行为规范准则，"谦虚使人进步，骄傲使人落后"，讲求自谦。对比之下，法国人则一般会对他人发自内心的赞美和认可欣然接受，并表达感谢，当然也会有表示受之有愧，或者不能接受的情况。在商务场合下，法国人更多的是将赞美视作交际的一种手段，使用频率较高。这是因为，法国文化"崇尚个人价值，强调表现自我，很少有谦辞"[①]，即主张依靠个人自身的奋斗努力获得成功，证明自己的价值，以个人为中心，强调个人权利、个人利益和

---

① 莫旭强、谢蔚雯：《法汉互译理论与实践》，北京：对外经济贸易大学出版社2014年版，第311页。

自我价值的实现。

4. 话题

在商务交谈中，需积极聆听、承接与保持话题，"你来我往"，确保交谈顺利进行；同时也需观察听话者的非言语行为，如对方频繁看表，则推测对当前话题不感兴趣，或者意图结束交谈，说话者这时应及时更换话题，或者结束本次交谈。在跨文化商务交际中，交谈双方往往具有不同的文化背景，因此要特别注意了解对方的风土人情、习俗、禁忌，避免无意识冒犯对方，否则无法实现预期的商务交际目的。

一般在商务交谈过程中，并非全部都是实质性的商务信息交流，往往穿插一些社交性话语，即非实质性话题，即闲聊，如前面小节提到的问候语，讨论天气、喜欢的美食、音乐或电影等。非实质性话题因文化不同而存在禁忌，因此，跨文化商务交际中要时刻注意。如欧美国家对于个人隐私方面特别在意，所以询问个人的收入、婚姻等相关信息是不被接受的，尽管在中国人看来这些都是十分正常的话题。再如，在沙特询问男性商务伙伴的妻子也是难以被接受的。禁忌话题在跨文化商务交际中需避免，否则容易导致对方反感，进而影响后期的实质性话题探讨。

此外，在商务交谈过程中，交谈双方的言语互动的形式也因文化不同而不同。例如，美国人崇尚个人主义，更喜欢双方轮流发言的互动形式，一方说一两句，然后瞥一眼对方，示意另一方轮着说；如果一方发言时间过长，美国人则容易感到烦躁，一直等待发言的信号。一般情况下，对美国人而言，沉默"并不意味着他们同意你的观点，而是表示他们认为继续辩论下去有失礼貌"[1]，此时建议转移话题或结束交谈；中国人认为"君子欲讷于言而敏于行"[2]，沉默不语有时具有超越语言的力量，除了出于保全对方的面子的考量外，还是一种较含蓄的情感表达。对比中美双方对于话题的沉默表达，显然中国人的沉默的内涵要丰富得多，因此当与中国人进行跨文化商务交谈时，要基于当时具体的情境进行判断，相应地选择承接原话题还是转移话题。

5. 邀请

在跨文化商务交际过程中，当美国人说出"我们一定得聚聚"诸如此类的言语时，千万别太当真，其含义只是一句常见的客套话，类似于前面小节提

---

[1] 本书编委会编：《WTO成员国概览（第5卷）》，北京：中国言实出版社2002年版，第174页。
[2] 出自《论语·里仁》，参见富金壁：《论语新编译注》，北京：北京大学出版社2015年版，第401页。

到的中国人说的"你吃饭了吗"问候语,并非字面上的意思,只是单纯地体现人际功能。那么,美国人在什么情境下才是真正的邀请呢?一般来说,正式的口头邀请一定包括时间、地点两大基本要素,如"See you at my office next Friday morning at 9:00"。实际上,正式邀请与客套话之间并非存在明显的鸿沟。正如前面小节提到的,商务交谈中并非一直是实质性话题,有时是先从非实质性话题开始,然后对方主动说"你要是方便,咱们现在就可以定下来",接下来则是进入到具体邀请的细节讨论,最后可能变成正式的邀请。

  当接到了正式邀请时,应明确回应邀请,如已接受邀请但临时无法赴约,则需提前通知邀请方,最好是给出合理的理由,以避免产生误会,从而影响今后双方的业务关系。

  文化背景不同,对邀请表示感谢的话语也不同。如应邀到一位客户家中聚餐,中国人除了常见的"谢谢您的盛情款待",还会有"给您添麻烦了""您辛苦了"之类的感谢语表达,较偏重主观人情,英语感谢语"thanks for your dinner"则偏重事物、客观效果。[①] 由此可见,不同文化背景下,邀请的方式以及表达感谢的话语侧重有所不同。

6. 告别

  跨文化商务会晤结束后,访客提出告别,不同文化背景下,告别的方式和节奏存在一定差异。在欧美国家,访客向东道主告别时,通常需要先表示几次"要离开了",却并不实施真正离开的行为,这一过程持续10~20分钟,然后才正式告别;东道主陪同访客走出门口,再说几句客套话和再见就算结束了整个告别过程。在中国,当访客表示"我接下来还有一个重要的会议,我得告辞了"时会直接站起来,这时东道主会陪同访客走到门口,并再聊一会儿,当访客说出"我真的得告辞了"之类的话,才算真正地结束告别。将欧美国家与中国的告别过程、节奏进行对比,我们可以清晰地注意到告别流程的差异:前者是告别示意比较长、正式告别比较短暂;后者则与之完全相反。基于此,欧美国家东道主会觉得中国访客离开得过于匆忙,没有给东道主缓冲的时间做准备,因为他们习惯东道主在陪同访客离开的路上再聊一会儿;中国人则觉得欧美访客做出了正式告别意思表示后,很快就离开了,常常让东道主觉得十分突兀。

7. 招待

  招待远方的来客是一个必不可少的环节。商务实践中,东道主一般按照来

[①] 参见毕继万:《汉英感谢语的差异》,载《语文建设》1996年第7期,第38-40页。

访客户的职务或身份给予不同的招待规格。一般访客在餐饮与住宿方面会安排得比较简单，但如果是贵客，餐饮与住宿的规格则比较高端。应注意的是，并非越高档客户就一定越喜欢，在住宿方面，欧美国家商务人士一般更喜欢商务类型的跨国酒店而非豪华的度假酒店。

在餐饮方面，不同文化背景下的餐桌礼仪各不相同，菜肴各具特色。整体上，中国商务人士在餐桌礼仪上讲究集体观念、尊卑有序、面子等；而欧美国家则较突出个人独立精神等。由此，文化的差异首先体现在座位安排上。一般的商务宴会，除自助餐、茶会及酒会外，东道主必须安排客户的座位，否则容易令客户不知所措。在中国，一般倾向使用圆桌进行招待，以面对门为正位，按照以右为尊的原则，如主人的右侧为主宾位，职务或地位高者为尊。而欧美国家则倾向使用前、后端相隔距离比较大的长方形桌子。座位安排很好地再现了成员之间权力关系或地位的差异，以及团队归属。商务团队中权力最高者坐在长方形桌子的一端，左右两边前端的位置则为该团队的重要成员，距离权力最高者越远，或者说离长方形桌子的另一端越近，则表明该成员的级别越低。此外，群体就餐交谈中，个人倾向于与其对面的人交谈，而不是与坐在旁边的人交谈。

尽管前面提到，文化不同，则餐桌礼仪有其特殊性，但在全球化经济背景下，大多数国家已就一些基本的餐桌礼仪达成一致，因此遵守这些礼仪规范，商务人士可以使其餐桌上的交谈更顺畅，给人留下深刻的印象，甚至有助于其业务开展。

关于餐巾的摆放：所有人都入座后，拿好餐巾在桌子下面打开，然后放在大腿上。请勿在半空中打开餐巾，发出"啪"的一声。如中途离开，则把餐巾放在椅子上或放在餐盘的左边，切记不要把它放在餐盘上。用餐结束后，将用完的餐巾放在餐盘的右边。

关于用餐时的行为举止：仅前臂放在餐桌上，切记肘部不可以放在餐桌上。咀嚼食物，喝酒、饮料、汤，不要发出响声；与人交谈，不要太大声、唾沫横飞；用餐结束，要把用过的餐具整理好，放回原来的位置上，并把剩下的东西收拾干净，不要将食物残渣随便吐在台布上。此外，在亚洲文化中，手放在餐桌下面是很不礼貌的。交谈时，用刀、筷子（或任何其他餐具）指向他人或比画手势是一种没有教养的表现。如不知道如何吃某种食物，请放弃它或观察看别人如何吃，然后模仿他们。跨文化商务交际中，如需使用刀、叉、勺子、筷子等非本文化的餐具，应提前了解这些不同餐具的使用流程及注意事项，以避免在餐桌上出现不雅行为，从而影响你在商务合作伙伴心目中的良好形象。例如，吃西餐时，使用刀叉切割牛肉，不要发出刺耳的声音。吃中餐时，筷子不能含在嘴里；不要将筷子垂直插在碗里、盘里或者饭菜里。中国传统文化中，只有祭祖、祭奠逝者时，才会在碗中直插筷子，如在餐桌上出现，这意味着诅咒人，很晦气。此外，筷子在盘子上、碗上一般是竖放，表示用餐进行之中，筷子横放意味用餐结束或者是逐客的意思。与美国人用餐时，应时不时与旁人交谈，因为一直沉默不语是一种不礼貌的行为。与人交谈时，嘴里不得咀嚼食物，不可挥舞刀叉。

在跨文化商务招待中需特别注意食物的禁忌，因为它深受风俗习惯、价值观或者宗教信仰的影响。其中，客户的宗教信仰需特别考虑，一旦在这点上犯下错误，则是严重失礼。印度人将"牛"视为圣物，如餐桌上出现与"牛"相关的食物，会严重冒犯印度客户，而且他们大多数都是严谨的素食主义者。依据伊斯兰教的教规，禁食猪肉和禁止饮酒，因此招待穆斯林商务人士时，应尊重他们不吃猪肉和不饮酒的风俗习惯。此外，在无法把握客户饮食喜好的情况下，不建议辛辣的、有强烈异味的或者特别的食物。例如，在新加坡、马来西亚和泰国东南亚国家，当地人十分喜好"水果之王"榴莲，气味独特，如果客户难以下咽，则容易让餐厅氛围变得尴尬。

8. 着装

有个流行的英语缩略词"WYSIWYG"，作为"What You See Is What You Get"的缩写来使用，中文意思是"你看到的就是你得到的"或"所见即所得"。发型、服装、鞋子及手表等配饰形成一组符号，构建了一个人的外表形象，展现其个人风格。在商务活动领域，同事、潜在的伙伴无一不是首先通过你的外表来对你进行初步判断，尝试了解你的个性、你对工作的态度以及你对本次商务会谈的重视程度。因此，着装对于商务人士而言十分重要，得体的着装可以塑造干练、高效、专业的形象，给对方留下良好的第一印象，尤其是在正式分等级的文化礼节中，如会见政府官员时，服饰习惯就显得特别重要。深色的"商务正装"和一款低调有内涵的手表几乎是从事国际商务人士的标配，体现卓尔不凡的品味，构成了一种符号化的成功形象，这与珠光宝气的炫富文化是不相容的。

在某些行业中，正式的商务着装具有一种说服的功能，如律师、银行、保险等行业雇员一般着装正式。而另一些行业的雇员并不特别讲究正式性着装，而是倾向于休闲商务着装。一般来说，欧洲人在很多商务场合的服饰搭配方面较正式。随着时代推移与数字经济兴起，商务着装在某些创新科技行业并没有那么严格，如苹果公司（Apple Inc.）的前执行总裁史蒂夫·乔布斯（Steve

Jobs）在iPhone手机正式发布会上的一贯着装是T恤和牛仔裤；脸书（Facebook）的首席执行总裁马克·艾略特·扎克伯格（Mark Elliot Zuckerberg）也一贯穿休闲服饰。这可以说是对旧式商务服饰文化观念的打破，凸显了年轻一代企业家和创业者的推陈出新、与时俱进。在商务酒会等特别正式的场合下，对着装则要求比较严格，一般邀请函上会单独对服饰有说明。如"White tie"指一套男士最正式的晚宴礼服。通常由黑色燕尾服、白色领结、白色马甲、白色翼领礼服衬衫、黑色礼服西裤、黑色漆皮皮鞋以及白色口袋巾等配饰构成。女士则需身着深色长裙。

此外，对于一些气候炎热的国家和地区，如东南亚、中东、非洲地区，传统意义上的"标准商务正装"必然有所变化，以浅色或冷色调为主，选择透气性强的棉、麻、丝绸面料。在特定文化中，服饰习惯也各有不同。在中东，建议穿戴你最好的服装和配饰，因为当地人习惯在商业接触中基于你的公文包、佩戴的手表、项链等物品的价格和品质评价你。在亚洲国家地区，建议穿上易于脱下、穿上的鞋子，因为当地人习惯在进入寺庙、家和某些办公室时脱鞋。①

全球经济背景下，国与国之间、区域与区域之间经济往来日渐频繁，经济地球村逐步形成，商业帝国趋于国际化，商务着装也日趋同质化，设计创新空间较少。跨文化商务活动中，不论何种性别，其着装标准也同样国际化，即同质化。尽管如此，具有不同文化背景的商务主体还是会有意识地穿出其特殊性，如对中国商务人士而言，男士穿上改良的中山装，女士穿上改良的旗袍。对比西式的正装——西装、套裙，中式的正装也别具风格。林语堂先生曾评价中西服装所蕴涵的不同哲学理念，"西装意在表现在人身形体，而中装意在遮盖身体"②。林先生认为"中国服装是比较一视同仁，自由平等，美者固然不能尽量表扬其身体美于大庭广众之前，而丑者也较便于藏拙，不至于太露形迹了，所以中服很合于德谟克拉西的精神"③。当然，数字经济时代下，中装在民国期间所体现的哲学与审美思想早已发生了天翻地覆的变化，也表现人身形体，由此可窥见文化全球化的发展趋势。

职业女性的着装一般是裙装或套装。相较商务男士单一的深色西服几乎足

---

① 关于文化对着装的影响，参见 R. R. Gesteland, *Cross-Cultural Business Behavior: A Guide for Global Management*. Copenhagen: Copenhagen Business School Press, 2012: 94.
② 林语堂：《幽默人生》，西安：陕西师范大学出版社2002年版，第107页。
③ 林语堂：《幽默人生》，西安：陕西师范大学出版社2002年版，第108页。

以应对各类商务活动场合,商务女士则不得不遵循 TOP 原则,即着装应随着时间(Time)、场合(Occasion)和地点(Place)的变化而变化。如白天在办公室穿套装,体现职业性;晚上出席商务酒会则需多穿戴配饰,体现女性的知性与柔美。但在特定的宗教文化背景下,比如在穆斯林和印度文化中,职业女性应穿着谨慎,尽量少裸露皮肤。职业女性的着装要求表明在商业世界里,对女性的刻板印象依旧盛行,想要打破它,还有很长的路要走。

9. 馈赠

在商务实践中,合作伙伴之间相互馈赠是必不可少的,它对建立和维护良好的业务关系有一定的作用。对于来自不同区域、国家的企业而言,礼物馈赠往往也是多元文化相互交流与融合的表现。

《礼记·曲礼上》:"礼尚往来:往而不来,非礼也;来而不往,亦非礼也。"[①] 这两句话表明了"礼"注重的是人与人相互往来、互惠互利,并告知应如何交往。中国人自古就讲究人情往来,送礼是最常见的一种表现形式。一般礼物越贵重,越说明送礼人对收礼人的尊重;社会地位越高,礼物则越贵重,正所谓"红粉赠佳人,宝剑赠壮士"。而"千里送鹅毛,礼轻情意重"则表明所馈赠的礼物注重的是送礼人的心意,而非物品的价值贵重与否。在商务场合下,中国人习惯馈赠礼物,有时也是出于面子观念考虑,甚至不惜破费。

在大多数西方人眼中,礼物中蕴含的意义更重要,比较符合中国"礼轻情意重"的观点。与此同时,与世界上大多数地区关于礼物馈赠的惯例形成鲜明的对照,美国人的做法显得更为谨慎,其深层次的原因在于他们尝试尽可能避免产生社会负债的心理。"谨慎地限制礼物的意义,避免将送礼理解为行贿、请人帮忙或者为了报答对方。在工作场所,庆祝某件事通常采取凑份子的方式购买礼物,避免与具体个人产生联系。"[②] 因此,在跨文化商务活动中,给美国人赠送礼物要特别小心,谨防触犯《反海外腐败法》(*Foreign Corrupt Practices Act*);一旦构成行贿与受贿,会受到法律的制裁,不仅追究其民事责任——承担巨额罚款等钱财上的损失,而且还有刑事责任——面临牢狱之灾。企业被曝出受贿丑闻,甚至会遭受致命一击。这正好印证了西方关于古希腊特洛伊木马故事的谚语"小心希腊人送的礼物",并非所有的礼物都如表面一样美好,有的可能会包藏祸心,带来严重的后果。当然,还有一些国家如泰国,

---

[①] 杨天宇撰:《礼记译注(上)》,上海:上海古籍出版社 2004 年版,第 3 页。
[②] E. C. Stewart & M. J. Bennett, *American Cultural Patterns*: *A Cross-cultural Perspective*. Yarmouth, ME: Intercultural Press, Inc., 1991: 95.

由于风俗习惯，一般不喜欢接收商业上的礼物。

尽管礼物馈赠不当会被视作行贿受贿的非法行为，但互赠小礼物在商务活动中还是可以接受的。跨文化商务实践中，礼物馈赠具有一定的复杂性，需要考虑礼品禁忌、馈赠时机、馈赠方式。

礼品禁忌：它体现了文化中的特殊禁忌。在中国，赠送某些礼品的谐音具有不吉利的意思，例如，将时钟、手表或怀表作为礼品送出，"送钟"（sòng zhōng）听起来像"送终"，被认为是诅咒人。中国人讲究美好的事物成双成对出现，所以礼品也应成双成对。此外包装礼品时，忌讳用白色，因为在中国传统文化中白色代表悲伤和贫穷。在日本，赠送客户鲜花，要避免红色，因为红色的花象征着"火"，与火相关的东西是禁忌。这或许就是在日本很多商铺习惯将星期二（火曜日）作为定休日的原因。《古兰经》中将饮酒视作恶魔的行为，因此，酒绝对不能作为礼品送给穆斯林客户。

馈赠时机：在欧洲，赠送礼品一般是在达成协议时；在大部分亚洲国家，则一般在会议结束时。需要特别注意的是，北美地区并不盛行礼物馈赠文化，也就没有所谓的最佳馈赠时机。如前文提到的美国《反海外腐败法》，大多数公司在收受礼品方面都有严格规定，尤其对于负责采购的人员而言。

馈赠方式：关于接受礼物的流程以及礼物是否在送礼人面前拆开，不同文化背景下的商务人士有着不同的做法。在亚洲多数国家、地区，必须用双手赠送和接受礼品，其中泰国是特例，用左手扶住的右手肘把礼品递送给客户。在亚洲，礼品可能一般在送礼人离开后被拆开，而在欧洲和北美、南美，礼品一般是当着送礼人的面拆开。例如，美国人一般欣然接受礼物，并立即在送礼人面前拆开，表达对礼物的兴趣和赞赏，这种做法是十分礼貌的行为。按照中国的传统习俗，收礼的流程显得较耗时，收礼人需要一再推辞，送礼人则需一再坚持，两三个回合后，收礼人才接受；接受礼物的当事人一般不会当着送礼人拆开礼物。这种做法是基于对送礼人的面子考虑，因为如果礼物不合适，容易显得尴尬，会让送礼人丢了面子。因此，在送礼人面前拆开礼物被视作不礼貌的行为。

如今经济全球化，跨文化商务交际频繁，馈赠礼物时如不确定如何挑选礼物以及如何馈赠，建议提前了解客户的风俗习惯。

10. 交友

人类作为社会性动物，渴望真诚的友谊。孔子说，"有朋自远方来，不亦乐乎"①，西方有句谚语"A friend in need is a friend indeed"（患难见真情），这些无一不是表达友谊的珍贵。跨文化商务活动的第一步是介绍自己与认识客户，并与之建立业务关系。随着业务的逐步开展，商务合作伙伴的关系也进一步加深，双方有可能成为朋友。由于文化背景不同，对于"友谊"或者"交友"的观念理解也各不相同，一定程度上会影响商务场合下的交友行为。

中国传统文化建立在发达的农耕文明之上，主张"重农抑商"，因此自古以来对商人的刻板印象是"在商言商，无利不商"。白居易《琵琶行》："商人重利轻别离，前月浮梁买茶去。"中国古人认为商人之间的交往以商业利益为驱动，一般不考虑什么私人感情，算不上真正意义上的交友，因此商人之间不存在真正的友谊。但另一方面，"中国文化从自己的群体价值目标出发，必然把协调人际关系放在首位"②。基于上述两方面，我们可以知道，中国商人将协调商务人际交往放在首位，尽管最终目的是获取商业利益，但这个过程中表达较含蓄。具体表现在中国商人喜欢先联络感情、交个朋友，有了人情铺垫，然后才开始切入商务交谈。

马维茨曾谈到她认识的一位德国银行家，他有一次去日本东京出差，希望得到一个订单。他在那里待了许多天，根本就没有谈工作上的事，只是去了卡拉OK酒吧。他本以为这个订单没什么希望了，然而，接下来发生的事却是意想不到的——他回到法兰克福，几乎还没等他回到办公室，询价单就已经在他的办公桌上了。③

上述案例中，这位德国银行家没有按照德国的礼仪、规矩，直接进入商务交谈，而选择尊重日本的商务礼仪，先与日本客户联络感情，考虑日本客户的面子，先交朋友，最终获得了订单的机会。日本等东亚国家深受中华传统文化影响，其商人交友的观念与中国大体一致，做业务喜欢展示人性化的一面，先交友建立联系，看重人脉关系网。

"以个体的商业活动为经济基础的西方文化，始终把'利'与'力'看作是健康的价值，它鼓励人们积极地追求现实功利，并在平等的基础上开展竞争，努力获取个人的最大利益和幸福。"④ 显然，这与中国传统文化所主张的

---

① 富金壁：《论语新编译注》，北京：北京大学出版社2015年版，第56页。
② 徐行言：《中西文化比较》，北京：北京大学出版社2004年版，第90页。
③ 弗里德里克·冯·德尔·马维茨著，王玉燕译：《职场礼仪·国际商务礼仪》，北京：电子工业出版社2017年版。本段选自这本专著的第二部分"礼仪的重要性"关于"为什么尊重变得越来越重要"这个问题，马维茨所列举的其他国家的例子，有适当删减。
④ 徐行言：《中西文化比较》，北京：北京大学出版社2004年版，第93页。

"重农抑商"观念形成对比。西方文化推崇商业活动,这必然造成在商务活动中表达利益目的更加直接,主张直接切入商务交谈,谈感情、交朋友与工作需要分开。"对美国人来说,在追求友谊的同时,保持个人的主动性也是很重要的——这与那些交友模式与社会责任不可分割的社会形成鲜明对比"。①

因此,跨文化商务交际中,商务人士要理解不同文化对交友的态度。是如中国商人那样先熟络,交个友,殷勤招待,无微不至,希望客户宾至如归,在餐桌上谈业务,还是如美国商人那样工作中不谈个人感情,商务会谈讲究时间效率,将友谊与工作义务截然分开,公私分明?当然,在大多数人看来,正直的友谊是稀缺的,难能可贵。

四、仪式

人类学家的田野调查表明礼仪起源于巫术仪式,然后逐步发展成宗教仪式和世俗社会的礼仪,如本章重点关注的商务礼仪。《史记·货殖列传》:"礼生于有,而废于无。"②《管子·牧民·国颂》:"仓廪实而知礼节,衣食足而知荣辱,上服度则六亲固。"③ 这表明礼仪具有物质性,人生活在物理的世界里,必然不断地影响着这个世界,同时礼仪也被不断烙在人的一切符号活动中。

中国素有礼仪之邦的美誉,"礼"与"仪"密不可分,儒家思想中尤为强调"礼"。"礼"指社会秩序的总称,通过各类相关器物、仪式、制度,明确个人特定的身份、责任、权力,区分个人在社会群体中长幼、亲疏、尊卑的差别等,规范人与人、人与天地万物乃至鬼神之间的关系,由此实现彼此之间的和谐。④ 如《左传·昭公二十五年》:"夫礼,天之经也,地之义也,民之行也。"⑤ 这里"礼"突出其为天地运行的法则、人的行为规范。《礼记·曲礼上》:"夫礼者,所以定亲疏、决嫌疑、别同异、明是非也。"⑥ 当中的"礼"则是确定人与人之间的亲疏关系、解决疑惑之事以及辨析异同、是非的标准。

---

① E. C. Stewart, M. J. Bennett, *American Cultural Patterns: A Cross-cultural Perspective*. Yarmouth, ME: Intercultural Press, Inc., 1991: 101.

② 吴楚材、吴调侯:《古文观止》,武汉:崇文书局2019年版,第276页。

③ (西汉)司马迁:《史记:下》,长沙:岳麓书社2016年版,第461页。

④ 中华思想文化术语编委会:《中华思想文化术语2》,北京:外语教学与研究出版社2016年版,第69页。

⑤ (春秋)左丘明著,李维琦、陈建初、李运富等注:《左传》,长沙:岳麓书社2001年版,第622页。

⑥ 杨天宇撰:《礼记译注(上)》,上海:上海古籍出版社2004年版,第2页。

可以说，礼仪是人类社会实践中不可或缺的组成部分，一旦缺少它，社会关系将变得杂乱无章。礼仪教会人们如何与他人交往，如何以恰当的方式表示对他人的尊重。掌握礼仪可以让人们在社会实践活动中游刃有余，实现交际目的。礼仪本质上体现了人与人之间、人与自然之间、人与社会之间的纽带联结。

人类基于一套符号系统认识世界、改造世界。其中，仪式是这套系统中的不可或缺的一部分。仪式主要指符号化的行为，即符号活动。最早的仪式可追溯至原始社会的巫术仪式。"他用以与死亡相对抗的东西就是他对生命的坚固性、生命的不可征服、不可毁灭的统一性的坚定信念。甚至连图腾崇拜也表达了这种对一切有生命存在物的共同体的坚定信念——这个共同体必须靠人的不断努力，靠严格履行巫术仪式和宗教仪式来维护和加强。"[①] 在原始部落的生活中，人类逐步具有了社会性，当时的人类将符号化的行为作用于自然界，超自然地建立了某种仪式，并通过仪式来表达对生命存在的共同体的坚定信念。霍夫斯泰德把文化构成比作洋葱，包括符号、英雄、仪式和价值观四层，其中，英雄、仪式介于最表层的符号和最深层的价值观之间。本章节所说的礼仪涉及霍夫斯泰德所构建的文化洋葱模型中的符号和仪式两层，如着装属于一种典型的符号。"仪式是一些集体活动，从技术角度看，这些活动对于达到预期目的显得有点多余，但是从文化的角度来看，仪式是这个社会必不可少的。"[②] 时代发展到21世纪，五花八门的仪式在人类的社会生活中的每个重要时刻和重大事件中依旧发挥着重要的作用。

在跨文化商务实践活动中，凭借仪式这种人为媒介物的中介，企业的价值观——企业文化的核心得以诠释。特伦斯·E. 迪尔（Terrence E. Deal）等将礼仪和仪式进行区分，认为"礼仪和仪式是公司日常生活中一些系统化和程序化的惯例。公司通过日常行为表现（我们称之为礼仪），向员工表明它们期望的行为方式是什么；公司通过盛大的典礼（我们称之为仪式），生动而有力地提供了公司支持与赞赏的范例"[③]。霍夫斯泰德等主张仪式包括各种组织实

---

① 恩斯特·卡西尔著，甘阳译：《人论》，上海：上海译文出版社2004年版，第120页。
② 吉尔特·霍夫斯泰德、格特·杨·霍夫斯泰德、迈克尔·明科夫著，张炜、王烁译：《文化与组织：心理软件的力量》（第三版），北京：中国电子工业出版社2019年版，第6页。
③ 特伦斯·迪尔、艾伦·肯尼迪著，李原、孙健敏译：《企业文化：企业生活中的礼仪与仪式》，北京：中国人民大学出版社2014年版，第16页。

践活动的方式，如会议和庆典，甚至包括书面、口头语言方式。① 在上一节我们主要探讨了通用的跨文化商务礼仪，本小节将关注作为企业（组织）文化符号系统的重要组成部分——仪式。

商务活动中的各种仪式是外化的符号现象，是企业文化的核心价值的反映。员工与企业融为一体，员工通过企业中的各种仪式满足了自身需求；企业凭借员工参与仪式的行为保证了其良性发展。仪式的功能性价值主要从个人与企业两个层面体现，具体如下。

在个人层面上②，首先，员工履行各种企业的仪式，并不断强化符号行为，逐步对企业产生认同，并构建了他在企业里的文化身份，满足了员工对归属与爱的社会需要。HGBV公司是一家拥有60年历史的化工企业，管理一直是大家长的作风，年迈的总经理每天早晨都会到工厂转一圈，与他遇到的每个人握手，俗称"HGBV式握手"。当人们早上到达工厂后，与同事们一一握手，这个问候仪式在法国十分常见，但在荷兰却非同寻常。③ HGBV公司的员工通过实践"HGBV式握手"的问候仪式，强化了在HGBV公司里被关心、关爱的感觉，有了家一般的归属感，这是仪式带来的最直接的实际价值。与社会交际不同，企业的各种仪式并不能直接对其业绩产生作用，但是它让员工在企业共同体内找到了安全感，进而达成彼此对身份的共识，有了归属感。这些仪式让员工的平凡工作有了某种特殊的意义。

其次，通过仪式，如企业各种庆功仪式、颁奖仪式、年终庆典，评选"本年度最佳员工""年度感动人物"等称号，可以让员工在工作中的表现得到认可和尊重，满足他们的成就需要。华为首席执行总裁任正非在分工上从来不直接管人、管事、管业务，但却经常插手与人的激励相关的事情，如分钱的原理和原则、干部任用尤其是破格任用的原则等，尤其是在组织氛围的建设、精神激励的方式方法上，他时常会有很多点子和创意，而且关注细节；还亲自参与设计和审定一些奖牌、奖章。④ 显然，任正非之所以乐于关注激励员工的

---

① 吉尔特·霍夫斯泰德、格特·杨·霍夫斯泰德、迈克尔·明科夫著，张炜、王烁译：《文化与组织：心理软件的力量》（第三版），北京：中国电子工业出版社2019年版，第6页。
② 个人层面上的仪式的功能性价值分析主要是基于哈佛大学心理学家大卫·麦克利兰的成就需要理论展开。
③ HGBV公司案例选自吉尔特·霍夫斯泰德、格特·杨·霍夫斯泰德、迈克尔·明科夫著，张炜、王烁译：《文化与组织：心里软件的力量》（第三版），北京：中国电子工业出版社2019年版。
④ 华为案例选自田涛：《理念·制度·人：华为组织与文化的底层逻辑》，北京：中信出版社2020年版。

事情，是因为他很清楚满足个人成就需要的重要性。通过仪式，企业可以塑造真实存在的、他人可以效仿的英雄人物，其中象征荣誉的勋章符号在仪式中产生。英雄、符号都完美地"溶解"在仪式中，极大地满足了人类的成就需要；反过来又可以激励员工未来取得更大的成就，形成一个良性的循环。

再次，员工尤其是管理人员如能掌握好仪式这种符号化的行为，可以满足他的权力需要。"通过规定人们在各种程序中应该花费多少时间，高级管理层就可以知道自己一直在控制着企业。这些仪式会影响到中级管理者谈论的话题、思考的内容以及回去之后要完成的任务等。仪式是非常有力的工具，高级管理员利用它维持对企业的控制，实施对企业的影响。"① HGBV 的管理者们为了使领导力行之有效，就让自己的行为与社会的行为模式保持一致，平易近人、不偏不倚、善于倾听。现任的总经理就是这样的领导者，从不摆架子，各级人员都能与他轻松相处，员工们从而可以感到总经理就是他们中的一员。个人在 HGBV 的职业发展主要基于他的社交技能：一个人不应表现得太过引人注目；他不需要出色，但需要拥有良好的社交网络；他应该了解，在非正式网络中的恰当做法是等待邀请而不是毛遂自荐；他也应该加入网球俱乐部。总而言之，人们应该尊重这样的严格规定：成为一个好人。② 通过倡导员工应与社会行为规范保持一致、发展社交技能，做一个平易近人的好人等行为规范与准则，即仪式，HGBV 的管理层借此实施对员工的控制并对他们施加潜移默化的影响，以满足管理人员对权力的需要和渴望。

对企业员工而言，仪式也同样具有现实的意义，它满足了员工自身的需要，包括成就需要、社会需要和权力需要。

一方面，一套由各种习惯的或法定的规则构成的仪式在企业里逐步形成并确立，它们规定着企业正常运作的方式。在 HGBV 流行着一种不成文的社会行为规则，即员工不是为了工作而生活，而是为了生活而工作，这就是所谓的"HGBV 之道"。一个人怎样去做比这个人做了什么更加重要，人们必须融入非正式的网络，这适用于所有层级。③ HGBV 公司文化潜在地规约了员工的工作意义，主张"和谐"与"适应"的工作氛围，这是该企业文化的核心，也

---

① 特伦斯·迪尔、艾伦·肯尼迪著，李原，孙健敏译：《企业文化：企业生活中的礼仪与仪式》，北京：中国人民大学出版社 2014 年版，第 84 页。
② HGBV 公司案例选自吉尔特·霍夫斯泰德、格特·杨·霍夫斯泰德、迈克尔·明科夫著，张炜、王烁译：《文化与组织：心理软件的力量》（第三版），北京：中国电子工业出版社 2019 年版。
③ HGBV 公司案例选自吉尔特·霍夫斯泰德、格特·杨·霍夫斯泰德、迈克尔·明科夫著，张炜、王烁译：《文化与组织：心理软件的力量》（第三版），北京：中国电子工业出版社 2019 年版。

是该企业在业务盛极一时无须考虑市场竞争的背景下的一般性运行规则。

另一方面，企业是一种组织形式、一个具有相同价值观的共同体，它必须依赖其组织成员的坚定信念和不断努力，通过员工严格履行企业的各种仪式，维护和加强这个共同体。这个过程中，企业不断构建并重塑以价值观为核心的文化共同体，企业的凝聚力和团结力得以不断增强，对外树立企业稳步健康发展的良好形象。华为公司在初创和发展阶段时，其"狼性文化"盛极一时，那时华为被塑造成商业界的一匹狼，员工具有很强的竞争意识。时过境迁，华为公司已经是其行业内的领头羊，开始以"奋斗者"为本，以客户为中心，这一转向为华为继续开拓全球市场、可持续发展而服务，并塑造了良好的企业形象。再如，淘宝（天猫商城）于2009年11月11日举办首届网络促销活动，最初的活动设计理念是营销活动，历经十几年，通过不断调整管理程序，不惜花费时间和成本，该活动逐步演变成了影响国际电子商务行业的"双十一"购物狂欢节。"购物狂欢节"这个活动仪式很有效地维持了阿里巴巴集团的健康稳步发展形象。

相较古人事事讲究"仪式"感，现代人尤其是年轻的一代越来越从内心排斥仪式所带来的束缚，追求自由。很多高新科技新生代企业也顺应潮流，"仪式"在企业的存在空间越来越小。但同时，仪式的重要性仍然存在，在员工与员工之间、员工与企业之间、企业与企业之间，都需要仪式来达成更和谐的关系，凸显企业文化的独特性。

思考训练

1. 郭某刚大学毕业进入一家日资企业，因为开拓业务需要，拜访了一位日裔教授。拜访过程中，郭某与教授见面后，他用左手递出名片，教授点头表示感激，同时鞠躬双手接过名片，仔细看了会儿名片，口中念念有词，然后认真地放入公文包。教授回赠名片时，郭某单手接过名片，随意放入口袋，然后就与教授谈起了业务，可是教授却一脸不开心，拒绝谈业务，最终拜访以失败而告终。

请分析郭某拜访教授以失败告终的原因。

2. 一个中国代表团到苏黎世采购了一批医疗仪器和设备。临行前的晚宴上，瑞士方赠送给中方代表团中的每位高级管理人员一个高端品牌的钟表。次日上午送机的路上，中方代表团中的一位随行人员忍不住小声地告诉送行的瑞士同仁："你不知道，昨晚我们收到钟表时有点尴尬，在中国文化中，钟表与死亡关联，代表厄运。"这位瑞士同仁听后十分沮丧，于是，这位随行人员微笑着补充道："没关系，没关系，我们当中没人那么迷信。"

请分析中方随行人员在送机的路上说那些话的原因。

3. 影片《迷失东京》(*Lost in Translation*) 一开始的场景：主人公鲍勃抵达日本，进入宾馆时看到有一排日本人毕恭毕敬地站在那里迎接他，向他鞠躬，并十分正式地向他递送名片，赠送包装精美的礼物，他有些惊讶和不适应。

请分析鲍勃表现出惊讶和不适应的原因。

第六章　语言与文化

一、引言

跨海公司（Trans Oceanic）是一家总部设在美国的环球物流服务公司，从事货物运输和集装箱合并业务。20世纪90年代初，为了拓展在中东地区的经销代理网络，该公司努力了近六个月。其中，与一家阿拉伯公司（Arab Co.）达成一个代理协议是跨海公司在该区域的重点项目，阿拉伯公司是沙特阿拉伯最大的物流公司，其分公司也是最多的。

为了达成该目标，跨海公司的区域经理泰德·古德费勒与阿拉伯公司每个月会谈一到两次。两家公司已就金融、法律和技术问题达成了一致。然后，泰德回到利雅得完成最后的细节和为合同签订做准备。这次谈判相当正式——双方都明确表示签订合同的意图。

在与阿拉伯公司高管层愉快的会面期间，泰德偶然提到："跨海公司的我们真希望与波斯湾（Persian Gulf）的你们一起共事！"谈判桌一边的阿拉伯公司人员惊愕地沉默了片刻，然后三名高管起身，怒气冲冲地大步走出了会议室，中断了谈判。

泰德迷惑不解地看着未离开的较年轻的两位沙特阿拉伯人，他很不愿意看到六个月的努力就这样成为泡影。"究竟发生了什么？"他问桌子对面的年轻人，"我刚才说错什么了吗？"

一位阿拉伯公司员工迟疑了一下后解释道：在沙特阿拉伯，刚才所提到的水域被称为阿拉伯湾（Arabian Gulf）。泰德所提及的词暗示了伊朗拥有这片海湾的所有权，而在当时沙特阿拉伯与伊朗两国之间的关系比较紧张且具有敌意。

阿拉伯公司的老板现对泰德很恼怒，不愿听他的道歉和解释。"那么，我们该怎样做才能使我们的会谈回到正轨呢？"泰德问道。对此，年轻的阿拉伯人耸了耸肩，勉强地笑了一下，领着美国人走出房间。泰德在返回酒店的路上绞尽脑汁，试图找到一个能修复受损关系的办法。①

上述案例印证了中国的一句老话"祸从口出"。泰德在开拓新市场之前，没有认真了解当地的敏感问题——沙特阿拉伯与伊朗两国在地缘战略、宗教信仰等方面存在的矛盾和冲突，这导致他误用地理名词"波斯湾"，引起当地人的反感，愤而离开谈判桌。根据索绪尔的观点，语言符号由"所指"和"能指"两个部分组成，同一片海湾拥有不同的名字——"波斯湾"或者"阿拉伯湾"，即表示抽象概念的不同的语言符号表示同一具体事物。不同的命名，究其产生的深层次原因，是各自文化内涵不同。

总体上，"语言是人类特有的一种符号系统，当它作用于人与人的关系的时候，它是表达相互反应的中介；当它作用于人和客观世界的关系的时候，它是认知事物的工具；当它作用于文化的时候，它是文化信息的载体和容器"。②本章将从语境、词汇、语用及话语模式等维度进行探讨并揭示在跨文化商务交际中语言与文化之间的关系。

二、语境与交际

"语境"（context）这一概念最早由德国语言学家威格纳（Wegener）于1885年提出，他认为语言意义的产生与确定离不开语境。③ 人类学家布伦尼斯洛·马林诺夫斯基（B. Malinowski）于1923年将语境分为两类，一是"情景语境"（context of situation），一是"文化语境"（cultural context）；也可以说分为"语言性语境"和"非语言性语境"。马林诺夫斯基指出"语言本质上植根于文化现实、部落生活和民族习俗，如不经常参照这些宽泛的言语语境，语言就无法解释"④，这表明文化语境对人类交际的重要性。1976年，霍尔《超越文化》中提出了高语境、低语境概念（详见第四章）。

当前人类社会已经进入信息爆炸时代，语言信息呈几何倍率增长，充斥着

---

① 本案例节选自理查德·盖斯特兰德《跨文化商务行为》，略有删减和改动。R. R. Gesteland, *Cross-Cultural Business Behavior: A Guide for Global Management*. Copenhagen: Copenhagen Business School Press, 2012: 91-92.
② 许国璋：《论语言和语言学》，北京：商务印书馆1997年版，第1页。
③ 朱永生：《语境动态研究》，北京：北京大学出版社2005年版。
④ "语境"的概念是 B. Malinowski 于1923提出，见于奥格登和理查兹编著的《意义之意义》一书的附录文章——"原始语言的意义问题"。B. K. Malinowski, "The Problem of Meaning in Primitive Languages", in C. K. Ogden, & I. A. Richards (ed.), *The Meaning of Meaning*. New York: Harcourt, Brace & World, Inc., 1989: 296-336.

人们的生活，如果不能及时、有效地加工、处理，必将导致"信息过载"，信息加工系统就会崩溃。当然，人类具有语言信息分类、筛选等加工、处理能力，其中"语境化"机制在信息交流过程中发挥着十分重要的作用。因此，我们可以说"语境"是人类信息加工、处理的第一屏障，以文化语境最为常见。在跨文化交际领域，语境的作用是显而易见的。

对"交际"（communication）的界定实属不易，这是因为学界认为交际本质上具有复杂性，如"交际是否一定具有意图性，交际是否是线性的过程"①，交际研究是否是一门严谨的科学，在这些方面，学者们并未达成一致。戴晓东列举并总结了国内外学者关于"交际"的有代表性的定义，认为"交际是人们相互交换信息、相互影响、共同建构意义与身份的过程"②。我们认为交际是一个符号互动的过程，涉及信息的编码与解码，即是意义的创造、反射及交换的过程。人类的交际与语境密不可分，即信息交流总是在特定的时间、地点发生。

"语境是基于客观社会、与参与者相关的情景特性的主观建构，即为一种心智模型。"③如在20世纪50年代，美国政府耗费巨资，集国内顶尖语言学家之力，历经数年开发了一款最可靠、最快速的俄语和其他语言的机器翻译系统，据称它既精通语言又熟悉某一专业，可翻译长篇文章，但实际上却易曲解文章的真实意义。④ 该项语言翻译工程的失败与资金、耗时及人才毫无关系，而是由于语言符号的能指与所指之间的任意性⑤，这是因为一部分信息是由上下文决定的，如缺少上下文、社会认知基础，缺少话语参与者动态地、实时地建构交际语境，语符传递的信息就会变得不完整。

斯图尔特·切斯（Stuart Chase）在《词的暴政》中指出，"我们必须通过

---

① D. A. Infante, A. S. Racer, & D. F. Womack, "Building Communication Theory", in L. A. Samovar, R. E. Porter, E. R. McDaniel, et al. (ed.) *Communication Between Cultures*. 9th edn. Boston: Cengage Learning, 2017: 28. 详见原文 "Definitions differ on such matters as whether communication has occurred if a source did not intend to send a message, whether communication is a linear process, or whether a transactional perspective is more accurate."

② 戴晓东:《跨文化交际理论》，上海：上海外语教育出版社2011年版，第49页。详见第二章第一节，关于交际的定义。

③ T. A. van Dijk, *Discourse and Context*: *A Sociocognitive Approach*, Cambridge: Cambridge University Press, 2008: 56. 原文 "Contexts are not…, but rather a socially based but subjective construct of participants about the for-them-relevant properties of such a situation, that is, a mental model."

④ 案例选自爱德华·霍尔:《超越文化》，何道宽译，北京：北京大学出版社2010年版，第86页。

⑤ 该观点最早由瑞士语言学家弗迪南·德·索绪尔于1916年在其语言学著作《普通语言学教程》中提出。

复杂而迂回的描述来代表已知的事物，新词的不断出现，填补了这一空白"①。词是语言里最小的、可以自由运用的单位，总是基于语境和交际目的不同，不断发展变化，进而出现语言变体。例如，具有独特的变音或语调的口音（accent），一般是因地理或历史差异而导致的。在跨文化商务交际中，虽然商务人士一般使用英语作为常用语言进行交流，但一开口，很容易就暴露了自己所在的国家区域，其中，英式英语与美式英语的口音具有最明显的差异。霍尔提出"情景方言"在交际中的作用，"你必须掌握恰当环境中使用的恰当的语汇，因为情景方言能当即确定说话人的身份，表明他是某组织的成员，是圈内人，不是圈外人，因此他知道该系统的运转机制"②。这里"情景方言"是指在特定语境下的一种交际语言，它强调一定环境因素影响下，交际双方的已有知识体系的运用。使用得当，事半功倍，可以使交际目的顺利实现。在商务活动中，商务人士经常使用行话（jargons）。它指技术层面上的隐语或者专业术语，具有丰富的含义，一方面表明说话人的身份归属，即"圈内人"，另一方面则说明，即使当事人来自不同的文化背景，行话的合理使用也能确保行业内部交际正常、高效地运作，从而节约时间。如在国际贸易商务谈判中提及国际贸易术语 FOB（Free On Board），买卖双方即刻明白自船上交货风险转移以及双方各自的权利义务。国际贸易术语统一由三个大写字母组合，十分简约，并由国际商务会 ICC 不定期颁布《国际贸易术语解释通则》（*International Rules for the Interpretation of Trade Terms*，缩写为 INCOTERMS）进行统一解释，减少歧义，提高商务活动效率，这显然属于特定语境下的商务活动，当然这仅限于"圈内人"贸易双方使用，其他行业可能听不懂，也不明白。因此，在跨文化商务交际中，圈外人必须先了解双方当事人的不同文化背景、行业特色，然后学习相关语境下的新的情景方言，做到入乡随俗，使用对方的语言交谈，在相符的交际情景下进行交谈，只有这样才能确保交际成功。

"从文化哲学的角度看，活在符号帝国的人之本质极大程度上在于阐释清楚符号表征体之间、符号与非符号体（如石头等自然实存物）之间的关联以明确自身之确在；从语用学的角度看，对于话语或文本意义和含意的确当理解就是听话人或读者成功激活与发话人或作者在其话语中预设的最佳关联语境的过

---

① S. Chase, *Tyranny of Words*. London：Methuen & Co. Ltd., 1938：48. 见原文"New words are constantly appearing to fill the gaps of things we know but cannot symbolize without clumsy roundabout descriptions."

② 爱德华·霍尔：《超越文化》，何道宽译，北京：北京大学出版社 2010 年版，第 117 页。

程。"① 2022年7月奢侈品牌迪奥Dior发布了一款2022年早秋系列长半身裙，导致一系列抗议游行活动。② 迪奥官网在涉事服饰的产品说明中称，这款半身裙采用"标志性的Dior廓形"，是一款全新的优雅时尚的单品，而实际上它却与流行了600多年的明清汉族女装的马面裙"撞衫"。一方面挪用"东方文化"，另一方面又自称原创，迪奥此举实属不妥。对于不熟悉中国传统服饰的消费者而言，他们只是基于迪奥提供的"标志性的Dior廓形"原创设计信息进行语境关联，并没有预设中国传统服饰元素关联语境，因此，这些消费者可以就这款半身裙与迪奥进行有效交际。但是对于广大中国消费者而言，其对于明清传统服饰有一定了解，必然会产生"迪奥抄袭"的印象。显然在这件新闻事件中，文化语境对于不同的参与者而言，所产生的最佳关联语境是不同的，进而影响交际效果。再如，跨文化商务谈判中，由于来自不同文化语境，谈判者的谈判风格也各不相同。德国人崇尚契约精神，守信用，具有权利与义务的意识，同时自信固执、讲究效率、严谨保守。中国人常用"研究研究""考虑考虑""再讨论讨论""晚点再说"等话语，这是因为多数中国人把"不"字视作一个不妥的词汇，认为直接表达不妥的词汇，有损对方的面子，使他人窘困，容易冒犯对方，显得自身没有教养，而在德国人眼中，不能直接说"不"简直就是没有能力、不称职的表现。

此外，国际商务口译或笔译也属于跨文化交际行为，它要求译者在进行两种语言符号转换时，不仅限定在不同语言层面的流利度和翻译技巧的使用上，也必须对跨文化交际语境具有高度的敏感度，否则容易影响交际信息的有效传达，甚至产生误解。如在投资推介会上，"咱们这个高新开发区是块肥肉"，译员做现场翻译时，就不能采用直译成"a piece of fat meat"。在中国文化语境下，肥肉一般隐喻带来富饶、富足的事物，本句暗指高新开发区是一个能给企业带来丰厚利益的平台。因此，翻译为"This high-tech development zone is a lucrative deal."比较合理，否则，外商根本无法理解"高新开发区是块肥肉"的内涵。

三、语言与文化的相互关系

爱德华·萨丕尔（Edward Sapir）在谈及语言、种族与文化的关系时，指

---

① 陈开举：《从语境看阐释的有限与无限》，载《社会科学辑刊》2020年第6期，第44—45页。
② 光明网：《迪奥新品被质疑"抄袭中国马面裙"，售价2.9万元，中国官网已下架》，https://m.gmw.cn/baijia/2022-07/19/1303051929.html［2022-10-10］

出"历史上有接触的种族和文化,久而久之会趋向于同化,而同时相邻的语言只偶然在表面上同化,这件事本身就指出,语言的发展以及种族和文化的特殊发展这二者之间没有深刻的因果关系"[1]。显然,萨丕尔并不认为语言与文化二者之间存在因果关系,但同时他又提出"语言也不脱离文化而存在,就是说,不脱离社会流传下来的、决定我们生活面貌的风俗和信仰的总体"[2]。也就是说,语言与文化相辅而行,人类正是由于创造了自身的语言并不断发展、完善它,才使得人类文化得以逐渐形成并代代相传。语言与文化紧密相关,缺一不可。一方面,没有语言的文化是不存在的,语言是一种文化信息的载体。没有现实生活中的语言,就不可能形成人类社会的共同体,因为对该共同体来说,再没有比语言的多样性更大的障碍了。《旧约·创世记》记录了关于巴别塔(Babel Tower)[3] 的传说。洪水大劫之后,天下人都讲一样的语言,都有一样的口音。诺亚(Noah)的子孙越来越多,不断往东迁移时,计划在示拿(Shinar)建造一座城和一座塔,塔顶可通天。但上帝不能容忍人类的狂妄和人类挑战他的权威,于是变乱他们的口音,使他们说话互相听不懂,最终,这座塔也无法建成,半途而废。他们散居各地,各说各的方言,自此以后人类的口音和言语不再相通。为此,我们可以知道语言是文化不可或缺的组成部分,人类的语言相通对于文化的形成具有重大意义。另一方面,不是用来表征文化的语言也是不存在的,同时,文化不断地丰富并影响语言。索绪尔以"符号"为抓手,以人类的言语活动为研究对象,认为语言单位由能指和所指构成,其整体构成符号体系,而任意性和约定性是"符号"存在的两个基本原则。卡西尔则将所有文化都纳入到符号系统视角下,人类具有运用符号系统进行交流的能力,其中语言则是人类有效表达思想和交流知识、信息和经验的常用手段之一。因此,语言与文化之间存在许多相通之处。此外,社会文化因素对语言的发展变化产生影响。为了顺应文化的发展与转型,语言也变得更加具有时代特征、更加精确。全球化背景下,世界变成了一个"地球村",跨文化交流频繁,深入了解不同国家或区域的文化,提升跨文化交际能力,必然需要学习该文化的最普通的载体、媒介——语言,因此,多语言的学习成为一种趋势。

---

[1] 爱德华·萨丕尔:《语言论:言语研究导论》,陆卓元译,北京:商务印书馆2009年版,第199页。

[2] 爱德华·萨丕尔:《语言论:言语研究导论》,陆卓元译,北京:商务印书馆2009年版,第191页。

[3] 希伯来文中,"巴别"是"变乱"的意思。

从动态的角度看，语言与文化相互影响。语言作为一个用于思想交流的符号体系，是文化的载体、表征形式，而文化又是语言的内容，阐述了一种语言背后的思维方式。跨文化商务交际活动中，文化对于语言的影响无处不在，诸如公司名称、宣传口号、产品名称等。例如，美国宝洁公司旗下护肤品牌之一OLAY 是在中国享有良好声誉的海外护肤品牌之一，常被中国消费者误认为是中国品牌，源于其有一个契合中国传统审美文化的名字"玉兰油"。该品牌于1989 年进入中国市场，采用本土化名称策略。在该品牌出海前，宝洁公司做足了功课，他们了解到玉兰因其高洁而雅致被中国文人誉为花木中的"仙子"，有利于该女性护肤产品的品牌形象塑造，因此，将其取名为"玉兰油"，拉近了与中国消费者的距离，本土化命名策略十分成功。不同时代，语言的形式表达相应发生变化，其根本原因在于文化随着时代发展而变化，但语言的本质内容与文化的流变之间并不一定存在因果关系。为此，我们可以基于语言现象来探究不同时代的文化特征。不同时代下同类产品的不同广告语的投放反映了文化的特征的更迭。农夫山泉的经典广告语"农夫山泉有点甜""我们不生产水，我们只是大自然的搬运工"，表明农夫山泉股份有限公司将"天然、健康"的产品定位一以贯之，同时也反映了直饮水市场随着时代的发展，商业文化特征发生了变化。进入 21 世纪，随着生活水平不断提高，中国人对食品安全的关注和担忧日益增强，迫切需要绿色健康的产品出现。在这样的时代背景下，人们对直饮水的要求也发生了变化，从单纯依赖科技对饮用水进行多重过滤而成的"纯净水"，发展到"天然矿泉水"，即不需要借助技术提升水质，人只是参与水的包装、运输等方面，反映的正是食品行业的广告语从科技文化到生态文化的转向。

四、语汇的内涵与外延

随着社会生产力的提高，人类社会逐步有了伦理道德生活和理智生活，早期巫术咒语的语词功能逐步消失，取而代之的是语词的语义功能。英国语言学家杰弗里·利奇（Geoffrey Leech）在 1974 年第一次出版的《语义学》（Semantics）中从功能的角度将意义分成了七类，即概念意义（conceptual meaning）、内涵意义（connotative meaning）、社会意义（social meaning）、情感意义（affective meaning）、反射意义（reflected meaning）、搭配意义（collocative meaning）和主位意义（thematic meaning）。其中，概念意义指"逻辑的、认知的外延的内容，构成了意义的中心部分"，属于"外延"意义；内涵意义指

"语言所传达的意义,是一些附加的,尤其是带感情色彩的意义"。① 外延意义与内涵意义是词汇的两种最基本意义,也是在日常交流中使用最广泛的意义。

本小节主要剖析词汇的外延和内涵。"由于语言本身的发展变化,词汇意义、语法规则、搭配方式各个方面均可能发生历时性变化,造成对字面意义的理解可能出现的歧义。"② 汉语中的"小姐",在古代多是指尊称,一般用在一个未婚妇女或少女的名字之后;然而,在中国改革开放现代化的进程中,该词常见的用法是指从事性工作的女性,是一个贬义词。

此外,文学作品刻画了大量鲜明的人物形象,他们流传至今,成为生动的语符,被赋予丰富的内涵。童话故事中的灰姑娘(Cinderella)尽管贫穷,却很善良,最终改变了自己的命运。现实中,"灰姑娘"泛指不受重视的人或部门,或指有才干但一时未被赏识的人。葛朗台是巴尔扎克的小说《欧也妮·葛朗台》的主要人物,一副典型的守财奴的形象,具有贪婪、薄情、卑鄙的性格缺点;现实中,葛朗台指为人吝啬、抠门、狡诈。鲁迅笔下的阿Q自尊自大、自轻自贱、自欺欺人、欺软怕硬,这样一个小人物刻画了旧中国普通老百姓存在的病态形象;当代社会,演变成"阿Q精神"——精神胜利法,即自嘲、自解,自我陶醉、自我安慰。

跨文化商务语境下,同一词汇在不同语言中表示的内涵与外延可能不一致,如英式英语和美式英语尽管属于同一语言体系,但是两者之间还是有很大差异。举例说,上升式电梯,英式英语用"lift"表示,而美式英语用"elevator"表示,不同英语单词表示同一个意思。在"二战"期间,英国政府要求美国政府提供"thousands of bushels of corn"救济解放区,美式英语"corn"指的是"玉米",而英式英语意指"小麦",结果可想而知:美国提供了英国不想要的玉米,无形中损失数百万美元。③

语言表达与应用中,有些词汇在不同语言中表示的内涵与外延相一致。如中文的"狐狸"与英文的"fox"都具有"狡猾的"内涵,中国人常说"像狐狸一样狡猾",成语故事"狐假虎威"很好地诠释了这一点,而西方人有谚语"as cunning as a fox"。

另一方面,有些词汇在不同语言中表示的内涵与外延并不一致。如汉语与英语中,"月亮"与"moon"两者的内涵有很大差异。中国有嫦娥奔月的神话

---

① 胡壮麟:《语言学教程(第4版中文本)》,北京:北京大学出版社2013年版,第90页。
② 陈开举:《从语境看阐释的有限与无限》,载《社会科学辑刊》2020年第6期,第45页。
③ 本案例选自窦卫霖. 跨文化商务交际(第二版). 北京:高等教育出版社,2011:85.

故事,"月亮"既象征清冷、孤寂,寄托了爱人之间的相思,也有时空、生命永恒的寓意①,少女拜月故事中"面如皓月"象征着女子的美丽与温柔。唐代诗仙李白的《静夜思》:"床前明月光,疑是地上霜。举头望明月,低头思故乡。"这首诗将月亮与故乡相关联。中国古人认为"望月"(满月)象征家人团聚、团团圆圆,因此,中国人庆祝传统节日中秋节时,一家人相聚一堂,夜晚一起赏月。相比之下,古希腊神话中,月亮女神阿蒂米斯(Artemis)痛失爱人奥列翁(Orion),月亮则象征着奥列翁的亡灵,与死亡相关。此外,"狮子"与"lion"在内涵的意义表达上也存在差异。在中国,狮子非本土物种,是经丝绸之路从西亚传入中国的。作为具有异国风情的野兽,古代中国人与狮子之间没有生存斗争,所以人们对狮子的美好想象在民间流传开来,并塑造了狮子的正面形象或良好形象——狮子是智慧和力量的化身,象征着吉祥如意、尊贵的地位、平安,因此,在中国古代的衙门、皇宫的门口,以及在现代的政府机关、银行的门口,一般放置着两尊狮子雕像,在传统佳节和重大庆典里,华人喜欢舞狮子,等等。相比之下,西方文化中的狮子则有着不同的内涵,如古埃及神话中有狮身人面斯芬克斯,是凶猛的化身,雨与湿气之神泰芙努特(Tefnut)则是以狮子形象出现,象征着生育繁衍、丰饶。龙在自然界并非真实存在,却是华夏民族的共同图腾:中国人自诩为龙的传人;在中国传统文化中龙是皇权的象征;对民众而言,龙寓意成功与幸运,民间有"鲤鱼跳龙门"之说。对比之下,西方的 dragon 常吐火,象征邪恶与混乱,具有侵略性,令人感到恐怖,具有贬义。所以近来有人主张把中文的龙翻译成音译的 Loong,而不是译作怪兽 dragon。

再比如,对颜色词汇而言,不同文化语境下,人们由于习惯和信仰不同,赋予颜色的含义也不一样。跨文化商务交际活动中,white goods(家电)、Black Friday(源自传统的记账方式,黑色代表赢利,而红色代表亏损;也是美国非官方的圣诞购物季的启动日,十一月的最后一个星期五这一天期待会有盈利)、yellow-dog contract(非法合约)、Black Tuesday(1987年10月19日华尔街股市崩溃)、green power(金钱的力量,"钞"能力)、green field(未开发地区,新建投资项目)、put the contract in black and white(签书面合同),这些颜色词汇显然不能直接基于字面意义进行理解,而需读懂文字背后的文化内涵。其中,Black Friday 在宗教文化语境下,特指耶稣受难日,暗指大灾大难、凶险不祥的日子。

---

① 蔡先金、李佩瑶:《嫦娥神话演变及其主题》,载《东岳论丛》2013年第2期,第78-85页。

在国际商业领域，由于颜色所关联的文化内涵特别丰富，因此产品设计时，需特别关注目标市场客户对颜色的不同解读，详见表6.1。

表6.1　与颜色相关的文化联想

文化	红色	黄色	绿色	蓝色
中国	快乐、欢庆、权力	名誉、皇权	无特别联想	无特别联想
日本	生气、危险	优雅、高尚、孩童般的快乐	未来、青春、活力	邪恶
欧洲与北美国家	危险	谨慎、怯懦	安全、坏心眼、性情乖僻、成长与重生	男子气质、美妙、冷静、权威
阿拉伯国家	无特别联想	幸福、繁荣	繁衍、力量	美德、信仰、真理

资料来源：窦卫霖. 跨文化商务交际（第二版）. 北京：高等教育出版社，2011：87.

此外，中西方赋予有些数词不同的内涵。数字13在西方语言中普遍被认为是一个不吉利的数字，这与出卖耶稣的门徒犹大有关联，因此，不论是出门旅行、订婚结婚还是房间号码等日常生活中可能涉及的数字，人们都习惯性地避开13，手冢治虫的《铁臂阿童木》中，世界毁灭的时间是13日13点13分13秒。中国传统文化中，数字13并没有这样的内涵，但随着我国改革开放的不断深入，我国与国际交流越来越频繁，人们开始逐步接受该数字的文化意义，尤其是商务领域的写字楼、酒店的楼层设置常常也会避开13这个数字。数字9在中国传统文化中则具有特殊的内涵：它与汉字"久"谐音，象征着"长长久久"。对古代帝王而言，数字9意指自己的江山牢固、政权永存，由此帝王的龙袍上一定会绣上九条龙。在中国古代代表性建筑——北京紫禁城中，三大殿高九丈九尺，象征九重天，宫殿台阶也是九层或九的倍数层，大门上的门钉也是横竖各九颗，共九九八十一颗，意指"重九"吉利。在中国民俗文化中，有九九重阳节、九头鸟、九九艳阳天等含数字9的习语。西方文化中，数字9并不具有这些特殊内涵。

可见，受价值观念、地理环境、宗教信仰、风俗习惯等文化因素的影响，人们在跨文化商务交际中习惯使用不同的语言表达方式，尽管有些词汇的外延存在一致，但其内涵却存在差异。

五、语用原则差异

珍妮·托马斯（Jenny Thomas）[1]将语用学定义为"语言的使用"（language in use），并基于语用失误/失效（pragmatic failure）和语用/社会语言迁移（pragmatic/sociolinguistic transfer）现象，提出构成调查言语行为模式、规约的基础的语用原则（pragmatic rules）。它涉及在跨文化商务交际语境下，说话者需考虑听话者的规范、价值观，这不仅存在于一个语言群体与另一个语言群体间，还存在于不同语言群体内部。在这方面，语用原则与语法原则很不相同。跨文化语境下，说话者侃侃而谈，尽管毫无语言层面上的错误，却有可能给听话者留下不友好、不礼貌、多有冒犯，甚至是恶意的印象。

跨文化商务交际语境下，语用原则的差异主要体现在"面子"（face）问题上。中国人类学家胡先缙（Hu Hsien Chin）于1944年发表《中国人的面子观》（*The Chinese Concepts of "Face"*）[2]一文，首次将"面子"这一概念介绍到西方国家。20世纪50年代，欧文·戈夫曼（Erving Goffman）首次从社会学角度提出关于面子的问题。随后佩内洛普·布朗（Penelope Brown）和斯蒂芬·C. 莱文森（Stephen C. Levinson）（1978年，1987年修订）提出了面子理论，认为面子问题是"民间礼貌观念的核心要素（kernel element in folk notion of politeness）"[3]，将面子定义为个人自尊（self-esteem），进一步分为消极面子（negative face）和积极面子（positive face），并指出有些言语行为本质上就是面子威胁行为（Face-threatening act，FTAs）。布朗和莱文森提出的面子威胁行为理论主要是为了解决礼貌层面上的问题。例如，中法商务会谈中，法国商人习惯从早到晚表达各类琐碎的祝愿词，如"参观顺利""晚餐好胃口"等，中国商人初次听到时，不知该如何反应，是重复祝愿词，还是说"你也一样"，往往没有使用致谢语"谢谢"，引得法国人的误解，认为中国人缺少教养，粗鲁无礼。根据法国人的礼貌习俗，应该是首先说"谢谢"，然后基于实际情况加上"你也一样"。法国人认为这些琐碎的祝愿词，既可以提高听话者的积极

---

[1] J. Thomas, "Cross-Cultural Pragmatic Failure", *Applied Linguistics*, 1983（2）：91–112.

[2] Hu Hsien Chin, "The Chinese Concepts of 'Face'", *American Anthropologist*, New Series, 1944（1）：45–64.

[3] P. Brown & S. C. Levinson, *Politeness*: *Some Universals in Language Use*, Cambridge：Cambridge University Press, 1987：57.

面子，同时也是提高说话者的积极面子，然而在给予中国人祝愿却没有得到所期待的反馈时，会感觉自己的积极面子受到了威胁，故而觉得中国人很失礼了。而根据中国人的礼貌习俗，习惯在受到较大的恩惠时才说"谢谢"，且认为频繁使用致谢语反而因太客气显得生分，表明以后需要偿还这个"人情债"，说明双方的关系疏离。

中西方对于"面子"的理解虽有一定共通性，但存在根本的差异性。首先是"面子"的概念。布朗和莱文森关注的是个人自主的行为，个人公众形象，注重消极面子；而中国文化语境下更偏向关注个人的言语行为是否与社区团体的期待、观念和判断相一致，是基于社会和谐统一的行为，强调个人与社区、群体之间的和谐，注重积极面子。其次，"面子"的具体内容也存在差异，中国文化语境下指的公众对个人的名誉和存在的认可，个人寻求对社区、群体的尊重，但不涉及个体自由层面；西方文化则不涉及这方面，仅仅是在个人正直、诚实层面。

英国语言学家杰弗里·利奇（Geoffrey Leech）根据英国文化的特点提出了一条重要的语用原则——礼貌原则（politeness principle），包括六条礼貌准则：策略准则（tact maxim）、慷慨准则（generosity maxim）、赞扬准则（approbation maxim）、谦虚准则（modesty maxim）、赞同准则（agreement maxim）、同情准则（sympathy maxim）[1]；国内学者顾曰国基于中国传统文化提出了礼貌概念以及五大礼貌准则：贬己尊人准则、称呼准则、文雅准则、求同准则，以及德、言、行准则，其社会道德层面上意义丰富。[2] 在跨文化语境下，同一种言语行为有时会产生截然相反的效果，由礼貌变成不礼貌。国际航班上，有一位空姐对一位80多岁来华旅游并参加汉语短训班的来自欧美国家的老太太说："您老这么大年纪了，还到国外来旅游、学习，真是太不容易了！"这位外籍老太太立刻变脸，淡淡地回了句："噢，你认为老人不能出国旅游吗？"场面一度十分尴尬。空姐的话实际上是体谅老年人外出的难处，给予这位外籍老太太特别的关心和尊重。尊老敬老是中华民族的传统美德，中国人常常说"老吾老，以及人之老""百善孝为先"，这与儒家孝道关系紧密。然而，外籍老太太却认为空姐十分没礼貌，这是因为在欧美老年人的观念里，"老"意味着生命走向尽头和对社会的无价值，所以他们努力地证明自己和年轻人一样充满了活力，享受自由，不喜欢受到特殊优待，比如中国文化所提倡的在公车上给

---

[1] G. Leech, *Principles of Pragmatics*, London and New York: Longman Group Limited, 1983.
[2] 顾曰国：《礼貌、语用与文化》，载《外语教学与研究》1992年第4期，第10-17，80页。

老人让座。

此外，随着流媒体技术的快速发展，各大社交媒体平台的自夸（self-praise）现象频繁出现。自夸是指"说话人通过各种策略实现对自身积极评价的言语行为"[1]，它与早期语用学者们提出的人际交往中重要交际原则——谦虚准则或者贬己尊人准则相背离。在中国，自夸、"凡尔赛文学"等盛行于各大社交媒体，究其原因，可从社交媒体的匿名性、西方个人主义文化的影响以及对自我面子的管理维护等方面进行深度剖析。[2] 2017年6月23日，格力董事长董明珠称，"格力手机开机画面必须是我"，这引来无数争议，而她本人对此的解释是："很多广告都是明星代理的，很多消费者是以崇敬、信任的态度选择产品，但买回去以后用的结果是截然不同的，伤害了消费者的信任，这对于企业来讲伤害也非常大。"[3] 尽管她一再申明这个开机画面并不是代表自己美或不美，而是为了给消费者更多的承诺，但是市场依旧对格力手机存在质疑。[4] 自夸中，说话者更倾向积极地呈现自我、超越自我，容易夸大对该行为的积极评价而低估受众的消极评价。从某种程度上说，董明珠是格力的形象代言人，应该更多地将消费者引向对格力公司的赞美和积极评价。由于受到中国传统儒学的影响，中国人的自夸中也存在独具特色的集体自夸，当某个群体作为被夸的对象时，这有助于塑造该群体的积极形象，可有效缓解由自夸带来的消极情绪，听者的接受度也较高。显然，中国消费者更容易认可来自格力公司的自夸，而非董明珠个人的自夸。

六、话语模式的差异

跨文化言语交际中必须考虑文化因素，否则容易导致拆开每个词都认识，合起来成句则不明所以的情况。人们在表达个人的想法和思想时，所用的词汇无一不表现其特定的文化背景、思维模式。本小节将探讨不同文化语境下，人们的话语模式中存在的差异，以及各自的特征和规律。

---

[1] 任伟、郭亚萍：《微信朋友圈自夸言语行为的语用研究》，载《外语学刊》2022年第2期，第8页。

[2] 任伟、郭亚萍：《微信朋友圈自夸言语行为的语用研究》，载《外语学刊》2022年第2期。

[3] 本案例摘自搜狐·汇创网络：《董明珠回应上手机开机画面：更多代表承诺》，https://m.sohu.com/a/151326727_531621?_f=m-article_30_feeds_21［2022－10－10］。

[4] 本案例摘自搜狐·汇创网络：《董明珠回应上手机开机画面：更多代表承诺》，https://m.sohu.com/a/151326727_531621?_f=m-article_30_feeds_21［2022－10－10］。

美国著名语言规划专家罗伯特·卡普兰（Robert B. Kaplan）在分析跨文化英语写作实例时，指出由于思维模式不同，不同国籍的学生行文表达存在差异：母语为英语的学生喜欢直截了当，采用直接的方式论证观点；罗曼语族，也称新拉丁语族，也就是法语和西班牙语系的学生容易在论证中偏离主题，像哲学家一样天马行空式思考；俄语系的学生喜欢使用一系列非标准的平行结构和大量的从属结构，且它们至少有一半与主题毫无关联；闪米特语系，也就是阿拉伯语和希伯来语的学生偏爱使用一系列复杂的平行结构；东方语言系，包括汉语、日语、韩语、柬埔寨语、泰语、马来语等的学生则喜欢采用间接的方式围绕主题展开圆形或者螺旋形式论证（详见图6.1）。

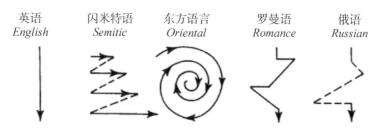

图6.1 思维模式图

资料来源：Kaplan, R. B. Cultural thought patterns in intercultural education. *Language Learning*, 1966, 16 (1 & 2): 15.

石井慧（Satoshi Ishii）提出美国人的"桥式"思维模式与日本人的"垫脚石式"思维模式：对美国人而言，读者（听话人）只要从桥这头走到桥另一头就能理解作者（说话人）的意思；而对日本人而言，犹如在水中投下的垫脚石，读者（听话人）需借助于"垫脚石"方能领悟作者（说话人）的意思。① 这一观点与罗伯特·卡普兰提出的思维模式有异曲同工之妙，即美国人的思维模式直接坦率，日本人的思维模式迂回曲折。②

在中国传统文化中，经验主义主导了中国人的思维方式。中国传统的宇宙观强调"天人合一"，这无法通过逻辑推理实现，而是通过人与天地、万物融为一体，通过直觉经验，"致虚极，守静笃"，方能领悟。因此，中国人在说

---

① Satoshi Ishii, "Thought Patterns as Modes of Rhetoric: The United States and Japan", in Larry Samovar and Richard Porter (eds.) *Intercultural Communication: A Reader*, 5th edn, Wadsworth Publishing Co., 1988: 99.

② 胡文仲：《跨文化交际学概论》，外语教学与研究出版社1999年版，第81页。

话、写文章的时候,习惯先发散思想,最终还是落在原点上。这种螺旋式思维模式导致了汉语表达偏好以上升回旋的形式对问题展开论述,讲究"起、承、转、合",尽量避免开门见山,直接切入主题。与之相反,西方的宇宙观则突出"天人相分",主张每一事物都是单独存在的个体,事物是独立地向前发展、不断变化的。因此,直线式思维的人在说话、写文章的时候,习惯按直线方式展开,先切入主旨,再围绕主旨分点进行阐述,最后得出结论。

总体上,中国人进行语言论证时,容易出现只可意会不可言传的现象,这是因为逻辑严密性相对不足,缺乏对相关概念和范畴的严格界定,产生歧义性。西方人进行语言论证时,通过引用大量数据来证明其语言表达的严谨性。当然,随着全球化的发展、地域的流动性提高,跨文化商务交际活动越来越多,不同地域人们的思维模式也在逐步趋同,不能简单将直线式思维模式归为母语为英语的国家与区域特征,螺旋式思维模式归为母语为东方语言的国家与区域特征。

此外,大量研究材料证实东方(或亚洲)的话语模式一般是归纳法(由大量个别事例中获得一般概括性结论的一种方法),而西方(或欧美)的话语模式则是演绎法(由一般性原理或普遍性结论推导出个别性结论的一种方法)。斯考伦夫妇(Ron Scollon and Suzanne Wong Scollon)在此基础上,进一步指出无论东方还是西方,并不是仅有某一种话语模式,实际上,这两种模式都存在。[①] 在商务活动中,尤其是服务型行业里,人们习惯直截了当:"201退房……",对出租车司机说:"请在××路上××便利店停下……";但在有些情况下,人们会使用归纳法,如初次登门拜访客户,一般先寒暄,谈谈双方过去成功的合作项目和成交额,然后才开始切入本次拜访的主题。整个过程其实是先不断试探对方的态度和立场,再提出实际要求。针对此类现象,斯考伦夫妇认为两种话语模式的真正分歧在于对礼貌的看法不同。主张演绎法的说话人认为自己有理有据,提出的观点是理所当然的,或者是认为自己有权提出该观点,对于听话者而言,只是需要提供充分的说明。主张归纳法的说话人则认为所提出的观点有可能遭到听话人的反对,为此更应先摆事实后讲道理、提出观点。东方人基于对方的面子或者基于礼貌的考虑[②],一般不认为自己有权提出某一观点或将其强加于对方,所以习惯于用归纳法。一家跨国公司里,一位美

---

① R. Scollon & S. W. Scollon, *Intercultural Communication: A Discourse Approach*, Oxford: Blackwell Publishers, 2001.

② 上一小节已详述面子话题,故不再赘述。

国人力资源经理与一位颇具发展潜力的中国员工进行谈话。美国经理想了解该名中国员工的未来发展规划以及期望的职位，但这名员工没有正面回答，而是只谈及公司的未来发展方向、晋升制度和他目前的职位。两人谈了很久，这名员工始终没有直接给出一个明确的答复。双方对此次交谈都颇有怨言，美国经理不明白为何该员工答非所问，而中国员工则认为美国经理咄咄逼人。中国员工始终不给明确答复，是因为在中国文化语境下，人们认为直接表达自己的需求，会显得十分突兀和失礼，为了维护自我和他人面子，习惯采用委婉迂回的表达方式，提倡与社会和谐同一。美国经理注重个人在企业的发展，开门见山询问中国员工的想法，是因为西方文化认为通过个人努力奋斗实现自我价值无可厚非，主张个人自主行为，强调个人利益，一般采用直接而坦率的表达方式。由此可见，中美两国在跨文化语境下的话语模式、交流方式存在巨大差异，有时思维模式完全相反：美国人是直线式，坦白直接；而中国人是螺旋式，自谦克制。

七、跨文化交际中的幽默

1. 幽默

"幽默"由英文"humour"一词音译而来，林语堂先生是将"幽默"一词引入中国的第一人。在《不列颠百科全书·国际中文版》中，幽默是指"一种交流方式，由复杂的心智刺激启动或逗起或引发笑的反射。大部分幽默，从最粗俗的恶作剧到最优雅的隽语，均来自对两个看似一致却又相互对立的背景之间关系的突然领悟。……对于人类而言，至少在对生活的幽默体察方面，这种创造类型的智力活动似乎天然令人愉快"[1]。林语堂先生也持有相似的观点，认为"幽默者是心境之一状态，更进一步，即为一种人生观的观点，一种应付人生的方法。无论何时，当一个民族在发展的过程中生产丰富之智慧足以表露其理想时则开放其幽默之鲜葩，因为幽默没有旁的内容，只是智慧之刀的一晃"[2]。可以说，幽默感是一种智慧，是一种人类历史发展过程中逐步形成的特殊的情绪表现，是以高见低的亲切感。幽默感的主体通过有品位的情感表达和审美活动，表现出对他者的理解和共鸣，可以帮助人类缓解矛盾与冲

---

[1] 中国大百科全书出版社不列颠百科全书编辑部：《不列颠百科全书·国际中文版》，北京：中国大百科全书出版社 1999 年版，第 239 页。

[2] 林语堂：《林语堂散文精选》，武汉：长江文艺出版社 2013 年版，第 150 页。

突，改善人际关系。

"这（幽默）可以算得是文明的一项特殊赐予，每当文明发展到了相当的程度，人便可以看到他自己的错误和他的同伴的错误，于是便出现了幽默。"[1] 中国有句古话"人无完人"，世界上没有十全十美的事物，大多数时候我们对待周边的不完美所持的态度或者做出的（非）言语行为，取决于我们的思想高度。在人际交往中，人类常常借助幽默在表达自己的意思的同时开一些无伤体面的玩笑，既留给对方体面，又让他（她）有所信任或者收敛，在谈笑间消解尴尬与冲突。因此，幽默是一种为人处世的大智慧，是人际交往中的润滑剂。在探究幽默的本质时，林语堂先生认为，不同于讽刺的酸腐、滑稽的炫奇争胜、机警巧辩的主观与人工，幽默是自然的、冲淡的、客观的。[2] 幽默通过表面形式上的滑稽搞笑，传达了实质内容上的庄重性与严肃性。按照表现形式的不同，幽默分为言语幽默和非言语幽默，本节重点关注的是言语幽默。从语用学的角度看，幽默具有维护面子的功能，是一种特殊的言语交际行为，因此，掌握一些基本的幽默技巧，可以让人幽默风趣，善解人意，生活中也充满更多快乐和成功。

为了更好地理解幽默和运用幽默，我们需要了解幽默的基本组成部分。一般来说，一个典型的、完整的幽默包括悬念、渲染和反转三个基本环节，并依次独立地得到呈现。悬念指叙事的开端，通过叙述情节，使人产生好奇心和紧张感，以制造悬念；渲染指叙事的发展，通过对悬念进行铺垫和烘托，推动人们保持好奇心不断向前；反转指叙事的高潮和结局，峰回路转，笔锋突然一转，中断心理预期，出人意料。反转是三个环节中最不可或缺、最重要的一个环节，否则叙事则失去了幽默性。常见的反转手段主要是妙语，一般通过借喻、谐音、夸张、双关、反语等修辞手法来实现。然而，作为一种语言现象，幽默有其特殊性——逻辑和灵活性，因此，一个非典型的幽默既可能是这三个环节相互交叉或包孕，也可能是某个环节被省略（常见是省略"渲染"），也可能是三合一。

在一家位于上海的跨国公司，某部门全体成员正在赶工一个大项目。到了午饭时间，一位美国女同事不小心打翻可乐，汉堡也掉落在地上。她十分生气，一边清理一边郁闷地说，蟑螂部队一定会在下午大规模地光顾办公室。这

---

[1] 林语堂：《幽默人生》，西安：陕西师范大学出版社2002年版，第20页。
[2] 林语堂：《幽默人生》，西安：陕西师范大学出版社2002年版，第12页。

时，你微笑地说："这种事情绝对不会发生，因为我们中国的蟑螂只爱吃中餐！"①

这则幽默一开始就描述部门紧张的工作氛围，这是叙事的悬念；接着美国同事的可乐、汉堡以及她的一番自嘲是叙事的渲染；最后一句"中国的蟑螂只爱吃中餐"就是反转，使美国同事紧绷的神经得以放松。

两位保险公司业务员争相证明自己的保险公司理赔速度快。第一个说："我的保险公司十次有九次都很及时，在意外发生当天就能把支票送到保险人手里。""那算什么！"第二个很不屑，他骄傲地说，"我们公司在纽约大厦的二十三层，这栋大厦一共有四十层。有一天，我们的一个投保人从顶楼跳下来，在他经过二十三层的瞬间，我们就把支票交给他了。"②

这则幽默中，渲染环节被省略。第一个业务员的推销语言属于悬念，而第二个业务员的语言则是反转；他不按常理表达，虽然语言表达手法夸张，但是却增加了趣味性，体现了他们个人工作的价值，这正是语言幽默的魅力所在。

交际中话语之所以能产生幽默的效果，在语义层面是来自两种对立的解释交互作用；在文化学层面则体现了其深层次运行机制——"通过取消对方话语赖以成立的前提，实现对方话语可能暗含的但不是其本来的意义；而且一般使用话语幽默常常是处于相对弱势者惯用的游击战术；这意味着相对强势者通常采用正面接触的方式。"③

郭某在一家涉外企业工作，是一个非常有才华而且智慧出众的人。有一次，他接连两次提出的建议都被公司主管采纳，且时间不长，就分别使公司的销售业绩大幅提高。老板很高兴，鼓励他说："继续加油干，我不会亏待你的。"听了老板的话，郭某以开玩笑的口吻说："您就放心吧。我相信您会把这句话一起放进我的薪水口袋中的。"老板会意地笑了，爽快地说："会的，一定会的。"不久，郭某如愿以偿地加了薪。④

上述案例中，老板与郭某在话语权方面一强一弱，老板只是象征性地用话语"不会亏待你的"对郭某进行奖励，根本没有提及实质性的鼓励条件，相当于一张空头支票，无须兑现；而李某机智地取消老板话语成立的真实前提，将老板的话语与实质性的鼓励条件直接关联——涨薪，实际地达到颠覆老板意

---

① 本案例有删减改动，节选自陈浩：《幽默沟通学》，北京：中国华侨出版社2013年版，第107页。
② 陈浩：《幽默沟通学》，北京：中国华侨出版社2013年版，第113页。
③ 马萧、陈开举：《话语幽默的文化策略研究》，载《江汉论坛》2009年第9期，第132页。
④ 本案例有删减改动，节选自陈浩：《幽默沟通学》，北京：中国华侨出版社2013年版，第119页。

图的交际效果。

2. 文化与幽默

在一定程度上，幽默也是一种文化，幽默与文化有着千丝万缕的联系。幽默可以产生化学反应——使我们的思想发生质的变化①，直达文化所赖以生存的基础。幽默的力量可让人类摆脱思想、观念、志向和社会制度的重负，重拾文化与文明的最崇高、最健全的理想——生活和思想的简朴性。另一方面，文化内涵也深刻地影响着人们对待幽默的态度和幽默语言的表达方式，即幽默受文化语境因素的制约。幽默囿于特定的时间和群体空间，依赖于特定的社会主体的文化语境和主观认知。由于缺乏语言文化背景知识，听者（读者）仅仅基于字面意义很难对异文化语境下的幽默产生共情、共鸣，也就无法获得预期的效果，有时甚至容易产生误读，引起文化冲突。

具体而言，幽默是文明的产物，是各民族文化的沉淀，必然形成于其思维方式、历史传统、风俗习惯、行为模式等建构的过程中。"有的民族（如英格兰）戏谑打趣时往往严肃认真到近于'患忧郁症'的地步，有的民族（如法兰西人）表达幽默时却情不自禁地辅之以挤眉弄眼和手舞足蹈；有的民族的幽默里渗透着黄连的苦涩味（如英格兰人），有的却散发出诗情画意的芳泽（如汉族）或薄荷的馨香（如大和民族）。这里涉及的，便是幽默所具有的一个重要特征——民族性。"② 由此可见，幽默写照了文化的民族性。林语堂认为德国人的笑点较低，美国人偏好侮辱性或模糊威胁性的笑话，欧洲人则喜欢荒诞、荒谬的笑话，中国人的幽默具有超出寻常的知足与悠闲。③ 特定的民族在了解幽默、认知幽默和运用幽默方面存在差异。在理解本民族的幽默时，人的大脑中必然存在某种抽象的、系统性的、普遍的观念，反映了一个民族特有的习俗、制度和处事方式或者思维模式，也就是"文化预设"。在人际交往中，人们有意识或无意识地运用这种文化预设。因此，在跨文化实践活动中，对于其他民族无法理解的一部分幽默，文化预设机制发挥着重要的作用。随着文化全球化，"融合"和"互异"同时作用，文化预设的趋同性也有了发展，不同文化背景下的幽默内涵得以被理解，交际目的得以实现。

3. 幽默与商务

幽默的价值已经被商业界广泛接受。对于商务人士而言，幽默感在个人的

---

① 林语堂：《幽默人生》，西安：陕西师范大学出版社2002年版，第28-29页。
② 陈笑英：《论幽默的难译性》，中国翻译1985年第6期，第15页。
③ 林语堂：《林语堂散文精选》，武汉：长江文艺出版社2013年版，第150-155页。

事业中发挥着重要作用，表明其是否在商务沟通中具有弹性的心态以及是否具有提高沟通效率的能力。

两位商务人士初次见面，发现身高差距太大，气氛一度有些尴尬，其中个矮的首先反应过来，笑着说："哇！你好高！羡慕！"个高的听后，也笑着说："不对！咱俩应中和一下，这才算完美！"话音刚落，双方哈哈大笑，接下来的会谈变得轻松愉快，很快达成交易。

本案例中，二人都懂得审时度势，个矮的一方首先自我降格以升格对方，贬己尊人，这与前一小节提及的礼貌原则相一致；从幽默维度分析，个矮的一方表达对高个的羡慕，设置了幽默的悬念，而个高的一方显然十分具有幽默感，没有直接回答"谢谢"等类似表明认可自己身高优势的话语，而是进行反转，认为个头太高也是缺陷，希望与对方身高进行中和，含蓄地表明双方各具优势，可以强强联手。

商务场合中，由于有了幽默的力量，工作中的日常事务处理变得更有活力，它促使我们端正对本职工作的态度，自然而然地流露出创新的快乐。

小区内有两家卖干货的食品店，一家门庭若市，另一家则门庭冷落，于是有人悄悄找到老板想求取成功法宝。"这很容易，"老板说，"隔壁店习惯一次舀起多些的干货，过秤后，再逐次减量；而我则习惯舀起不到所需量的干货，再逐次增量。"

这家店老板充满了幽默感，打破固定思维，塑造了自己走向成功的形象，很好地展现了与众不同的创意和成功的秘诀。

此外，幽默对商务人士而言，还兼具防守和进攻双重功能，既是一种机智，也是一种经验。

4月1日是西方的"愚人节"，一家纽约报纸报道美国作家马克·吐温（Mark Twain）死了，以此捉弄他。他的亲戚朋友知道后，纷纷赶来吊唁，结果发现马克·吐温安然无恙，十分愤怒地谴责那家造谣的报纸。马克·吐温却一脸平静地说："报纸报道我死是千真万确的，人总有一死，只不过提前了一些。"马克·吐温也用别致新颖的方式给予了回击，他这样写道："一只母蝇生了两个儿子，视若掌上明珠。一天，母子三人飞到一家糖果店，有一个儿子想尝尝橱窗里包装精美的糖果，不料刚落到糖果上，双翅颤抖，一命呜呼。原来美国糖果公司的产品有毒。母蝇悲痛不已，从此不准另一个儿子吃糖。一天，母子俩飞到一家食品店，小苍蝇刚舔了一下香肠，突然一头栽倒，抽搐不止，顷刻毙命，原来香肠已被毒素感染。这是美国食品公司的产品。母蝇悲痛欲绝，找到一张捕蝇纸上大吃大嚼，意欲自杀。不料，母蝇求死未果，原来捕蝇纸无毒。这是美国捕蝇纸制造厂的产品。"①

这则幽默故事中，马克·吐温以诙谐的幽默为武器，对商品生产过程中的造假行为进行严厉的抨击，这则案例中存在多次反转，恰当地表现了幽默所包含的苦与乐，幽默者对待人生的积极态度和大智慧。

不同民族、不同国家、不同地区的人们在跨文化商务实践中对待幽默持有不同的态度，有积极的，也有消极的。例如，在商务谈判中，销售陈述环节是否可以使用幽默，在不同的文化语境下，答案则不一样。如果谈判对象是中国人、日本人、韩国人等东亚人，不建议使用笑话或者幽默的轶事开始陈述，否则会显得很不适宜、不正式，进而表现出你对会谈的主题和出席的人缺乏尊重，这是因为东亚文化深受儒家思想影响，讲究等级，尊重权威。如果是英国人，可以使用幽默，但如果是使用非英语进行陈述，翻译过程中幽默效果容易丢失，因此，自谦式的幽默最保险。如果是法国人，不建议在陈述中使用夸张的或者草率的幽默，这样容易被批评为缺乏逻辑性、条理性，因为法国人一直以他们很强的逻辑思维能力为傲。如果是德国人，也不建议使用幽默，一方面是因为幽默很难恰当地翻译，另一方面是因为在德国商务文化中销售陈述本身被视为一件庄重的事情。此外，有大量具体客观事实支持的陈述最受欢迎，而不是富有想象力的视觉文字。② 因此，跨文化商务交际下，由于幽默与文化密切相关，须时刻谨记谈判对方容易无法理解幽默的内涵，为了避免冒犯他人，建议使用自嘲或者自谦式的幽默。

八、符号、意义与文化

劳作是人与动物的根本区别，是人类活动的重要组成部分。文化是人类活动的重要产物，而语言"是人类心灵运用清晰的发音表达思想的不断反复的劳作"③。因此，我们可以说语言与文化紧密相连、相辅相成。原始人类与其他动物一样，基于自然所赋予的本能，表达恐惧、快乐等情感，最初可能只是发出简单的音节。随着人类的不断劳作，不断进化，人类有了区别于其他动物

---

① 徐永新等：《幽默的艺术》，北京：中国人民公安大学出版社1994年版。选自该书第一章"幽默成功的阶梯"的第四小节"世人看不见的泪"，有删改。

② 关于跨文化语境下销售陈述中是否使用幽默的综述，选自盖斯特兰德著《跨文化商务行为》，略有删减和改动。参见 R. R. Gesteland & R. Richard, *Cross-cultural Business Behavior*. Copenhagen：Copenhagen Business School Press, 2002.

③ 恩斯特·卡西尔著，甘阳译：《人论》，上海：上海译文出版社2004年版，第168页。

的语言能力。在原始社会，人类相信万物有灵，学会借助于精准的巫术咒语，体验言语所带来的自然的甚至超自然的力量，以及社会力量，进而与一切生命体进行沟通，留下人化的痕迹。

"人定义为符号的动物"①，人的符号化的思维和行为构成一套符号系统，其中语言是最重要的符号系统。正是有了语言符号，人与其符号对象才建立了自然的联系，并随着人类历史的发展演变和人的认知深化，这种联系慢慢固定下来，变成一种约定。人类借助符号体系形成符号现象，符号是人化的结果。由此，人与世界成为一种共性的存在，具有了存在意义。

从巫术仪式中语词的特殊功能性到从科学的视角研究语言的现代意义，言语的能力在人类的行为活动中发挥着重要作用。语言的功能性具有三重概念：神话学的、形而上学的和实践的。最初的巫术语词把情感语言融入神话中，语言的抽象能力进一步提高，进入了命题语言，自此真正划分出人类世界与动物世界的分水岭；此后，语词、逻各斯成为普遍的、客观的、形而上的原则，突显其有效性和真理性；最后，语言关注在实际的社会政治生活中如何说和如何做，如在五世纪的雅典生活中那样，语言被赋予工具性，它服务于某一明确的实践目标，修辞学成为主要关注对象，并在关于智慧的定义中占据了中心的位置。② 意义和关系是符号的意指部分，亦即符号的灵魂，蕴含在精神形式中，包括三种形式：理性形式、情感形式和直觉形式。人在创造意义的过程中塑形了人的本质——文化的创造，即人的本质的生成是在人类文化符号的运作中。我们也可以说，人在创造符号系统的过程中进入了意义的世界、文化的世界。

符号、意义、文化之间的关系密不可分。汉语"言"首先是指人们相互之间进行思想、意图交流或表达的基本载体。现实中，由于某种原因，人们往往会有意或无意地用言语掩盖或错误地表达其真实的想法或意图。言语并不是现实，黑的容易被说成白的。中国历史上有著名的"指鹿为马"事件，朝堂上赵高指着"鹿"对秦二世胡亥说是"马"，黑白颠倒，是非混淆，这说明了此处的"鹿"已经失去单纯作为一种动物符号的意义，而有了另一个符号意义，意指当时秦王朝的社会权力关系。强权势下无真话，一个朝代的衰败总是从"名不正，言不顺"开始的。因此，"言"未必一定是准确、完整地表达想法，日常生活中对"言"的误解屡屡发生，究其原因是"言"背后的文化因素对"言"的表达方式具有隐性、深刻的影响。其次，"言"在中国传统文化

---

① 恩斯特·卡西尔著，甘阳译：《人论》，上海：上海译文出版社 2004 年版，第 37 页。
② 恩斯特·卡西尔著，甘阳译：《人论》，上海：上海译文出版社 2004 年版，第 159 页。

中也表现为当权者对老百姓的教化与训导的方式，如儒家思想特别重视"言传身教"的方式，而道家思想主张采用非言语的教导，即以行为进行施教，《道德经》第四十三章："不言之教，无为之益，天下希及之。"① 时代发展到今天，世界的沟通越来越紧密、频繁，尤其是在跨文化商务活动中，语言符号系统及其意义常常无法直接意指，需要通过理解凝结在符号上的文化因素才能真正获得。

彭博社2022年9月2日消息称，根据国际货币基金组织（IMF）发布的2021年第四季度全球各国GDP数据，印度成为世界第五大经济体，首次超过英国，而印度的领先优势在2022年的头三个月中进一步扩大。② 针对相关的媒体报道，有些人开始"挑刺"了。一位印度著名媒体人和评论家萨克西纳放出了一张美国彭博社对"印度赶超英国"新闻的导语是："英国落后于印度，成为全球第六大经济体"（Britain drops behind India to become the world's sixth largest economy）、"这个前英国殖民地在2021年最后3个月赶超英国，成为全球第五大经济体"（The former British colony jumped past the UK in the final three months of 2021 to become the fifth-biggest economy）。萨克西纳对此表达了强烈的不满，他认为这些以"英国"为主语的措辞，体现了西方媒体仅仅关注英国，而选择无视印度。作为反击，萨克西纳将主语全都改写成了"印度"（详见图6.2），即"印度赶超英国，成为全球第五大经济体"（India overtakes the UK to become the world's fifth largest economy）、"印度在2021年最后3个月赶超前殖民者，成为全球第五大经济体"（India jumped past former colonizer in the final three months of 2021 to becomes the fifth-biggest economy）。此外，针对经济体排名，不少英国人试图为其排名落后印度找理由："正是英国当初对印度的改造，印度才有了这个赶超英国的机会。"（To be fair, we trained the Indians during the empire to a point where they started charging us!）此外，身为印度媒体的新德里电视台（NDTV）也是从英国而非印度的视角撰写标题。有印度网民评论："大家感觉到了吗？对NDTV而言，说出'印度超越英国'是有多痛苦啊！"（Can you feel the pain of NDTV to say "India overtakes UK to become

---

① 郑伯森：《老子释义》，上海：上海辞书出版社2012年版，第148页。
② 《印度GDP超过英国，成为全球第五大经济体》，载《新理财（政府理财）》2022年第9期，第8页。

5th largest economy"?)① 西方媒体从英国而非印度的视角撰写标题，可以从两个层面进行分析：从表层上看，只是句法结构中主语的选择，属于语法层面的问题，即语言符号系统层面上的问题；但从深层次上看，语言符号意指的意义和关系存在价值取向上的差异，表达了西方的一套"自由、民主、人权"等核心价值观念，暗示西方文明是最优秀的人类文明。西方媒体以西方为中心，清楚地表明，殖民主义思维在西方和前殖民地依然根深蒂固，存在于人们的潜意识中。21世纪的今天，以欧美国家为代表的西方主流媒体通过新闻报道，即基于语言符号系统，仍然强势地把控着舆论导向，抢占舆论制高点，在西方话语系统中推行话语霸权，赢得话语优势。

图 6.2　萨克西纳修改主语

人生活在一个充满符号的世界里，人是符号的动物，又是文化的动物，人

---

① 梁由之：《英国人不服，和印度网民撕起来了……》，https://mp.weixin.qq.com/s?biz = MjM5MDk1NzQzMQ = = &mid = 2653669116&idx = 1&sn = 2e32368d7332dfbee5592f651cc80460&chksm = bd638ce48a1405f2fc240fff8aa5a567b0a01dc76853e630ecaa87115336d653f967529e130e#rd［2022 - 10 - 10］.

的文化创造活动是人之为人的意义所在。"禽兽们会为争取食物或领袖地位而争斗，可是它们却从来不会像人类那样去掠夺代表食物（如纸币、股票、地契等代表财富的纸张）或领袖地位（如勋章或特权专车）的标记。"① 尽管科学家们早已证明动物可以辨识极其简单的符号，并明白符号所代表的事物，但只有人类能够理解符号与所指对象之间的关系存在任意性、约定性。随着科技高度发展、信息时代到来，当代人类已经越来越依赖非实物媒介的符号来与世界进行互动，传统的符号系统逐步开始退出舞台，例如纸质书市场的萎缩和电子书的兴起，"虚拟"世界越来越成熟，人类的生活越来越离不开这些"虚拟"的符号，如电子货币、电子支付。同时，领袖地位本是和实际权力紧密相关的符号，如今人们可以在网络游戏里通过符号的运行、参与互动和竞技后，以获得相关的电子标识，完成极为真实的模拟，达到满足尊重和自我实现的需求。人类进入到后现代时代，不断发生异化和物化，越来越忘记了人本身的自在状态，最终失去了为人的意义，人类需警惕人的自我存在危机。

人类利用语言符号在过去、现在与未来三个时间维度上建立了与世界的关系。过去语言帮助人类记录历史，现在语言帮助人类传达言语信息，实现交际目的，未来语言帮助人类预测并规划未来，怀抱梦想。正是由于语言符号的存在，人类与他生存的世界之间有了意义，文化在深层次上影响着意义的阐释。

思考训练

1. 影片《迷失东京》中，男主人公鲍勃应邀到日本拍摄威士忌广告。在第一次拍摄现场，日本导演对不懂日语的鲍勃说了一段长长的日语，鲍勃表现得一脸茫然。

女译员：他想让你转头，看向镜头。明白吗？（Um, he wants you to turn, look in camera. Okay?）

鲍勃：这就是他说的全部吗？（That's all he said?）

女译员：是，转向镜头。（Yes. Turn to camera.）

鲍勃：那他想让我从右边转，还是从左边转？（All right. Does he want me to…to…turn from the right, or…turn from the left?）

于是，女译员又将这句英语翻译成了一段长长的日语，导演又回复了一段

---

① 塞缪尔·早川、艾伦·早川著，柳之元译：《语言学的邀请》，北京：北京大学出版 2015 年版，第 32—33 页。

长篇大论。

女译员：向右转，要有力度。明白了吗？（Right side, and, uh, with intensity. Okay?）

鲍勃：就这些？我的意思是说，看上去他说的不止这些。（Is that everything? I mean, it seemed like he said quite a bit more than that.）

女译员未答，鲍勃只好无言地开始拍摄。接着，日本导演又是一通长篇大论……

女译员：就像一位老朋友，然后看向镜头。（Like an old friend, and into the camera.）

鲍勃：好的。（Okay.）

鲍勃试拍了一小段，日本导演十分不满意，于是又一通日语，鲍勃一脸无奈。

女译员：您能否放慢一点……同时更……力度再大点？（Uh, could you do it slower...and with more...intensity?）

于是，鲍勃点点头，拍摄继续。

在沟通过程中，女译员的翻译过程存在很明显的缩水、添加，这样做是否合理？请给出你的理由。

2. 一名英国总经理刚到泰国走马上任，不同意接收前一任的汽车。于是，泰国财务经理问新来的总经理想要哪个型号的奔驰，总经理回答想要一辆能在曼谷拥挤的交通中轻松驾驶的车，比如铃木或MINI。

三周后，总经理打电话给财务经理，询问他的汽车交付情况。这位泰国人一时失去了矜持，大声说道："我们明天就能给您买到一辆新的奔驰，但购买铃木花的时间要长些。"于是，总经理让他想个办法加快购买进程。四周后，总经理要求查看购车单。采购部回复，因为购买一辆小型车需要很长的时间，所以他们决定订购一辆奔驰。

总经理已经没耐心等下去了。在第一次管理层会议上，他提出了该问题并要求进行解释。这时，以泰国人为主的管理团队有些害羞地解释道，他们几乎没办法骑自行车来上班。

总经理购买铃木或MINI汽车遇到困难，而管理团队说他们几乎没办法骑自行车上班，请分析原因。

3. "牛"在汉语中的文化内涵与"bull"在英语中的文化内涵有何异同？

第七章 文化与非言语交际

一、引言

日本松本电机公司（Matsumoto Company）打算在美国开辟新市场。刚开始在美国销售时，他们不得不找一个美国代理商来销售他们的产品，因为美国代理商更熟悉本国的电机市场。于是这家日本公司与一家美国公司预约进行会谈。但会面当天日本代表因为交通堵塞而迟到了。美国同行不断谴责日本代表，希望以此争取日本公司的一些更优惠的条件。日本代表被激怒了，其中一名代表站了起来，坚定地说："我们为迟到表示诚挚的歉意。"同时，他向美国代表团做了一个传统的日本鞠躬。然后他继续说："但我们并不打算因此而放弃我们的原则。我们迟到是因为我们不熟悉美国的交通。我们为迟到造成的不愉快表示歉意。但如果你怀疑我们的诚意而为合作制造障碍，我们很遗憾，不得不结束这次谈判。我们确信我方可以根据我公司提供的条款找到另一家公司进行合作。"然后，两个代表团都陷入了沉默。几秒钟后，日本代表的话开始奏效。美国代表团建议开始谈判。事实上，他们自己也不想失去这个机会。在谈判过程中，美国代表对日本公司提出了一些苛刻的条件。但即使日本人被问到很尖锐的问题，并被要求做出直接的回答，日本人依然一直避免与美国人的目光接触。日本代表指出，他们的条件已经很优惠了。但说完之后便是令人不安的沉默。日本代表指出美国公司将通过签署现有合同获得的所有好处，然后继续争辩说，通过签署合同，美国公司将获得数百万美元的回报。但是美国代表并没有接受这一说法。最后，日本代表表示，他们将研究美国代表在谈判中提出的条款，一旦做出决定，将再次与他们取得联系。几周后，这家美国公司发现已经有另一家本土公司在销售这家日本公司生产的电机。[①]

在这个案例中，日本人注重面子的心理通过很多非言语动作真切地体现出

---

① 案例来源参见高雅丽：《非言语交际在跨文化商务交际中的功能及其运用》，上海：上海外国语大学硕士学位论文，2008年，第40–41页。

来,但显然美国公司并没有察觉到这一点,导致了不理想的结局。面子对日本人来说非常重要,不仅仅在商务领域,日本政府领导人、教育家、家长等都会为了面子而采取某些行动。当他们对所涉及的情况不满意时,他们一开始并不会说出自己的意见,而是选择保持沉默。日本人在感到尴尬时可能会"微笑",而当他们想掩饰愤怒时可能也会"笑"。在谈判过程中,美方不断向日方要求更优惠的条件。对于这些严格的条款,日本代表知道他们的公司不会接受。他们没有说话,但大部分时间都保持沉默。他们甚至避免与美国同行进行眼神交流。所有这些信号都表明他们对美国商人提出的意见并不满意。日本方面表示,"在谈判结束前,他们将研究美国代表提出的条款,一旦做出决定,将再次与他们取得联系"。日本人没有对美方说"不",只是因为他们不想冒犯美国同行。

随着全球化进程的加快和信息技术的完善,越来越多的商务活动可以在较小的世界里完成。虽然人与人之间的物理距离不断缩小,但文化或心理距离并没有相应地缩短。事实上,就某种程度而言,心理距离在逐渐拉大。以美国这一移民国家为例,各地移民从世界的不同区域来到美国,带有各自的文化背景。在多年持续的文化对抗和文化互动中,依然有很多人没有被美国的主流文化所同化,反而出现了更强烈的种族意识和种族冲突。商务环境和商务活动也是如此。不同文化背景下的商务活动会产生全新的商务文化。无论是线上还是线下的面对面交流,文化意识在对抗、竞争与合作中都会越来越强。为了更好地达成商务交际的沟通目的,交际双方都会通过各种手段和方法将交际中的误会和冲突降至最低限度,而目的就是让自己在不同文化共存的跨文化交际场景下更好、更快地适应新的文化语境。

在交际中,除言语因素外,非言语行为也成为交际中不可忽视的环节。但人们往往只注重或者更注重语言交际,而忽略了非言语方面的交际。在表达方式不断多元化的当下,非言语行为作为文化交流的重要组成部分,其强大的沟通能力与较强的歧义性并存,如何认识并处理这种交际模式,理应得到系统、全面、深度的研究。

二、非言语交际

一切不使用语言进行的交际统称为非言语交际。在交际情境中,除了语言符号的刺激,交际者的姿势、面部表情、眼神、手势、接触、微笑等身势语以及饰物、器具、静默、时间、空间等非言语交际因素都会产生相应的交际信息。也就是说，信息发出者有时并不知道自己发出的非言语信息是否会对其他人有意义，但只要发出者对它附加了意义，就属于非言语交际。跨文化交际中，文化与非言语交际往往早于言语交际发生。因为从交际各方走向对方、握手这些动作开始，就已经传达出交际的目的及观点等。在等待交际开始时，各方的外貌、表情、姿态等因素，也都是传递信息的重要途径。因此，语言绝不是传递信息和意义的唯一途径。人类在长期生活中，总结出一套适用于自己文化群体内部的非言语交际系统，例如身势语、目光交流、体距、触摸等。但非言语交际必须在进行面对面交流时才能够体现其作用。

马克·希克森（Mark L. Hickson）和丹·斯戴克斯（Don W. Stacks）认为93%的交际行为是由非言语形式完成的，也就是说，非言语交际在交际活动中占据60%~70%的比例。[1]"非语言交流的带头人之一莱伊·L. 伯德克斯戴尔（Ray L. Birdwhistell）曾就人际交流问题作过如下分析：在两人的对话中，通过语言传达的信息，不过占整体信息的35%，剩下的65%则通过谈吐风度、动作、姿势与对方的距离等语言以外的手段传达。"[2] 无论这一数字究竟占比多少，都可以看出非言语交际有着不可替代的重要性和研究价值。

与言语交际相比，对非言语交际的研究起步较晚，且尚缺乏经典著作。一直以来，《体态语导论》（Introduction to Kinesics）和《无声的语言》（The Silent Language）是本领域公认的重要著作。尤其是霍尔的著作《无声的语言》被认为是奠定了这一学科的基础。霍尔在该书中运用大量通俗易懂的案例讲解了非言语交际的基本概念。此后，出现大量关于该研究领域的书籍，对该交际现象的定义也是大同小异。希克森和斯戴克斯在其著作《非言语交际：学习与应用》（Nonverbal Communication: Studies and Applications）中认为，即使有违信息发出者的真实意图，信息被解码（或解释）的过程中被赋予意义，就是一种非言语交际。[3] 在书中，他们澄清了交际与意图的关系：若信息发出者有意识地发送的非言语信息被对方所接受，这是交际；信息发出者无意中发出的信息被对方感知，便被认作是有意为之，这是交际；信息发出者有意发送的信息没有被对方感知到，这也是交际。从这一描述出发，我们可以发现非言语交际的发生与交际双方是否有意图无关，也与双方的意图无关。

---

[1] M. L. Hickson & D. W. Stacks, *Nonverbal Communication: Studies and Applications*, Iowa: WM. C. Brown Publishers, 1985: 4.

[2] 云贵彬：《非言语交际与文化》，北京：中国传媒大学出版社2007年版，第1页。

[3] M. L. Hickson & D. W. Stacks, *Nonverbal Communication: Studies and Applications*, Iowa: WM. C. Brown Publishers, 1985: 10.

戴维·松本（David Matsutomo）等人考虑到信息的接收者和发送者的交流目标是创造共同的意义，他们给出了如下定义：非言语交际包括人们在互动环境中交换的除文字以外的所有信息和方式。① 他们认为，并不是所有的行为都构成交际信息。信息应该代表除了它们自己以外的其他东西。信息的传输是为了创建共享的含义。然而，格雷罗等人也承认，在沟通过程中，误解也确实可能会发生。

根据拉里·A. 萨摩瓦尔（Larry A. Samovar）等人的观点，非言语交际是指交际环境中信息发送者接收到其所处环境中的所有非言语刺激，这些刺激无论对发送者还是接收者都会产生隐性的信息交换价值。② 一方面，这个定义进一步解释了非言语交际所包含的内容，即，所有可以用来传递信息的非语言刺激都可以包含在非语言交流中；另一方面，它揭示了非言语交际所具有的功能和应用。非语言信号可以为发送者和接收者双方的利益而传递消息。

通过这些定义，可以认为：无论人们是有意还是无意，非言语交际涵盖了能够发送交际信息的整个激发过程。但这些消息不能依靠自己传播。此外，从上述定义中还可以推断出非言语交际的其他特征。

1. 非言语交际根植于文化

非言语交际可以充分反映文化的多样性。也就是说，文化含义在很大程度上决定了特定情境中，某一姿势、手势或社交距离是否得体。萨摩瓦尔和波特都就文化对非言语交际的决定性有过相关论述。

首先，非言语交际行为能够表达思想、交流感情和描述交际状态，在这个过程中，文化因素对交际行为起到决定作用，而不同的文化解读就会造成交际误会。例如，在一种文化中表示问好的表情在另一种文化中很可能就有猥亵的意思。或者，一种文化中蕴含肯定、积极含义的符号，进入另一种文化后，可能完全表示相反的意义，甚至失去意义。第二，文化决定了不同思想、情感和内在心理状态交流的适度性，尤其是情感交流。③

由此可见，非言语交际的行为准则富含各自的文化属性，并不是通用的。

---

① D. Matsumoto, et al. (eds). *Nonverbal Communication: Science and Applications*. Los Angeles, London, New Delhi, Singapore & Washington D. C. : Sage Publications, Inc. , 2013：4.

② L. A. Samovar, R. E. Porter & A. Stefani, *Communication Between Cultures*. Beijing: Foreign Language Teaching and Research Press, 2000：149.

③ L. A. Samovar & R. E. Porter, *Intercultural Communication: A Reader*. 10th Edition. Shanghai: Shanghai Foreign Language Education Press, 2007：237.

2. 非言语交际既是有意识的也是无意识的

大多数信息发出者都没有意识到他们所发送的非言语交际信息对对方来说是有意义的。很多信息本身在信息发出者心中也许无意将其作为交际的一部分。例如，在服装店试穿新衣时，如果对衣服非常满意，顾客会下意识地露出微笑。但此时，这个微笑不表示该顾客想表达自己的幸福感，只是一种满意态度的自然流露。而在言语交际过程中，交际主体需要通过有意识的思考，选择恰当的语句保证达到最好的交际效果。从这个意义上来说，非言语交际比言语交际传递的信息更加可靠。因此，当两种交际方式出现冲突时，交际者往往倾向于相信非言语交际。

然而，随着年龄和阅历的增加，人们渐渐学会控制自己的非言语交际。例如在众人面前演讲，人们会通过各种方式让自己放松，例如做深呼吸、面带微笑直视观众，完成演讲。所以，非言语交际的传递也可以是有意为之。

3. 非言语交际存在连续性

非言语交际的发生不必伴随言语信息。言语信息的缺失，例如沉默，同样会传递有效信息。由此可见，交际双方一旦出现，无论是否愿意，都会连续不断地传递非言语信息。

4. 非言语交际的信息传递具有模糊性

我们无法像阅读书本文字一样去解读非言语信息。有时受制于文化背景的限制，非言语交际发生的语境、交际双方的关系、交际者的情绪和感情以及交际目标，都会影响双方对彼此非言语交际行为所释放出的信息的解读。因此，正确解码交际过程中的非言语行为，应考虑到以上所有方面的内容。

5. 非言语交际可以学习、模仿

婴儿无法言说或理解成人世界的语言。他们对成人世界除了好奇，便一无所知。在具备学习和理解能力之前，婴儿能做的就是通过观察和模仿来获取对自己文化的认知。学会说话之前，他们首先使用抽泣、眼神、微笑等非言语交际方式来表达情感和诉求，例如，婴儿用啼哭来表达饥饿，用揉眼睛来表达困倦。而这些行为是婴儿在与成人互动的过程中自主学习得来的，由此可见，非言语交际能力是可以通过模仿而后天习得的。

我们都知道，因为语言的不同，相同的事物常常被赋予不同的意义。同样，非言语交际行为所传达的信息也具有多种多样的意义。姿势、动作、信号、符号等，都不是全世界都同样使用、同样解释的。导致非言语交际手段各自差异的主要原因大体上有四个：一是个人的差异，二是男女性别差异，三是文化形态的差异，四是情景差异。例如，某个人的性格、气质、体质等因素，往往对这个人在紧张状态下的动作及其在群体中个人空间的把握等方面有很大的影响。性别的不同会引起装扮的差异，声音性状的差异也会影响到言语意义的理解。所有的信息都要因时而异、因人而异。例如，父母在教育孩子时，父亲越过孩子头顶对妻子所使的眼色，同其他男性对女性的暗送秋波，具有完全不同的意义。

三、非言语交际的功能

通常情况下，非言语交际伴随着言语并补充言语信息。在课堂上，老师用肢体语言或提高音量的方法强调所讲的内容。在传达信息时，我们为了判定信息是否被理解、接收，常常要注意信息接收者的反馈。此时，接收者的点头、眼神的活动、面部表情等线索，将成为交际双方调整下一步交流状态的依据。

希克森和斯戴克斯在非言语交际方面做了大量研究。对于非言语交际的功能，两位研究者认为非言语交际伴随着言语，体现出六大主要功能：非言语交际行为可以重复、反驳、补充、替代、放大和/或调节言语行为。[1] 洛雷塔·马兰德罗（Loretta Malandro）和拉里·巴克（Larry Barker）认为，非言语行为主要具有三个功能：补充、替代和强调言语行为。此外，反驳、重复和调节言语行为的功能也不能忽视。[2] 萨摩瓦尔认为，非言语交际有五种用途：重复、补充、替换、调节和反驳。[3] 此外，中国学者胡文仲认为，"非语言交际通常与语言交际结合进行，在不同的情况下起着不同的作用。大致上起补充、否定、重复、调节、替代或强调的作用"[4]。胡文仲等学者认为非言语交际虽然不易察觉，但事实上非言语交际行为才能更真实地反映交际双方的心理活动。以上学者的观点，都以大多数情况下非言语交际是为言语交际服务的这一论断为前提。无论叫什么名字，非言语交际和言语交际的功能几乎是一样的。综合以上的论述，非言语交际的功能可以概括为：重复、反驳、补充、替换和调节。重复是指通过多余的信息来强化言语信息，例如，边说话边敲桌子，敲

---

[1] M. L. Hickson & D. W. Stacks, *Nonverbal Communication: Studies and Applications*. Iowa: WM. C. Brown Publishers, 1985: 16.

[2] 参见洛雷塔·A. 马兰德罗、拉里·巴克著，孟小平、单年惠、朱美德译：《非言语交流》，北京：北京语言学院出版社，1991.

[3] L. A. Samovar, R. E. Porter & A. Stefani, *Communication Between Cultures*. Beijing: Foreign Language Teaching and Research Press, 2000: 150.

[4] 胡文仲：《跨文化交际学概论》，北京：外语教学与研究出版社1999年版，第97页。

桌子的音量逐渐提高，这一动作伴随言语交流，强调语言信息。反驳意指当言语信息与非言语信息产生矛盾时，非言语信息会否定言语信息。例如，在谈判过程中，单凭一方的言语行为很难判断其是否给出了准确的底价，但通过观察对方的视线、表情和姿势等变化，可以看出言行不一的破绽。补充性的非言语信息补充和/或修改了言语信息，例如，用手指指路时为了进一步明确口头说出的方位。替换是移除部分言语信息并使用"恰当"的非言语信息来代替，例如表示不赞同对方观点时，有时摇摇头或是礼节性微笑会比用言语拒绝对方更加合适。调节功能是指用非言语行为来规约言语互动。没有达成谈判协议的双方很少会在商务晚宴上再次就某个问题进行争论，而是通过微笑、干杯等行为来代替语言上的交锋，缓解谈判桌上留下的尴尬。

非言语交际有时也会承担语言的作用。例如，在商务谈判磋商过程中，供应商急切等待着采购方对自己报价的反馈。采购方讨论结束后，重新走进谈判室，兴致不高，摇了摇头，此时，供应商就应该明白谈判的结果了，无须多言。非言语交际有时会与言语交际产生矛盾。例如，有些职场新人需要在公共场合进行商务展示，虽然嘴上自信地说着"一点也不紧张"，但实际上会双腿发颤、手心冒汗。当言语信息和非言语信息发生矛盾时，人们会更相信非言语交际，因为非言语交际更不容易隐瞒。

大多数情况下，非言语交际通常并不会单独发生，而是为言语交际服务的。但其实也可以为非言语交际创设相对独立的交际环境。在这一独立环境中，"合适的"非言语交际取代了相应的言语交际，而且能比很多言语符号更准确地传达信息。在"创设的相对独立的环境"里将特定信息发给选定的接收者，那么，在交际过程中，就会有意地通过虚假姿势或行为来传递错误信息。即使不使用虚假的姿势或行为，非言语交际也同样大有用处。以跆拳道这一运动为例，跆拳道主要是彰显力量之美，比赛双方力求率先发起进攻，取得胜利。因此，获胜的关键不在于击中对手的速度，而是能在相应时间内准确预判对手的反应。这段时间被称为"反应时间"，在短暂的时间内，选手要准确接收到对方释放的信号并快速做出反应。大量研究者运用高科技手段测试选手的"反应时间"，实验结果表明，比赛的胜者无一例外都能够准确预判对手的行动。尽管这是个体育领域的案例，但同样可以证明非言语交际的确可以帮助人们解决问题，在跨文化商务交际中亦是如此。

四、理解非言语交际

自语言出现在人类社会后，人类的交际行为就是言语与非言语的结合，二者在交际过程中互为补充、缺一不可。没有非言语行为的配合，单一的言语交际会显得乏味、生疏，在很多情况下很难达到有效的交际目的，同时，非言语交际也必须在一定的语言环境中才能表达明确的含义。按照萨摩瓦尔的观点，非言语行为不是与生俱来的，它同语言一样，都是文化习得的产物。因此，生活在不同文化环境中的群体会有相近甚至截然相反的非言语交流手段。[1]

由此可见，社会文化习俗对理解非言语交际起到至关重要的作用。每一种文化都有自己独特的非言语行为，每一种文化中的非言语交际行为也同样具有和语言一样的独特性。大量研究表明，交际过程中的误解与障碍，很大程度上是由于非言语交际的内涵分歧造成的，而文化背景恰恰是形成这种分歧的制约因素。交际双方需根据具体的文化语境进行交际，文化不同，交际行为也互有差异。商务交往也各有不同的规范。例如，中国一家教育机构前往柬埔寨采购教学仪器设备，双方签订合同后，举行告别仪式，参与会谈的柬埔寨公司职员陆续从中方总裁身边走过，一边说着再见，一边把自己的双手合十放在接近嘴唇的地方。

这种柬埔寨的"合十礼"表示对贵宾的尊重。见此情景，中方总裁也给予回礼，双手合十放在嘴唇前，并点头微笑说"再见"。可顿时柬埔寨职员以诧异的目光望向中国总裁，中国总裁也十分不解，此时生活在柬埔寨的中国人站出来解了围"您大可不必这么做，他们对您可以，但您对他们却不能这样"。究其原因，"合十礼"源自印度，流行于泰国、缅甸、柬埔寨、尼泊尔等佛教国家，最初只是佛教徒之间的拜礼，后来逐渐发展为全民性的礼节。虽然合十礼在众多国家盛行，但各国之间也存在很多差异。按照双方辈分、地位不同，手需要举至不同的位置。案例中是公司内下级向上级行礼，此时双手举至唇部，但上级对下级不需要这样。案例中的中方总裁因为不了解这一文化约定，按照中国传统的"礼尚往来"思想进行回礼，导致了尴尬的局面。这种现象不仅仅出现在商务交往中，在社会生活的许多场合中，都可能存在对非言语交际的"误读"和"误用"。

---

[1] L. A. Samovar, R. E. Porter & A. Stefani, *Communication Between Cultures*. 3rd edn. Beijing: Foreign Language Teaching and Research Press, 2000.

1. 身势语

当今世界跨文化交际日趋频繁,深入了解其他国家的无声语言能够化解尴尬、避免误会、促进交流。身势语是一个民族文化的组成部分。这一概念最早是由美国心理学家雷·伯德惠斯特尔(Ray Birdwhistell)提出的。身势语主要包括手势、身体姿势、面部表情、举止动作等方面的内容。[①] 在交流中,身势语可以作为了解自己对他人的有力工具,例如双方的沉默,以及交际的人际距离和位置都可以帮我们判断对方的想法、观点和彼此的亲疏远近。交际者的目的是用身势语来强调和解释言语交际的行为。恰当的身势语可以有力地吸引交际者或观众的注意力,但不恰当的身势语表达则会产生相反的效果。听话者可以通过观察说话者的手势和身体行为来获得言语背后的真正含义。另外,不同文化背景赋予身势语不同的含义。由于个人成长的语言环境的差异,解读跨文化背景的身势语意义的能力和程度也不尽相同,因此,我们在使用身体动作语言的时候,应该考虑到来自不同种族、区域、背景的人群,其交际本土文化习惯上的差异和环境的差异。例如,我们熟悉的手势"OK"将拇指和食指做成"O"形,其余三根手指竖起。美国人认为这个手势代表"一切正常",但在法国人眼中意义却正好相反——表示"提议无效";而在日本文化中,这个手势只代表"钱",没有任何积极或消极的含义,因为在他们看来食指和拇指构成的"O"形似硬币。

握手是最常见的商务问候礼仪,但不同文化中的问候礼仪各有不同。印度人双手合十,与胸同高,同时微微弯腰,表示"您好""谢谢"或"对不起"。中东地区讲究握手的力度要恰到好处,力度过大则被视为不礼貌、有攻击性。欧美地区行握手礼时,通常要直视对方的眼睛,以此来表达尊敬。美国人习惯比较有力量地握手,双臂紧紧拥抱对方,如果力量过小会被认为敷衍、不礼貌。而在北欧地区,人们更习惯在握手的同时有力地单臂拥抱,如图7.1所示。

---

① R. L. Birdwhistell, *Introduction to Kinesics: An Annotation System for Analysis of Body Motion and Gesture*. Washington, DC: Department of State, Foreign Service Institute, 1952.

图 7.1　握手

在美国,首次商务会面经常以双方握手开启。而在欧洲,大多数同事早晨上班都要握手问候。而在日本和韩国,握手要温和,并且不能一直直视对方,否则会被认为是对别人的恐吓和不尊重。

竖中指——握拳并将指关节朝外,中指伸直,这一动作在大多数国家被视为表示"鄙视"的侮辱性动作。

在西班牙语、葡萄牙语和法语区,却用另一种手势表示鄙视,即手臂弯曲,向上抬起拳头,用另一只手拍打这只手的肱二头肌(如图7.2所示)。

图 7.2　鄙视手势

食指向内弯曲抖动,其他手指握拳,这一动作在北美表示"过来这里"(如图7.3)。

图 7.3　过来这里①

但是这一动作较为粗鲁,不能在餐馆中用来召唤服务员。在东南亚部分地区,这个动作只用来召唤动物,如果冲人做出这个动作,是极其不礼貌的。在印尼和澳大利亚,这个动作被用来召唤妓女。在北非,召唤人的动作多为向下挥手,掌心朝外。在日本和一些东南亚国家,人们用图7.4的手势来表示"过来这里",即手心向下,除拇指外其余四指向内弯曲抖动。①

图7.4　过来这里②

大拇指竖起这个动作在欧美、亚洲大部分地区普遍表示"好的"或"做得很好"。在欧美部分地区,做这个动作时,手腕稍稍右倾,则表示叫出租车或请求搭便车。但在伊朗,这个动作则被视为粗鲁、不礼貌。在伊朗的外国游客做了这个动作,本意是叫出租车,却惹怒了摩托车驾驶员,以为游客是有意侮辱他们。在澳大利亚,竖起大拇指,快速勾几下再猛然上提,这个动作也是非常不礼貌的含义,意为"闭嘴"或"滚蛋"。②

V型手势在越来越多国家和地区表示"胜利"或"和平",但在部分欧洲国家,如果做这个动作时,手掌是朝向说话者的脸的方向,则表示"闭嘴"或"滚蛋"。在澳大利亚、新西兰、爱尔兰和南非,这个动作是"污秽""淫荡"之意。③

在中英不同文化中,还有很多常用的身势语富有不同的含义,如下表7.1所示。

---

① 况新华,曾剑平:《身势语——非言语交际》,载《南昌工业学院学报(社会科学版)》2003年第4期,第50-53页。

② Mitchell Charles, *International Business Culture*. Shanghai：Shanghai Foreign Language Education Press, 2009：86.

③ Mitchell Charles, *International Business Culture*. Shanghai：Shanghai Foreign Language Education Press, 2009：87-88.

表 7.1　部分身势语在中英语境中的不同含义

身势语	汉语意义	英语意义
跺脚	气愤、恼怒、灰心、悔恨	不耐烦
观众鼓掌，表演者也鼓掌	互相表示感谢的友好感情	为自己鼓掌，被认为是不谦虚
目不转睛地看	好奇、惊讶	不礼貌，使人发窘，不自在
发出"嘘"声	反对、责骂、轰赶	要求对方安静
拍别人脑袋	成年人对孩子表示疼爱；对成年人或青年，会引起反感，有侮辱人的意思	安慰、鼓励、钟爱

身势语起到对语言的补充的作用，尤其是对口语的补充作用，它是非言语交际的一种重要手段。有些特定的场合只适合使用身势语，在这样的场合，身势语更体现出了自身的价值及实用性。身势语生动形象的特点也使其在人们交流方面起到了口语所无法企及的效果。例如身势语的辅助功能、帮助推导会话人含义的功能等。虽然身势语有如此多的效用，人们在使用时一定要注意不同文化背景下身势语的差异，否则极易造成不同文化之间交流者的交流障碍。

2. 目光交流

目光交流就是用眼睛（有时也连同身体的其他部位）表示一定意思时所流露出的情感。它包括眉、眼。眼睛在人们的交际中，起着沟通和桥梁的作用。通常认为眼睛是心灵的窗口，而中国人则常说"眉目传情"。由此可见，从传统意义上来说，眼睛被认为是可以明确表达感情的渠道，其感知领域几乎涵盖了所有感觉的70%以上，目光往往透露出心灵深处的感情和欲望。眼神是一个人个性、感觉、灵魂最饱满的所在。在这一点上，眼睛具有独特的重要性，身体的其他器官都没有这种能力。人们擅长用眼神、眼睛形状的变化来展示不同的心理状态，表达爱意时俏皮可爱地眨眼、气愤时怒目圆睁、疲惫时睡眼惺忪，不敢直视对方则表露出怯懦、害羞或心虚。可见目光交流在人际沟通中有着极其重要的作用。

约定俗成的社会文化特点决定了人们对眼神交流沟通的方式方法因性格、修养和民族等诸多因素而不同。在社会交往中保持目光接触，西欧人比东亚人更注重这一原则。虽然西欧人对保持眼神接触持有积极态度，但东亚文化背景的人却没有同样的认知。事实上，在日本文化中，人们从小就被教导不要与他人保持目光接触，因为过多的目光接触往往被认为是不尊重他人的表现。人们教育儿童说话时可以看对方的脖子，因为这样一来，儿童可以从对方余光中打量对方，避免直视的尴尬。在印度，成年人不能盯着小孩的眼睛看并不停夸赞，否则人们会认为这个孩子的眼神中充斥着邪恶，能以鬼神之术诱惑别人。即使在同一国家内，有时也会因种族、信仰不同而选择不同的眼神交流方式。例如同在美国，黑人与白人目光的使用也有所不同，在美国黑人文化中，直视对方的眼睛被视作敌视行为，因而与白人交际时，也往往避免目光直视接触。

目光接触在交际中有几大主要功能：①传递信息。眼神中可以明确流露出喜好、厌恶等互动情绪。②控制支配。若交际双方地位不一致，地位较高者往往较少凝视对方，但他们可以通过增加注视次数达到说服等目的。③规范互动。交际双方需要用眼神来示意对方，但是应避免全程与对方直视。

在商务交际中，正确的眼神交流可以促进商务活动的顺利进行，例如在谈判中，温暖的目光或含笑的眼神可以适当帮助谈判双方破冰，推动谈判顺利进行。而过于严肃和正式的眼神交流，反而容易让对方产生误解，甚至将商务活动推向更紧张的境地。

3. 距离

距离多指空间距离，是指人们在交际中处理彼此空间的方式，是交际情境中另一种非语言代码，对交际距离的使用被称为"人际空间学"。这一术语最早是由美国人类学家霍尔在其《无声的语言》中提出来的。

霍尔通过研究美国人在公共事务和社会关系中个人空间距离的使用规则和程序，把空间距离分为四种：亲密距离、个人距离、社交距离和公众（场合）距离。亲密距离大致从实际接触到0.46米。个人距离从0.46米至1.2米，这是两个人谈话时的距离。社交距离从1.2米至3.05米，如在较正式的社交或商务洽谈中，人们相互间的距离大约为3.05米。公众距离则在3.6米以上，如教室里教师和学生间的距离、大厅中演讲者和观众的距离等。并且，距离的远近决定亲密的程度，距离越远亲密程度愈低，反之愈高（如图7.5所示）。

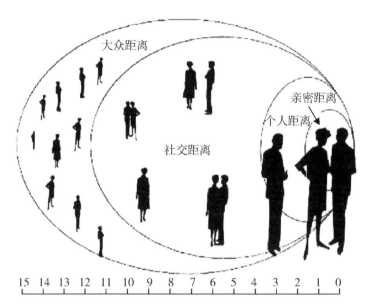

图 7.5　空间距离图（单位：米）

资料来源：爱德华·霍尔著，何道宽译：《无声的语言》，北京：北京大学出版社 2010 年版，第 164－165 页。

人们在交际时对相互间距离的处理带有鲜明的文化特征。例如，中国的人际间距就比说英语国家的近。由于中国人口多，密度大，人们已经习惯拥挤，也喜欢围观。例如，参加婚宴时十几个人围坐在一桌，意味着亲切相处，欢乐相聚。坐公共汽车，尽管挤得透不过气来，也很少有人主动退出。此外，在中国，人们觉得勾肩搭背或者拍打客人的肩部是一种亲热和拉近彼此间距离的表示，而在英国恰恰相反，随便拍打客人是一种非常失礼的行为，即便是共同完成了一项公务或者两人配合默契的情况下也是如此。

相比之下，德国人、英国人很讲究秩序，买任何东西都要排队，而中东某些阿拉伯国家的人却不太讲秩序，随便加塞儿，在公共汽车上也常常推搡和拥挤。在中国，老师和学生、母亲与儿子之间的距离很近，表示彼此间关系的亲近。而在韩国，学生们一般不敢跟老师紧挨着坐在一起，这种距离显示了学生对老师的敬畏。

甚至室内物品的陈设方式也会形成空间距离，制约着交际双方的关系，表达着文化信息。如在许多国家，机关领导、公司经理的桌子规定着桌子两边的人的地位和权利，坐在桌子里边的人地位和权力明显高于站在桌子外边的人。

而在拉丁美洲和以色列文化中，客人与主人并排而坐。在美国审讯犯人时，证人席面对着法庭里面的公众，而在欧洲则对着法官。在美国公司办公间可以看到每张桌子都有隔离壁，职员之间相对比较独立，互不干涉，这是为了减少与他人的接触并保障每人的空间领域。日本的办公室，职员桌子是面对面的，部长桌子布置在能够看到全部职员的位子。对此，西方人说这样的空间布置侵犯了个人的隐私，但东方人认为这种布置便于公司上下阶层人士更好地沟通和交流。

4. 身体接触

拥抱、牵手、抚摸、碰撞等人际行为都属于身体接触，身体接触也起到传递信息和表达情感的作用。儿童心理学表明，触觉是最早成熟的感觉。胎儿长到4～5个月就开始产生触觉了，胎教就是这样应运而生的。婴儿出生后，便用与他人的触觉来体认现实，婴儿与母亲的身体接触是其与他人的最初接触。母亲与他接触的每个动作，如贴脸、碰鼻子、拍打、亲吻等都会引起他的感应，对其性格的形成起着至关重要的作用。一个从未享受过母亲拥抱抚慰的儿童长大后也会拒绝与他人的亲近接触。可是当孩子蹒跚学步并逐渐长大之后，他所属的文化就及时地向他传授什么是可做的，什么是不能做的，这时，孩子要求接触与被接触的愿望就由原来单纯的触觉感知而被言语替代了。

基于触觉所推断出的意义受许多因素的影响，如接触时的状态、以往接触的历史、对接触者的认知，以及接触的部位、压力、时间、场合等。譬如，以前玩狗时不幸被狗咬伤，以后一说起狗，我们就容易把狗与咬人联系起来，而避免接触狗。接触的部位如手臂、大腿、脸、胸脯、后背以及皮肤的温度是凉的，还是热的；接触的压力如是轻吻还是紧紧地拥抱等；接触的时间是长时间的还是瞬息间的；接触是有目的的，还是偶然擦碰；接触的场合是大庭广众之下，还是单纯的两人相对……这些都是影响人们对信息意义进行判断的条件，但是其中文化因素的影响是最为重要的。

在西方文化中，拥抱、亲吻等举动很少被视作伤风败俗的表现，父母与儿女之间、亲戚之间、男女朋友之间接触时相互拥抱、亲吻是家庭内部与社交场所的基本礼仪。例如，在西班牙、意大利、葡萄牙、东欧地区或一些阿拉伯国家中，男子之间可以用亲吻的方式打招呼。在巴基斯坦，久别重逢的老朋友见面要热情拥抱，反复3次以上，随后手拉着手互相寒暄问好。与外国朋友见面时，巴基斯坦人会热情地与之握手，表示欢迎，与尊贵的朋友见面，他们会献上用鲜花制作的花环。而在亚洲很多国家中，父母与儿女之间的身体接触却很少，并不提倡亲密的身体接触。亚洲不同国家对身体接触也有不同的认识，通常文化规定着接触部位的禁忌。在中国、韩国等东亚国家中，人们可以摸着别人孩子的头或脸蛋说"真可爱！""真乖！""真漂亮！"之类表示亲切和喜欢的赞语，对方听后会很高兴。而在泰国及东南亚其他一些佛教国家中则禁止这样做，因为泰国人认为头部是神圣的，摸孩子的头会让孩子失去灵魂，是对社交礼仪的严重触犯。在美国，人们交际比较随便，在游乐场或者体育馆里，如果在对方屁股上拍一巴掌，通常是可以被对方接受的。可是如果在监狱区或者是单人牢房里，这个动作的意义就不同了，这意味着有同性恋的倾向和意图，这也是同性恋这一群体对接触部位和区域的特殊规定。[①]

文化教导该文化成员如何运用和解释触觉行为。阿拉伯、拉美、犹太和一些非洲国家的文化就属于"接触文化"。儒家思想告诫人们说，男女授受不亲，男女不同席，所以在改革开放之前的中国，即使一对恋人在众人面前也不会拉手，走在路上也常常是一前一后。穆斯林文化还规定其文化成员用右手吃饭和做愉快的事情，左手负责生理卫生，因此如果用左手去触摸人则是对对方的严重侮辱。甚至摸耳朵的动作在不同的文化中也被赋予了不同的含义：在意大利南部和南斯拉夫，这是对那些有着女子气质的男子的嘲讽；在葡萄牙表示最好的人；在土耳其表示避免了坏运气；在苏格兰表示一种怀疑的态度；在马耳他表示告密者。

5. 沉默

沉默是指在短时间内失语或中止对话和交谈，是交际过程中的一种无声的语言，有时有着比语言交际更为重要的意义。在人际交往中，沉默所表达的信息意义多种多样，诸如冷淡、轻蔑、压抑、违拗、敬仰、赞许、谦逊、同意等。它在交际的紧张过程中制造出一个缓冲、一个间歇，以便使交际者有时间去思考，中止或抑制感情，将一系列的反应进行编译，产生另一种思路。所以，沉默可以超越语言信息渠道，揭示话语的真正内涵，弥补语言交际的不足。同时作为一种反馈机制，沉默把思想的清晰度及其在全部人际交往中的重要性告诉发送者和接受者。

在宗教国家里，沉默作为宗教活动的一种重要的仪式而存在，如和尚的打坐、日本的禅坐、基督徒的心灵忏悔等。在现代社会，人们将沉默作为放松、应激处置和提高心理健康的一种有效手段。西方人的葬礼通常采取沉默的态度，以此表示对逝者的追思和敬意。而东方人则相反，哭得越悲，越显得与逝

---

① L. Samovar, et al., *Cross-cultural Communication*. 北京：北京大学出版社 2017 年版；胡文仲：《跨文化交际学概论》，北京：外语教学与研究出版社 1999 年版。

者关系的亲密，所以，若参加西方人的葬礼，我们切莫按照中国文化习俗以大哭表达自己的悲伤。

沉默在跨文化交际中起着重要的作用。中国人喜欢静默，和朋友一起喝茶，即使长时间不说话也不觉得难堪，相反会产生一种默契感，彼此的心更加靠近了，真是"此时无声胜有声"。日本文化更是教导人们少说多做，"沉默的民族"对日本人来说非常贴切。而在美国文化中，朋友之间如果谈话中断会感到不自在，一定要用语言或行动去填充。在商务谈判中，中国人和日本人都喜欢保持沉默，讲究以静制动，轻易不表态，这让西方人很不舒服，误认为对方缺乏热情，怀疑他们对谈判项目缺乏兴趣，因而常常自动做出让步。

2008年4月19日，近千名中国留学生和旅英华人在英国著名的威斯敏斯特议会大厦前举行静默示威活动，抗议英国广播公司（BBC）及其他媒体在对3月6日在伦敦举行的北京奥运火炬传递的报道中明显偏袒分裂中国的不法分子。这些媒体受到国外一些反华势力的蛊惑和煽动，对中国西藏问题以及奥运火炬传递活动进行了歪曲性的报道和违背事实的评论。这激起了中国留学生和爱国华人的愤怒，于是他们决定采用静默示威的方式，将西方媒体有意隐瞒的信息和真相传达给广大的英国民众，赢得民众的同情和支持。这种静默示威从根本上动摇了不公正的西方媒体的威信。[①]

6. 时间概念

钟表发明以前，人们根据天干地支和节气变化来计算时间，安排农事。后来发明了日晷、钟、表，人们对时间的计算和利用更加精确和及时，但是也由此形成了世界各地不同的时间观。因纽特人（Inuit）根据潮涨潮落安排自己的工作，澳洲土著人按照"库里时间"（指完成一项任务或走一段路程所需要的时间）来计算。[②]

对时间的利用、是否守时也体现了文化上的差异。例如，英国人与美国人具有较强的时间观念，在拜会和洽谈生意之前必须预约。赴约时也必须守时，不能迟到，而且最好提前几分钟到达。而迟到15～20分钟在阿拉伯国家则完全正常。应邀赴宴时，非洲国家的人喜欢晚到，在拉丁美洲、印度尼西亚、中国等一些国家，迟一点赴约表示尊贵和身份，而这在德国、瑞士等国是极不礼貌的行为。德国人的守时和程式化在世界上是出了名的，他们常常把守时原则

---

① 雷小峭：《伦敦华人千人集会挺奥运 抗议外媒歪曲报道》，http://www.chinadaily.com.cn/hqgj/2008-04/20/content_6629662.htm［2022-10-10］.

② 胡文仲：《跨文化交际学概论》，北京：外语教学与研究出版社1999年版，第112-113页。

作为评价一个人品质与工作态度的标准，甚至班车也定好几点来就几点来，一点也不会延误。就连去银行提款，也必须提前一个月打电话预约。美国人也比较守时，注重有效地利用时间，讲求节奏。他们特别强调日程、阶段时间和准时的时间观念。如果赴约、出席会议和社交活动时迟到 5 分钟，还情有可原，如若迟到 15 分钟乃至 1 小时，则被认定为非常失礼的行为。而意大利人做法刚好与其相反，他们的时间观念不强。与他们的交往中，约会迟到司空见惯，因为他们认为这种习惯表达的礼节和风度，并不代表不尊重或不重视。同样，巴基斯坦人的时间观念也不很强，例如约定 9 点开始的活动，即使是下午 2 点钟参加也不会失礼。

随着全球化经济时代的到来和现代生活节奏的加快，人们对时间的认识与利用更加强化。"时间就是效率""时间就是金钱"成为中国人特别是城市一族的口头禅和行动指针。除了按时上班、上课、参加会议和商务谈判外，中国人、日本人和韩国人还习惯把工作延续到周末的休息时间去完成，这在美国、俄罗斯等国家恐怕是很少见到的现象。在这些国家，工作就是工作，休息就是休息，很多商店在周末是不开门的。而在中国，周末或节假日不开门的商店简直令人不可思议。

五、文化禁忌

每个社会都有不同的行为规范。在构建文化群体时，人们常通过文化的禁忌维度来进行各群体间边界的切分。被提升到禁忌级别的社会规范被认为是社会认同的根本。禁忌（taboo）是对某一行为的禁止，因为人们认为这种行为对于普通人来说太过神圣或神秘，或者太过危险或容易被诅咒。禁忌一词来源于波利尼西亚语。[①] 1771 年，詹姆斯－库克船长（Captain James Cook）抵达汤加时首次注意到，并将其引入英语，此后它得到了广泛的应用。禁忌是一个很宽泛的概念，通用于社会学、人类学、宗教学、伦理学等学科领域。现代心理学大师西格蒙德·弗洛伊德（Sigmund Freud）从禁忌的对象给予了界说："在我们看来，'塔布'一词具有两种相互对立的含义。我们认为，一方面，它意指'神圣的'、'被圣化的'；另一方面，它又具有'神秘的'、'危险的'、'禁止的'和'不洁的'含义。在波利尼西亚语中，'塔布'的反义词是'诺

---

① 西格蒙德·弗洛伊德著，赵立玮译：《图腾与禁忌》，上海：上海人民出版社 2005 年版，第 27 页。

亚'（noa），其含义是'普通的'或'通常可接近的'。因此，'塔布'就具有某种不可接近之物的含义，而且，这种含义主要是以各种禁忌和限制的形式表现出来的。我们常用的一个搭配词'可怕的圣物'（Holy dread）就具有和'塔布'相同的含义。"① 德国学者卡西尔提出："禁忌的本质就是不依靠经验就先天地把某些事情说成是危险的。"② 在很多情况下，禁忌所代表的危险可以通过仪式来克服，以此来避免同时具有强大的内在危险性和普遍性的本质上不可避免的不利情况的发生，从而保护个人和群体。

  虽然无法在学理上证明普遍禁忌的存在，但事实证明，它们几乎存在于过去和现在的所有社会中，捕猎、饮食、疾病、结婚、死亡、成年仪式都充满着文化禁忌。禁忌可以包括饮食限制、对性活动和性关系的限制、对身体机能的限制、对生殖器状态的限制，如割礼、身体部位的暴露、裸体，以及对使用冒犯性语言的限制。伴随社会发展，禁忌逐渐扩展到涵盖对禁忌话题的讨论，因此委婉语或禁忌话语的出现也是禁忌的变形。禁忌的很多功能，虽然已经脱离了其背后的原始原因，但仍然存在和参与到社会生活中。因为禁忌从特殊角度揭示了社会的历史，所以很多学者对其展开了研究。詹姆斯·弗雷泽（James Frazer）在其1890年出版的《金枝》中对世界各地的文化信仰和习俗进行了全面的记录，马文·哈里斯（Marvin Harris）是文化唯物主义的领军人物，他提议将禁忌解释为其社会的生态和经济状况的结果。弗洛伊德对禁忌行为进行了分析，强调了驱动这些禁令的强烈的无意识动机。在他的论文集《图腾与禁忌》（Totem and Taboo）中，他假设了禁忌行为与某些亲属群体的物品神圣化之间的联系。

  全球化时代，社会正经历着一系列的变化。各种社会文化方面的转变以规范或禁忌的形式反映出来。与早期禁忌相比，仪式化的符号在减弱，取而代之的是对于人们行为的负面规定，例如禁止某种行为、某种行为将受到惩罚，这就是现代意义上的禁忌。其体系构成囊括了文化礼仪，对禁止性规范的违反以及新禁忌的出现。这些都以语言和非语言的形式表现出来。非语言形式的违反传统禁忌多以与传统行为和观念对立为主，例如婚前性关系和同性恋爱情在某些文化中已经成为一种规范，或者某些不雅手势、动作的全球传播。在语言交流中，禁忌是通过在某些交流场合避免使用特定的语言和主题来实现的。在有

---

① 西格蒙德·弗洛伊德著，赵立玮译：《图腾与禁忌》，上海：上海人民出版社2005年版，第27－28页。
② 恩斯特·卡西尔著，甘阳译：《人论》，上海：上海译文出版社2004年版，第145页。

些文化中，原来的禁忌主题被打破，例如大众逐渐接受公开讨论性关系、与身体私密部位相关的疾病等。在与一些传统仪式高度相关的场合，很多禁忌也被打破。例如，在婚礼现场，繁衍后代并不一定是对新人的必需的祝福。

  禁忌系统变化的另一个趋势是新禁忌的出现，互联网成为推动这一进程的主要生产者。例如，早期出现的不雅互联网语言和符号、密码的概念已经超越了军事或侦探的话语，成为日常使用的一部分。在新的非语言禁忌中，身体的气味，乃至身体本身都通过互联网加大了传播力度；全球社会价值的年轻化导致了对老年群体的生活造成了不便。新的禁忌传播也由于全球传播的宽容性而加快，例如，人们善于使用委婉的民族称呼等。全球化引起的社会基本禁忌价值观的变化也反映在亚文化中，例如，说唱音乐无论是以何种语言来完成，允许不雅词语的出现已经成了一种文本规范，这也应和了大众传媒理论中定义的对规范的反叛。另一个案例是真人秀节目允许在公众面前讨论和展示个人生活。人们的关注点从社会生活的重要方面转移到个人方面，说明个人主义作为一种全球化的价值观在蔓延。大众传媒也打破了对展示暴力的传统限制，这在电视和电影中已经很常见。由于禁忌的基本力量，对打破禁忌的描述往往伴随着巨大的威力。然而，由于禁忌的性质，经常和重复地违反禁令会导致其力量的丧失，并将禁忌转化为规范。去禁忌化也是由违反规范的可能性导致的，因为禁令只有在违反后受到惩罚时才会有力量。

  在现代社会，由于多元文化和价值多元化的传播，制裁的合理性问题不断受到质疑。在公众交际中，宽容或是限制成为现代社会传播领域研究的关键概念之一，而究其本质，都是由于禁忌对社会生活的影响而产生的。在话语上，打破禁忌的冲动被理性的论证所禁锢，这与禁忌的非理性性质相抵触。分析表明，不同文化中禁忌体系的变化与全球的解放进程有关。在有些国家文化中，个人自由和追求被置于价值清单的首位，因而，频繁呼吁自由的概念可以作为支持打破禁忌的论据。自由的概念经常借助于具有"超越界限"意义的词汇单位来表达，并借助于"开放—封闭"的隐喻来解释。也有推测认为，与全球化进展趋势紧密关联的文化路径是摒弃内部的道德限制，模糊边界。根植于语言文化核心的禁忌是社会基本价值观的反映，在禁忌与解禁的过程中，势必受到不同文化的抵抗、影响和同化。总而言之，目前的去禁忌化趋势和新禁忌的出现是由全球化进程引起的，在一定程度上反映了世界文化价值体系的转变。

  但无论如何，禁忌是被广泛认同的消极实体，被回避和避免。由于人们的道德和价值观不同，他们所相信的禁忌也不同。因此，很难就任何普遍的禁忌达成一致。每个主题的禁忌因文化而异。将这些不同的观念结合在一起的是对关于何为正确和错误的知识的追求。这一使命将所有意识形态的人们联系在一起，试图改善自己，创造一个道德上公正的人类。

思考训练

一、案例分析

1. 立邦中国曾为其产品"立邦漆"做过一则名为"龙篇"的广告：画面上有一个中国古典式的亭子。亭子的两根立柱各盘着一条龙，左立柱色彩黯淡，但龙紧紧攀附在柱子上，右立柱色彩光鲜，龙却跌落到地上。画面旁的介绍说：右立柱涂抹了立邦漆。这则广告意图宣传"立邦漆"能够保持木器表面光滑，防止产生小刺。但这则广告投放中国市场后，却引起轩然大波，消费者并不认可。试分析：本广告为何没有达到预计的宣传效果？它犯了什么忌讳？你从中得到哪些启示？

2. 一家沙特阿拉伯公司决定从美国的一家公司购买一些成套设备。当负责采购的团队成员到达美国时，他们决定先去附近的购物中心，然后再去见美国同行。很不幸，他们忘记了时间，比预约的时间迟到了45分钟。美国团队对此非常愤怒。见面后，他们用了很长时间谴责沙特阿拉伯人的迟到。美国人说沙特阿拉伯人没有信用可言，甚至认为，如果沙特人继续这样做，他们很难再次合作。同时，他们表示，浪费他们的时间就是浪费他们的钱。沙特阿拉伯人对自己的失误接连道歉。谈判开始后，美国人似乎仍然相当气愤。沙特阿拉伯人深感自责，以至于他们在整个谈判过程中一直处于被动状态，既没有心情与美国人讨价还价，也没有时间考虑合同措辞是否严谨，最后，匆忙签下了合同。待沙特阿拉伯人冷静下来，他们意识到合同会使他们蒙受巨大损失，但为时已晚。该案例带给你什么启示？

二、问答题

组织时间可以划分为两种类型，一元时间（单项计时制）和多元时间（多向计时制）。其特点如表7.2所示：

表 7.2　一元时间和多元时间

	一元时间	多元时间
综合特征	长计划，短安排。 一次只做一件事。 既定日程不轻易更改。	没有严格的计划性。 一次时间可做多事。 讲究水到渠成。
形象比喻	一串珠子：一点只容一个珠子。 封闭的屋子。	散落的珠子。 无所谓时间顺序和空间顺序。 开放的茶馆。
思维习惯	线性思维、线性逻辑、缜密思维、科学思维、理性思维。	整体思维、全息思维、形象思维、直觉思维、情感思维。

请结合两种组织时间的特点，简要分析持这两种时间观念的人群各自所属的文化范围和优缺点。

第八章 跨文化营销

一、引言

在当今多元化的市场环境下,企业日趋加快跨国经营的步伐,面对不同目标市场文化的差异,企业进行其营销活动需要跨越文化的屏障。

雅诗兰黛(Estee Lauder)于1946年创立于美国,以销售护肤品、化妆品、香水和护发产品为主。该品牌于1993年进入中国市场,短短20年时间里,该品牌迅速占领中国市场,成为中国消费者心目中的高端时尚的代名词。值得注意的是,得益于中国强劲的护肤品市场,雅诗兰黛借助零售旅游销售渠道引领其品牌实现全球范围内的利润增长。做大做细做强中国市场,已经成为这家美国企业实现盈利目标的重中之重。[①]

1. 雅诗兰黛的中国战略

经过几十年的发展,雅诗兰黛在中国的化妆品市场上拥有很大的市场份额。雅诗兰黛对中国区销售管理人员的要求是不仅关注雅诗兰黛现在所做的事情,还要展望未来的商业环境。利用理性、科学的方法评估定位自身品牌,始终保持对可能出现的危机的认识,为潜在的风险做好准备。这使得该品牌能够加强其在中国的品牌知名度和客户黏性。

2. 雅诗兰黛集团致力为中国顾客提供全方位化妆产品

雅诗兰黛初进中国时,只专注于高端产品的销售。但自2005年开始,它向中国市场推出了6个新品牌。雅诗兰黛将其品牌分配给不同的目标客户,以期每个顾客都能从化妆品系列中找到合适的产品。至此,投放中国市场的产品几乎涵盖了所有类别的化妆品和价格区间,降低了顾客改变喜好的风险。值得一提的是,雅诗兰黛集团于2012年10月中旬在香港推出了一个名为Osiao的品牌,这个品牌是专门为亚洲人的皮肤设计的。

[①] 案例源自2019年8月21日"时尚头条网",参见《去年收入逼近150亿美元!雅诗兰黛集团凭什么能强劲增长》,http://news.ladymax.cn/201908/21-34762.html[2022-10-10]。

3. 雅诗兰黛在中国建立研发中心

雅诗兰黛对中国市场有着浓厚的兴趣，集团希望雅诗兰黛不是单纯作为一个"外国"公司的身份，而是能够以主体性姿态融入中国市场。因此 2005 年，雅诗兰黛成立了专为亚洲护肤品需求服务的研发团队。2010 年，雅诗兰黛出品了专门针对亚洲人皮肤特点的 Nutritious Super Pomegranate 系列，以改善皮肤缺水问题。2011 年 6 月 2 日，雅诗兰黛宣布在上海建立其亚洲研发中心。这一系列从根本上融入中国市场的行为，将品牌深深植根于中国消费者心中，建立了较高的品牌信任度。

4. 雅诗兰黛与中国本土名人和网红营销建立紧密关系

名人代言营销也是雅诗兰黛在中国的成功秘诀之一。例如，选择中国新生代演员杨幂、肖战、唐嫣等作为雅诗兰黛的品牌形象大使。[①] 仅杨幂一人在 2017 年 2 月与雅诗兰黛的首次合作就在微博上实现了超过 100 万次的分享，并带来了超过 500% 的销售增长。同时，该化妆品品牌积极参与天猫、京东等非实体销售渠道，在中国进行网红直播营销。在 2019 年"双 11"的预售中，中国网红主播李佳琦在短时间内销售了超过 40 万支雅诗兰黛的高级夜间修复产品。

雅诗兰黛的成功跨文化营销引起很多同类品牌及学界的思考和讨论。在传统印象中，奢侈品牌并不允许消费者主宰趋势和品牌举措。但雅诗兰黛巧妙地迎合了中国人对品牌信任又高度关注性价比的消费心理，开放传统渠道收集客户心理需求，并配合使用引人注目的图像来创造非理性的需求。雅诗兰黛带给客户的不是不可触及、高高在上的印象。相反，它采取了诚实和开放的双向对话策略。以雅诗兰黛的标语"让我们一起变美"为例，品牌将其背后的意义和承诺渗透到其营销中，并在客户忠诚度方面获得了巨大回报。结合中国消费者的消费习惯，将线下实体店与网络营销完美融合，并大举投资，依赖微信等社交媒体平台宣传产品信息、培养潜在客户群。将网站用户访问者的喜好与品牌的宣传推广内容联系起来，这也是雅诗兰黛在其网站上成功获得相关流量的原因。明确目标客户、尊重消费者购买意愿、创建整体营销策略，这些营销组合手段建立在对客户及其背后的市场文化精心调研、分析的基础上，很好地诠释了跨文化营销的内在机制，并为其他品牌和公司提供了可借鉴的样本。

市场是复杂和动态的。区域化和全球化伴随着文化认同的复苏，使得消费

---

① 张宇恒、徐童阳、姜紫潇等：《化妆品行业市场营销学原理分析——以雅诗兰黛为例》，载《当代经济》2019 年第 6 期，第 84 - 86 页。

者与经营者的文化身份也在更迭中不断得以建构。跨文化营销涉及世界上的不同地区和国家，甚至在同一个国家内并肩生活的不同文化群体中销售产品和服务。每个人都身处不同的文化群体，因此价值链上的每一次营销互动都会受到潜在的文化互动的影响，这既会带来冲突和误解，也会随之产生利润和收益。

二、营销

我们的生活中，经常可以看到、听到、感受到各种各样的营销方式。人们相互交流，是进行营销；看电视广告，是接受营销；购物消费，是享受营销。营销给人们的生活带来了许多方便，同时，消费者也给营销者提出了更高的要求，营销一直在动态的环境中萌生、成长、成熟。

营销一词由"marketing"意译而来，对其理解有两种：一是按动词理解，意为营销、运营；二是按名词理解，意为营销学、市场学。在实际应用中，既可以作为名词理解，也可以作为动词理解。营销作为一门学科产生于20世纪初，当时美国几所大学开始讲授市场营销方面的课程，以适应美国经济迅速发展和市场竞争日趋激烈的需要。在20世纪30年代的大萧条时期及其后，营销学有了很大发展，学术著作日渐增多，理论体系逐步建立，在实践中也更加受到重视。20世纪50年代以来，在经济发达国家和地区，营销学在工商企业的经营中发挥着越来越明显的重要作用，许多世界著名大企业都是由于运用营销学的理论和方法，才取得今天的巨大成就，如以汉堡包闻名于世，在全球118个国家和地区开设39 696家分店的美国麦当劳快餐等。[1]

有些人认为，市场营销就是推销或广告。其实，推销和广告只是市场营销这座冰山浮出水面的一角，虽然是营销的主要内容，但绝对不是营销的全部。从某种意义上，市场营销的概念非常广泛。其主体可以是国家、地区、企业、组织甚至个人等，其领域可以涉及地球上的各个角落，其手段可以是丰富多彩的。

按照美国学者菲立普·科特勒（Phillip Kotler）对市场营销的定义来理解，即市场营销是个人和群体通过创造并同他人交换产品和价值以满足需求和欲望的社会过程和管理过程。根据这一定义，可以将市场营销的含义归纳为以下几点：①市场营销的主体是个人或群体；②市场营销是一种创造性行为，通过探寻、挖掘和发现需求，为产品寻求市场；③市场营销的目标是满足个人或群体

---

[1] 数据来源于麦当劳2022年第二季度财报。

的需求和欲望；④市场营销的中心活动是交换，通过交换实现产品的内在价值；⑤市场营销活动是一种与社会环境、社会利益相得益彰的活动；⑥市场营销是一项系统的管理过程，包括市场调研、营销战略、市场分析、目标市场、营销组合等过程。① 因此，市场营销就是综合运用各种手段，精准培育、定位消费者需求，让消费者在了解产品或服务的前提下完成购买行为。

除科特勒给出的市场营销定义外，也有研究将从营销策划开始到执行，以及其后的控制与分析的整套管理流程定义为完整的营销行为。其中包括对产品和服务的定价、推广设计、分销渠道建立以及促销活动。从微观角度理解营销，也有人认为，市场营销是指研究企业通过探寻和研究消费需求（包括潜在需求和现实需求），确定目标消费群，通过创造产品或服务，设计有效的营销组合策略满足消费需求，达到企业持续获利目的的一系列管理活动。

基于以上概念和定义，为了更好地理解和掌握市场营销的含义，需要弄清下面六组概念：需要、欲望、需求；产品；顾客让渡价值、顾客满意、产品质量；交换、交易、关系营销；市场；消费者。②

1. 需要、欲望、需求

需要是当人类的自身生理、心理需求没有得到满足时，其所感觉到的缺失和匮乏状态，例如用以维持基本生活的食物、住所、衣服等；社会生活的安全感、归属感等；以及为满足自我提升需要学习知识等。它是人类共通的、与生俱来的，不是被人为刻意制造出来的，与市场营销无关。欲望是指心理上为满足上述这些基本需要，渴望实现的愿望，受到个人认知、文化背景、特定文化规约等多重因素的影响和制约，其追求是特定的、个性化的。例如为满足充饥需要，美国人可能想要汉堡，中国人可能想要米饭或馒头。欲望是可以用满足需要的实物来描述的。需求是具有一定购买能力的欲望。人的需要在不同时期具有多层次性，欲望是无限的，但由于资源有限，需求仅为需要集合中的一部分。营销的目的就是发现需要中有支付能力的部分，并使其转变为现实需求。

2. 产品

产品是满足各种需求和欲望的有形实体和无形服务的总和。产品能满足消费者的需求，首先是由其核心利益的价值决定的，其次是由产品的外形特征决定的，最后是由产品的附加利益决定的。只重视产品核心而忽视产品附加利益，是对产品的片面理解。例如，利用一定的营销手段后，可口可乐所传递的

---

① 王军旗、张蕾：《市场营销》，北京：中国人民大学出版社2009年版。
② 六组概念的基本定义参见王军旗、张蕾：《市场营销》，北京：中国人民大学出版社2009年版。

价值，除了解渴，最主要在于信念、感觉和时尚等附加利益。

3. 顾客满意、产品质量、顾客让渡价值

顾客满意是指顾客对一件产品的效能与其期望值进行比较后的感受。若产品效能低于顾客的期望，顾客会不满；若效能接近期望，顾客会感到满意；若效能高于期望，顾客就会非常惊喜，甚至产生忠诚。

产品质量是指产品提供给顾客的、能反映其内在品质的特性。质量标准的界定分为两类，既可以是以顾客的使用体验和感受为准，也可以由量化的具体指标构成，如产品质量体系。产品质量是赢得顾客的心并使顾客满意的生命。以顾客对产品的感受好坏作为衡量产品质量高低的标准，已成为当前一种新的质量观，也就是营销工作努力的目标。

顾客让渡价值是顾客的总价值和顾客的总成本之间的差额。顾客的总价值是指顾客期待从欲购买的某种产品和服务中获得的全部利益，除产品本身的功能价值外，还附加了人员和形象价值等。顾客的总成本是指花费在购买行为上所付出的时间、精神、体力及货币。消费者往往希望其购买行为应付出更小的成本、获得更多的实际利益并满足最大限度的需求。所以，从价值和成本两方面的综合比较分析是消费者发起购买行为时的重要考量因素。价值越高、成本越低，顾客的让渡价值越大，产品就越易成为顾客的首选对象。

4. 交换、交易、关系营销

交换是指各方为满足个体需要，互相以让渡自身某种物品作为回报，从另一方手中得到所需物品的行为。由于社会分工不同，生产的产品需要以价值为基础，以货易货或以货币交换货物的形式各取所得。交换是社会大生产中重要的一环，也是市场营销的核心概念。

交易是指买卖双方价值的交换。它是市场营销的度量单位。如某笔交易，甲方亏损 1 000 元，是指甲方在以价值为基础的交换中，以货币为计量单位损失的金额为 1 000 元。以非货币为交易形式，如以服务易服务、以物易物的交易行为，也屡见不鲜，如国际交流中学校之间互派学生，在国际贸易中中国的丝绸换俄罗斯的土特产等。

关系营销是指为了在交易过程中获得更多的利益，营销人员与顾客、分销商、供应商、媒体、政府部门等建立良好的关系，通过互利原则，达到双赢的目的。关系营销的核心是企业对合作方的倾心投入和提供优质服务，企业与合作方关系融洽，可以节省许多交易成本，使营销利润最大化。

5. 市场

传统的、狭义的市场是指货物聚集、交易的场所或领域。现代意义的市场

即指多种类的系统、机构、程序、社会关系和基础设施中的一种,各方据此进行交易。各方可以通过以物易物、以货币易物的方式交换商品和服务。同时市场也是确定商品和服务价格的过程。市场促进了贸易,使社会的资源分配和配置成为可能。市场允许对任何可交易的物品进行评估和定价。市场有时是自发出现的,有时也是通过人类互动而有意构建的。市场的形式、规模(数量和地理范围)、地点和参与者类型,以及交易商品或服务的类型都有区分。

6. 消费者

从广义角度理解,消费一切物质形态或非物质形态的消费主体都是消费者。如在生产过程中,机器消耗原材料,机器就是消费者。我们通常所说的消费者(顾客)的概念是指人群。对企业而言,其消费者包括内部员工和外部公众(顾客)两部分。我们通常所说的提高顾客满意度即提高内部员工的满意度和外部顾客的满意度。

文化对市场营销行为会产生重要影响。由于文化影响着消费者的生活方式,所以产品或服务必须切实关注消费者的文化价值,才能够真正了解消费者需求,成功完成营销行为。世界市场是由众多细分的市场组成的,这些细分市场有自己的语言和文化,例如,美国文化与印度文化、日本文化与瑞士文化等,不同的市场和文化之间都会存在巨大差异。因此,同一企业在两个国家进行跨文化品牌营销,需要充分思考不同国家在文化、教育、历史等领域的异同以及其在营销过程中的作用。顺应当地文化背景的营销策略将助推企业营销行为在该地的顺利展开。反之,无疑会对企业造成巨大损失。例如,在美国可以接受的东西,在印度可能不能接受。美国消费者喜欢的时尚或食物可能不会被印度人所欣赏。因此,当麦当劳在印度推出自己的产品时,他们提出了 McAloo Tikki 的想法,以此来迎合印度客户中的大量素食主义者。同样,当宜家想进入美国市场时,他们也会在商业周期、理念、产品和价格方面做一些改变,以便获得认可。这种营销行为的目的是给其品牌增加本土文化吸引力,避免与当地规范、文化心理相冲突,在情感上与受众建立联系。

三、跨文化营销中文化的作用

长期以来,人们都知道文化因素会影响到开展国际业务时的沟通和成功的潜力。在开展国际业务的竞争中,文化意识决定了商业公司如何在跨文化的国际市场开展营销行为。人们普遍认为,文化因素在国际营销中是一种无形的障碍。但充分了解文化差异是企业发展的重要环节之一,能够促使企业在国际竞争中获得优势。

即使世界正处在全球化进程中，许多国家仍然越来越多地表达了他们对跨文化营销中行使本土文化权利的需求。国家文化将成为影响经济发展、人口行为和一般商业的关键因素。宏观层面上的这种主张对于制定贸易政策、保护知识产权和为国家利益创造资源至关重要。微观层面上，这些主张也可能成为在国际市场运作或想进入国际市场的公司的无形障碍。

经济世界的全球化使得营销人员必须在深入了解市场文化背景的前提下才能有把握进入。了解如何在不同的文化中开展业务，营销人员和消费者的跨文化沟通都是成功的关键。营销沟通是一种双向的互动沟通。营销人员将他们收集的市场信息反馈给公司，再将这些信息投入使用，用以指导本公司在当地的营销行动。如果不充分了解市场的文化背景则会导致业务的损失甚至失败。日本彩色电视机营销人员成功打开中国市场，就是营销学的经典案例。20世纪80年代早期，日本和欧洲的电视机制造商都针对中国市场进行了全面的调研。根据他们的信息反馈结果，欧洲营销商决定不在中国销售其产品。他们给出的原因是，鉴于中国的人均GDP很低，中国人不太可能愿意购买像彩电这样的奢侈品。而日本的电视机销售商不仅看到了当前中国人的购买力，还观察到中国人有代代相传的储蓄的文化传统，这种传统足以支撑以家庭为单位的购买行为，于是开始大力拓展中国市场。至20世纪80年代末、90年代初，日本制造的彩色电视机在中国的进口电视机市场上占据了主导地位，而欧洲电视机厂商则丧失了低成本进入市场的良机，再无可能与日本厂家争夺领地。

跨文化营销究其本质是以商业为目的的跨越国界的沟通。来自同一文化的人之间的沟通有时已然困难重重。因此，从语言、价值观、客户和思维方式的角度来看，来自不同文化的人之间的沟通将更加困难，一定程度的误解几乎是不可避免的。当一种文化的参与者无法理解由文化决定的沟通方式、传统和思维方式的差异时，跨文化营销就会出现问题，并选择另一种文化背景下的思维处理方式。以广告为案例的研究比比皆是，其重点研究对象是广告内容在各国之间所造成的不同预设。国际广告研究已经证实了不同国家间的广告内容存在差异，产生差异的前提是，广告在一定程度上全部或部分地反映了各个国家的社会制度。广告信息中蕴含的价值、规范和特征或多或少地出现在各种文化中。因此，理解文化价值在广告中的重要性在营销传播中具有很大的实用价值。而忽视广告中蕴含的文化意义可能会导致对公司预期信息的误解。这种错误的沟通会导致主要企业在国际市场上的重大损失甚至失败。

开始于20世纪80年代的全球化才真正引起人们对文化营销和跨文化营销

问题的重视。西奥多·李维特（Theodore Levitt）创造了"消费多元化"（the pluralization of consumption）的概念，他认为全世界由一个市场组成，这个市场包括那些有多种偏好的人们，是个异质消费者的新世界。[1] 一些关于文化的定义将其置于一个连续体中，从基于传统到基于现代。这种分类法包含并联系了经济和文化约束的维度。在这个系统中，非洲、亚洲和中东社会被归类为传统的、集中的、合作的、农业的、前工业化的系统。在经济上，基于现代性的文化被描述为市场驱动的、竞争性的、后工业化的经济体系。美国、加拿大和其他西化社会被认为是基于现代性的文化的例子。关于文化的约束性，基于传统的文化强调历史和既定的惯例；相比之下，基于现代性的文化与历史和传统的联系较弱。同时，惯例是不断变化的，但在以传统为基础的社会中的文化约束性下产生的市场体系，与那些将现代性置于传统之上的文化所孕育的市场体系有明显的不同。赛义德·塞米（Saeed Samiee）[2]（1993）认为，经济和社会因素影响着市场营销机构的发展和对文化的适应。

了解文化的约束性，也就是看一种文化对扬弃传统方法并采用新方法的意愿是否强烈，这对于成功的跨国界营销或针对本国内少数民族人口的营销必不可少。中国部分少数民族地区往往被认为更基于传统，在这类地区，文化影响着产品分销领域的消费者行为。例如，少数民族消费者群体的文化取向有助于通过供应商的忠诚度来建立和维持，因此在低效的多层分销网络的支持下，应建立大量的小型零售商。这就可以解释在这一文化群体内，为何中国的国有零售企业利润要高于外国商业机构，以"现代性"著称的美国企业在进入中国市场的初级阶段很难理解这种发展中国家的市场体系。除非深刻理解、长期观察，否则，在态度和期望方面的深刻差异，再加上语言障碍，会使企业在与客户沟通时出现偏差或失误。中国是一个巨大的、发展中的市场，前文提到的类似雅诗兰黛这样的企业进入其中，要充分认识到传统文化基础对消费行为、营销策略的影响。

四、影响跨文化营销的因素

通过提供正确的产品或服务来满足不断变化的顾客需求，一直是全球竞争

---

[1] T. Levitt, "The Pluralization of Consumption", *Harvard Business Review*, 1988, 66: 7-8.
[2] S. Samiee, "Retailing and Channel Considerations in Developing Countries: A Review and Research Propositions", *Journal of Business Research*, 1993 (12), 48-66.

行业中零售业的持续营销挑战。消费者选择特定商品、品牌、服务，不仅仅是因为它能够提供预期的功能或具有性能优势，还因为产品可以用来表达消费者个性、具有象征意义的社会地位或归属感，或者满足其内部心理需求及情感目的。然而，跨文化营销中伴随着消费市场的社会经济和文化差异，这一购买行为会呈现很大的不同。

1. 消费者价值观

消费者对产品的选择和特定品牌的偏好通常受到复杂的社会影响。因此，消费者的价值观直观反映了社会环境和影响，一定程度上决定了购买和消费决策，从而影响到消费行为。个人价值观是消费者态度和消费行为的基本决定因素。作为社会认知，价值观也反作用于社会，实现社会与价值观的相互适应。有些学者的研究将价值观与选择产品类别、品牌、购物网店等结合起来，发现消费者价值观和购物的积极心态之间存在着直接和正向的联系。通过消费商品和服务来满足内心需求，因此价值观可以看作是购买态度和行为的前因，便于建立起消费者价值观—需求—行为不同层次之间的联系。

消费者的消费需求和欲望是由价值观决定的。一些营销人员将消费行为差异归因于特定国家所持有的不同社会价值观，充分证明了价值观对消费、服务偏好的重要性。价值观帮助人们适应社会环境，并努力将资源引向理想的场域，实现其目标。价值观是影响消费者选择产品的强大力量，因此也是优先满足需求的力量。

2. 社会经济条件

市场的社会经济条件，例如居民收入、人口流动性、媒体活跃度等极大地影响着消费者行为。人均收入和可支配收入是消费者分配给产品和服务的重要指标。当资源有限时，消费者对产品进行评估和制定购买决策时可能更多地关注价格和性能属性。但当资源充足且越来越多时，消费者可能希望在产品或品牌中获得更多的享乐或情感需求。通常情况下，对进口商品或外国品牌的追求都是出于这些原因。缺乏流动性和与传媒的有限接触通常限制了人们对消费的象征性功能的了解，导致人们依赖其产品性能和功能。但在现代或较为富裕的市场，以物质为导向的文化相对繁荣，消费者会对该文化中接触到的异质文化品牌充满期待。所以社会经济因素营销了消费者的需求，塑造了其购买特定产品或品牌的动机。这就要求跨文化营销活动必须充分考虑该文化中由于经济制约因素而产生的不同消费需求，以免进行错误的产品、资金投放。

3. 消费者需求类型

满足消费者需求是营销人员的基本目标，但跨文化语境中，消费者需求不易被文化外的营销者发现并定位,因此也增加了跨文化营销中这一目标的实现难度。通常来讲,消费品可以产生三种需求:功能需求、社会需求和体验需求。功能需求是最底层的激励因素,鼓励消费者关注产品的内在优势。例如,对于消费中看重性价比的群体来说,节能省油成为他们选择汽车品牌的优先条件。而社会需求型消费则看重产品所提供的声望和排他性。例如同一汽车制造商打造不同的型号,根据不同的消费需求,在不同地域分销,既制造了品牌效应又实现了消费与生产的良性互动。体验需求则反映了消费者对新奇、多样的感官满足的认可,被认为是物质文明发达社会中消费的重要方面,并且能够唤起和制造更新的消费需求。消费者透过自己的身体、自己的亲人和朋友、自己的生活空间来获得内心的满足,实现消费享乐个性化、消费需求感性化。[1]

五、跨文化营销模式及策略

20世纪下半叶,一个更加复杂又相互联系的世界孕育了全球思维。跟随工业化时代到来的21世纪全面迈向信息驱动时代,世界格局也发生了巨大的变化。营销研究人员开始进行跨国、多国和跨文化的研究,以了解在这个全球相互依存的世界中运营的机会和挑战。跨文化研究开始沿着不同的维度对比来自不同国家的消费者和销售活动,如前文所述霍夫斯泰德的开创性的六个文化维度。跨文化营销在今天这个技术化的、密不可分的世界中是一个广泛的话题。虽然所有的国际营销都是跨文化的,但并非所有的跨文化营销都是国际性的。文化定义了拥有共同语言、规范、制度、信仰和价值观的人群,这一群体(或几代人)可以是属于同一个国家、世界区域、贸易集团、国家内的区域。这些文化或亚文化群体中的每一个都可能代表一个不同的细分市场,这使得跨文化营销成为一个具有挑战性又有时代感的话题。

营销人员面临的一个重要问题是,在多大程度上出现了一个或多个全球消费文化区块。这样的文化将有一套共享的与消费有关的符号,在成员中具有共同的意义和可取性。这样的全球文化被认为是世界性的、现代性的、有知识为依托的文化部分。这些人与一系列国家文化中的类似个体有着许多共同的价值观和消费相关行为。大众传媒、工作、教育和旅行的全球化不断创造着这样的文化。一些产品类别和品牌已经与这种文化有了象征性的联系。但这并不意味

---

[1] 蔡小于:《国际市场营销中的跨文化策略》,载《四川大学学报(哲学社会科学版)》2005年第4期,第29页。

着这些品牌在全球范围内可以使用相同的广告，而是意味着其背后的主题和象征意义可能是相同的。对于跨文化营销策略，特别是广告，应该在多大程度上进行标准化，一直存在争议。标准化策略可节约巨额成本，因此成为广告策略的重要考量。一般来说，大多数公司会将标准化和定制化融合起来。若人们对当地文化的自豪感激增，那就意味着至少有必要进行一些定制。关键因素是实现正确的平衡，确定哪些地方可以标准化，哪些地方可以采取定制的方法。

企业考虑进入某一全新的地域性市场，都需要有七个关键的考虑因素。企业对每个关键因素的考量均应充分了解其文化背景，以此来决定是否具备进入该市场的条件，以及进入的程度。

1. 注重区域文化同质性还是尊重差异的异质性？

营销工作一般来说是针对特定的地理区域的，其中最重要的是政治和经济实体。这种方法通常要得到法律和现有的分销渠道的支撑，同时要考虑地理或政治边界与文化边界是否相吻合。综上所述，国家的边界代表了一般的边界；但同时也要考虑到一个国家内部的差异，这一点非常重要。例如，拉丁美洲的营销战略不仅必须考虑到跨国的，还必须考虑到国家内部的差异。因为营销活动的需要主体为文化和人口群体，而不仅仅是国家。

2. 产品或其他衍生版本在这一文化中能满足什么需求？

大多数公司在分析一个新市场时都使用现有的产品或产品技术，但随之暴露的问题就在于现有的或升级过的产品能在给定的文化中提供何种消费需求。例如，在发达国家，自行车和摩托车基本上是为娱乐需求服务的，但在许多其他国家，例如许多发展中国家，它们是主要的交通工具。

ABX 公司成功地将 Juvita 定位为加纳早餐中苹果汁的替代品。然而，在评估科特迪瓦的市场时，ABX 公司意识到，科特迪瓦人的生活方式与加纳人的生活方式不同。销售人员敏锐意识到科特迪瓦人很少喝苹果汁，而且几乎不在早餐时段喝任何饮料。因此，公司采用了完全不同的定位策略，将 Juvita 宣传为一种新型的提神饮料。推广时向消费者推介这种饮料适用于一天中的任何时间。

3. 需要该产品的人中有足够的人能够负担起该产品吗？

销售企业需要进行初步的人口统计分析，以找出可能需要该产品的个人或家庭的数量，以及这些人实际上是否有足够的钱来购买它。例如，虽然中国有超过13亿的消费者，但大多数西方商品在中国的有效市场的规模估计还不到这个总数的20%。充分评估后，选择积极的应对策略。例如考虑建立信贷、获得政府补贴，或制造产品的低价版的可能性。宝洁公司在中国就采用了后一种方法。在中国，宝洁公司建立了一个分层定价系统，以便低收入的消费者购买。

4. 哪些价值观或模式会与购买使用产品的行为匹配？

文化价值观是某一群体广泛持有的信念，它肯定了什么是可取的。这些价值观通过各种方式影响行为规范，间接规定了对特定情况的可接受的反应范围。理解文化差异的一个有效方法是了解不同文化的价值观，解释行为的一个有效方法是了解不同文化所接受的价值观。不同的文化造就不同的价值观并影响着消费。例如，在以他人为导向的价值观中，消费者在购买时会以他人消费行为为指导，避免标新立异，也就因此不接受提倡个性化的营销模式。而以自我为导向的价值观反映了社会个体成员所认为的目标和生活方式。这些价值观同样对营销管理有很大的影响。例如，对信贷的接受和使用在很大程度上是由一个社会的个体价值立场决定的。

5. 产品面临的分销、政治和法律结构是什么？

显而易见，一个国家的法律结构会对公司的营销组合中的每个元素产生影响。例如，一家公司由于受到该国的法律限制，可能不得不对其在某个国家的广告进行修改，否则将面临处罚。例如，某些国家禁止在广告中出现生理性诉求；抵制所谓的攻击性产品的广告；在每日三餐时间这一父母与孩子一起观看的时段，禁止播放诸如女性卫生用品和痔疮药膏广告。巴西还制定了法律，限制酒类广告的数量。这些法律条款限制了公司采用标准化方法进行营销的能力。

6. 采用什么方式来进行产品营销？

这个考量因素要求全面调研：可用的媒体和每一种类型媒体的关注人群、产品需求、消费价值观、与产品及其使用相关的价值和使用价值、产品营销中蕴含的语言和非语言沟通系统。

一家企业的促销组合模式应包含多种要素，其中包括包装、非功能性的产品设计价值、个人销售技巧和广告等，这些因素都应该成为制定销售策略的关键指标。例如，ABX技术公司在一些亚洲国家销售的冰箱使用了鲜艳的颜色。之所以这样做，是因为调研后发现，这些国家的许多消费者都喜欢使用鲜艳的颜色，而且许多消费者把冰箱放在客厅，把它们不仅当作一件电器，而是希望它们作为有吸引力的家具。但在欧洲很多国家的消费者观念中，冰箱的价值仅体现为一件耐用的电器。

7. 在这一文化中销售该产品的道德伦理意义是什么？

所有的营销方案都需要在道德和财务方面进行分析。国际营销活动带来了许多道德问题。道德层面、伦理方面的问题在某些国家的营销中，尤为重要和复杂。例如，一个公司试图在国际市场上推销一种产品，就必须将各个层面的道德因素纳入考量范畴，这种道德分析将有助于防止因产品销售与当地政府发生经济利益冲突，或与当地民众发生文化不兼容的冲突。

文化是一个复杂的集合体，包括知识、信仰、艺术、法律、道德、风俗以及人类作为社会成员任何获得能力的习惯和习俗。文化具有一些确定的特征，此外，它还体现在可接受的行为界限内。文化的运作主要通过为个人行为设定相当宽松的界限来实现，但为了满足其需求角色，如家庭运作，文化必须不断地发展，保证它在构建社会最佳利益中发挥作用。当文化发生变化时，商务趋势也随之变化，这就为商务领域中对变化嗅觉敏锐的企业提供了打败竞争对手的机会。

六、文化创意产业

文化创意产业的诞生和发展语境中既充斥着工业的衰退，还伴随着全球化、城市化的加剧和新自由主义意识形态的流行，也有文化产品的商品化和经济及日常生活的美学化，这些都促进了文化创意产业的出现。以技术密集型产业、服务部门和文化产品产业的主导地位为特征，这种发展使创意文化产业被纳入地方、区域和国家各级各种规模的决策战略和经济发展议程。

创新和创意产业已经成为许多国家战略发展中广泛使用的术语。创新与产业概念相结合，衍生了创意经济的概念。自20世纪90年代以来，创意和创新与资本相结合，变成了经济的组成部分。"创意产业部门""版权产业""体验经济"等新术语往往与附加值、新增就业、竞争力等经济术语联系在一起，用于全球发展战略中。

文化产业概念最早是由西奥多·阿多诺（Theodor W. Adorno）在20世纪40年代初使用的。当时，阿多诺批判了文化产业，认为这种产业的生产者自上而下地控制、削弱了自发生产的文化的影响力。阿多诺用"文化产业"代替"大众文化"，意在说明大众文化不来自大众，但为大众所生产。尽管起源于批判理论，但文化产业这一术语提供了文化与产业之间的矛盾联系。它解释了资本主义社会中文化生产的概念，表达了技术革新如何改变艺术实践、强化市场行为。文化作为产业，同样具有支配消费者收入和时间、创造广告价值、吸纳劳动力等生产特征，是生产和组织传播符号的产业。创业产业的概念自1994年首次在澳大利亚提出，其本质是一项经济政策，通过为文化机构提供

2.5亿澳元的额外资本来助推 IT 产业及数字媒体的全球化浪潮。文化创意产业概念的兴起标志着数字化时代的到来。数字环境下的服务经济为设计、文字、音乐及 IT 解决方案的商业应用创造了新的需求。其艺术价值在于文化创意产业具有满足消费者和社会精神审美需要的重要属性，是以审美价值为中心、以社会文化价值为内容的一种认知价值与情感价值高度统一的精神审美价值。[①]

文化创意产业将无形的文化性质与内容、生产和商业化结合起来，通常受版权的保护，采取提供商品或服务的形式实现文化的商业价值。文化创意产业一般包括印刷、出版、多媒体、视听、录音和电影制作以及工业设计等。但创意产业的定义因国家和文化不同而各有差异。但大部分创意文化产业的发展与文化对经济的贡献相关。文化产业提供文化产品和服务，制造消费。而且社会越丰裕，非物质消费模式越多、需求越强。因为当基础的消费需求被满足和覆盖后，消费便成为了一种文化声明。

文化创意产业的发展大多通过四种模式来建构：一是由某些部门构成的创意产业范围，如英国为配合制定创意产业政策，将国家遗产部更名为文化、媒体和体育部。这就意味着文化从传统意义上的高雅转向了年轻、时尚、富有创造性层面。二是将文化创意产业作为一种特定的职业，其产业领域基于职业或活动的领域。三是整体性的城市发展，包括"创意城市"概念的提出。四是将创意产业置于更广泛的经济体系中，支持新经济，将文化与工人、公司、机构、基础设施、沟通渠道和其他成分组合起来。但创意产业不应该仅局限于某个部门或领域，创意网络、创意空间、创意活动都是广义的文化创意产业发生之地。

文化创意产业的几大内在特点在行业层面上普遍存在，这些特点主要是通过观察产业发展前景和它与整体经济的关系中总结而来。

（1）文化创意产业不仅在绝对数量上很重要，而且在比例上也很重要。在欧洲和其他地区收集的数据表明，无论从就业还是从附加值来看，它们的增长速度都比国家或城市经济的平均增长速度快。[②] 因此，高于平均水平的增长速度常常被用来支持说明创意产业是后工业经济的驱动力之一。

（2）创意产业虽然嵌入到本土生产系统中，但也与全球产业相连。其相

[①] 张耀中：《产业价值链中的价值创造研究》，南昌：江西财经大学博士学位论文，2010年。
[②] J. Ford, "Strategies for Creative Industries: An International Review", *Creative Industries Journal*, 2009（2），91-114页。

互联结主要得益于巨大的产品和服务出口潜力。

（3）它们通过与其他行业的联系为更广泛的经济创新做出贡献，这与创意产业产生的创新性质有关。创意产业一方面通过为终端消费者生产和销售创新产品和服务，另一方面通过向其他部门提供产品和服务，并作为中间投入对经济的其他部分产生影响。它们的中介桥梁作用对产品和流程创新至关重要。

在多种经济发展模式并存的背景下，将文化创意产业融入国家经济总体格局尤其具有挑战性，因为早期文化创意产业作为增长动力的作用往往被低估或忽视。伴着全球城市化进程的加快，创意产业可以在稳定当地经济免受外部冲击以及发展文化对话和社会凝聚力方面发挥根本性作用。许多国家、地区的混合经济都以某种形式依赖于创意产业——有时体现在所谓的非正规经济的商品和服务中，有时体现在跨国公司更复杂的价值链或时尚、工艺和纺织品生产方面的商业流动中，以及游戏化和信息技术中。在许多国家，创意产业最初仅符合与"艺术、工艺"相关的狭义定义，但已经逐渐演变为运营商务业务的企业组织机构，并更具丰富的企业内涵。

七、日常生活审美化

日常生活审美化的雏形最初由亨利·列斐伏尔（Henri Lefebvre）和其他现代主义理论家提出，是传统美学的延伸，通常只限于艺术作品。它并不局限于研究物体本身，而是关注所有不可否认的审美体验，这些体验是在人们思考物体或实施传统美学领域之外的行为时产生的，关注的是主体和客体之间的本质关系。迈克·费瑟斯通（Mike Featherstone）于1988年4月在"大众文化协会大会"上做了题为"日常生活审美化（The aestheticization of everyday life）"的演讲，进而明确提出该命题。随着艺术和审美进入日常生活，艺术与生活的距离在逐渐消弭。

日常生活审美化的提出，通常被作为区分后现代主义与之前的社会文化时代的分界点。后现代主义这个术语自20世纪50年代、60年代问世以来，比其他文化术语更快地进入到其他学科的词汇中，从建筑、封面设计、政治理论到电影艺术表现形式等，不一而足。后现代主义伴随着在19世纪资本社会的大城市里出现的消费文化而生，并与19世纪大城市里的集市、狂欢节等美学经验紧密相连，而这些与后现代语境下的审美经验也是平行的，其表征诸如迪士尼主题乐园、大型购物中心的出现等。后现代主义通过颠覆创造了一种全新的感受，它反对现代主义的前卫革命，对现代主义立场的正统化发出挑战。后现代主义标志着大众文化及其美学进入了一个特权领域，其主要结果是高级艺术和大众文化之间的"巨大鸿沟"的崩塌，例如，在20世纪下半叶，流行艺术和流行音乐的合并就是一个例子。后现代主义的特点是文化解密、反基础主义，随之而来的是越来越多流行文化的出现以及绝对价值标准的崩塌。这个过程伴随着几乎一切事物的审美化，在一定程度上使现代社会的形态脱胎换骨。艺术和文化部门仍然作为经典意义的审美实践分区领域而存在，但领域的划分标准在逐步消除。例如，博物馆、艺术馆等消费空间不断涌现，消费者与艺术、艺术品在这一空间中共存，并产生持续的相互影响。他们的经验和行动的审美理性表达向整个集体意义空间无定形地延伸开去。这种普遍的审美化倾向是高度发达社会的突出特征。社会实践承认不同美学话语的表达，例如高雅艺术、流行艺术，甚至更为分散的普遍审美。日常生活中的物品也打破了他们作为物的单一功能界限，被描述成形式，或者作为舞台，以此来鼓励日常生活中审美经验的投射、对话和交流。

后现代社会的特点使得日常生活审美化得以成为可能。第一，发端于20世纪20年代的"达达主义"等各种先锋派运动逐渐模糊了艺术与日常生活的边界。到20世纪50年代，艺术开始变得琐碎而贴近生活，并已经开始成为我们日常生活的一部分，我们的日常生活也成为艺术领域的一部分。以前围绕着艺术的神圣且神秘的光环已成为生活中司空见惯的场景。很多以前只为皇室贵族所有的珍贵藏品，伴随博物馆的普及，成为日常消费的一部分；米兰、巴黎或其他城市随处可见的城市涂鸦，说明艺术实践和日常生活中的物品相互交融。第二，随着物质的极大丰富，后现代社会中消费文化的兴起，带动了符号消费大行其道。商品本身的功能性价值，因为加持了艺术的表现力，呈现出新的符号价值。这种产品的出现重新塑造了人们的消费理念和消费习惯，商品价值导向的改变被消费者审美主体所接纳，形成了全新的消费趋势。第三，大众传媒的发展在带动审美化的普遍趋势方面发挥了重要作用。在现代关系空间里，个人主要通过市场、国家机构等组织在全球范围内产生相互联结的依赖。电视、网络等大众传媒的介入向个人传递必要的知识，使他们形成整体的观点并参与到公众事务建设中。大众传媒将抽象的关系转化为一般日常意识能够处理的具体实践。

日常生活审美化的实践在创业文化产业兴起后，变得更加具体。以中国为例，北京、上海、广州、深圳及其他城市纷纷打造各种艺术产业基地、文化创意园，在艺术展览、传播的基础上，将其发展成为文化旅游消费中心。当代社会，审美化对个人外表、城市设计、经济发展的作用和影响日益增加。在这个过程中，城市地区、购物中心、游乐园等消费场所经历了现代性变革和深层次的审美变化。起源于艺术和文学现代主义的审美化，在 20 世纪末蔓延到日常生活中，成为围绕符号和空间的后现代经济重组的一部分，它的发展依赖于日益复杂的信息化生产、组织机构的建设以及人类自身的文化反思。

思考训练

1. 美国美孚石油公司曾经花费 1 亿美元，历时三年，访问了许多专家，调查了 55 个国家、100 多种语言，检查了 15 000 多个电话记录，编写了 10 000 多个备选名称，动用了心理学、语言学、社会学、统计学等多学科专家，最终决定将其品牌名称从原来的"ESSO"改为"EXXON"。请运用跨文化营销的相关理论，解读美孚公司这样做的理据。能否再举例子，说明品牌名称可以促进产品和服务的营销结果。

2. 广告是仅次于产品的第二重要的跨文化营销因素。假如你是一家美国日用品公司的营销总监，现在你的公司即将收购一家中国的牙膏生产厂，需要你为这款即将投放中国市场的新产品拍摄一条广告，请结合跨文化营销的相关理论和内容，讲讲你的广告创意及原因。

3. 请结合商务实例，简述文化对跨文化营销中产品和服务以及沟通与促销两方面的影响。

第九章 跨文化谈判

一、引言

拉法基（Lafarge）集团是法国一家专门从事建筑材料生产的公司，已有170多年的历史，在水泥、骨料、混凝土和石膏板领域均居于世界领先地位。2004年，拉法基集团希望通过全资收购两家国有水泥厂而迅速进入中国云南市场。拉法基公司派出了团队中两名资历较浅的成员与两家云南水泥公司的负责人进行会谈，并安排分析师对有意收购的公司进行相应的调查，评估水泥公司的综合情况。根据拉法基先前预测，如果价格合适，当地政府肯定乐意出售这两家公司。但事实证明，当地政府并未按预期那样出售两家公司，因而谈判进展缓慢。此次谈判的最终结果是，拉法基将技术知识转移到中国的水泥公司，并与一香港公司合作成立了一家合资企业，购买了云南水泥业务80%的股份。拉法基的最终份额只有一半（40%），并未实现最初100%控股的构想。

拉法基的失误在于没有考虑文化因素在谈判中的重要作用。首先，政府的兴趣在于获得拉法基最先进的水泥制造工艺，而不是拉法基承诺的价钱。谈判发生的时候（2004年），中国政府拥有大量的外汇资本，它需要的是提升相对不发达的建筑制造业，改善当地就业环境，并确保建筑材料的稳定供应。从公共关系的角度来看，将国有企业转让给地方利益集团比直接出售给外国公司更有利。其次，拉法基选择资历较浅的成员与两家云南水泥公司的负责人进行会谈，在中方看来是对此次谈判的不重视。除此之外，尽管拉法基认为详尽的前期调查是尽责的体现，但潜在的商业伙伴派分析师去和业务主管谈话，在中国文化中是不信任对方的表现。在中国，建立长期友好的关系，是成功的商业合作的必备条件之一。

正确合理地理解谈判行为对商业沟通至关重要。通过自身文化的视角解释跨文化谈判行为往往会导致错误的理解，甚至可能会影响谈判关系和最终结果。如上文例子所示，中国政府虽然鼓励外国投资，但也有国家利益的考量，包括保护本地所有权、获得最先进的技术、保障就业和建筑材料的可用性。政府利益或制度文化在任何国家中都是不可忽视的因素,国际公司不管谈判经验如何,在新的文化环境中进行交易时,如忽略各种文化因素,常会导致交易失败。拉法基自1994年起在中国开展业务。十年后,当拉法基在云南省开启谈判时,已经在四川省积累了一定的水泥生产和销售的业务经验。因此,要将文化知识充分融入谈判策略,需要的不仅仅是经验,还需要了解文化如何以及为什么会影响谈判。[1]

二、谈判

谈判是具有不同需求和目标的双方或多方讨论问题以找到各方都能接受的解决方案的过程。大到国际关系的处理,小到与家人或同事之间就日常琐事的协商,谈判存在于社会生活中的方方面面。谈判是一种目的性很强的活动,谈判双方(或多方)在观点、利益和行为方式等方面,既相互关联又有差别或冲突,因此,谈判本质上是一种交流、沟通和说服的过程,需要各方互相让步。谈判的目标应该是构建礼貌的、建设性的互动过程,以实现谈判者部分或全部的需求。理想情况下,成功的谈判满足所有参与方的需求,使参与方愿意再次建立合作关系。

商务谈判作为一种主要的谈判类型,既具有一般谈判的质的规定性,又具有商务活动的本质特征。商业活动中涉及不同形式和内容的谈判,如销售、租赁、提供服务和其他法律合同的谈判等。[2] 成功的谈判对商业交易意义重大,因为谈判可以帮助谈判方建立良好的关系,提供持续的、高质量的解决方案,避免未来发生问题和冲突。

商务谈判的内容主要包括商品品质、数量、包装、价格、支付方式、商品运输与交付以及索赔、仲裁与不可抗力。商务谈判的类型主要包括主场谈判、客场谈判、主客场轮流谈判及中立地谈判。商务谈判一般遵循寻找谈判对象、建立对应关系、提出交易条件、讨价还价、达成协议、履行协议直至结束这一基本模式。商务谈判几乎包含了一切商品形态的商务交易洽谈活动,具有商务活动的特殊性和复杂性,要求商务谈判人员具有综合分析能力、系统运筹能力和处理人际关系的能力。

---

[1] 本案例摘自 J. M. Brett, *Negotiating Globally: How to Negotiate Deals, Resolve Disputes, and Make Decisions across Cultural Boundaries*. 2nd edn. San Francisco: John Wiley & Sons, Inc, 2007.

[2] 陈文汉:《商务谈判实务(第二版)》,北京:电子工业出版社2009年版。

三、跨文化商务谈判

1. 文化与谈判

跨文化谈判是一种跨文化沟通，是两个或两个以上不同文化背景的谈判方进行交流和沟通的过程，在谈判过程中双方为了达到意见统一而进行协调和沟通。在当今相互依存的世界中，跨文化谈判越发常见，并涵盖一系列广泛的商业合作，包括买方—卖方谈判、许可协议、战略联盟以及兼并和收购等。跨文化谈判的参与者常遇到价值观或信仰冲突的情况。如前文所述，文化由一个特定社区的社会传播的行为模式、态度、规范和价值观组成，成员之间使用其元素解释周围环境，指导自己与他人的互动。文化深刻地影响着人们的思维方式、沟通方式和行为方式，因此也影响成员进行的交易类型和谈判方式。文化差异会增加达成协议所需的时间，并可能导致谈判的破裂。如不能有效地弥合分歧，即使达成协议，协议关系也会异常脆弱。

如开章案例所示，商务谈判中，文化扮演着举足轻重的角色。要将文化知识充分融入谈判策略，需要的不仅是经验，还需要了解文化为何影响以及如何影响谈判。世界文化的巨大多样性使得任何谈判者，无论经验多么丰富，都无法完全理解遇到的所有文化。与外商谈判时，谈判人会面临各种障碍，如不熟悉的法律、政治制度和组织结构等。谈判双方的文化差异是国际谈判复杂化的特殊障碍。理解一个外国同行的文化就像剥洋葱，对其行为的解释揭示了对方的态度，态度反映了规范，规范则建立在价值观之上。

文化的不同维度影响谈判的各个环节和构成要素，以前文讨论的文化冰山为例，冰山的上部分代表了可能影响谈判的经济、社会、政治、法律、宗教机构等环境。文化体现在制度的选择上，比如是自由市场经济制度还是社会主义经济制度，它蕴含在制度的意识形态中，即制度选择所依据的一系列原则和戒律。除此之外，政府有制度利益的考量，并反映在谈判方法上。如忽略或未能周全考虑其中一方的组织文化，谈判结果会大受影响。了解群体层面的文化心理要素与谈判行为和结果之间的关系有助于谈判方在准备工作时做出合适的计划。如个人主义（individualism）或集体主义（collectivism）的文化维度，会影响谈判者的兴趣、目标、计划和战略选择。等级制度（hierarchy）与平等主义（egalitarianism）的价值差异会影响团队成员之间的关系类型以及谈判时的决策过程。

为了有效地进行谈判，跨文化谈判者不仅需要特殊的沟通技巧，还必须了解所涉及的文化背景。如能意识到对方价值观和期望的差异，谈判过程则会更加高效。因此，跨文化谈判要求谈判人员了解对方的公司、行业、文化背景、决策过程以及沟通偏好。换句话说，优秀的跨文化谈判人员是具有高文化智商（cultural intelligence）的人。国际商务谈判受到文化习俗、价值观、谈判风格及目标定位等多方面的影响。与国内商务谈判相比，跨文化商务谈判中必须要考虑到各种各样的复杂环境因素，但谈判的基本模式是一致的。跨文化商务谈判也同样遵循从寻找谈判对象开始，到建立对应关系、提出交易条件、讨价还价、达成协议，直至履行协议结束这一基本模式。本章的讨论着眼于文化在国际商务谈判的环节和构成要素中的作用。

2. 文化对主谈人选定的影响

谈判者的角色通常由一个以上的团队成员承担。主谈人可以是某个行业的专家，具有丰富的专业知识。例如，一个技术专家或融资专家会在谈判中起到决定性的作用，具有专门产品营销专长的谈判者或熟悉某一国家法律知识的谈判者对谈判也大有裨益。专业知识也包括了解谈判方的文化和价值观。拥有语言技能的人，如译员，也属于谈判队伍中的专家角色。许多谈判团队不自带译员，而是依赖东道国提供的翻译，这是不明智的做法。东道国的译员更忠于自己的雇主，拥有自己的译员则可以获得更多的信息和侧面评论，从而避免发生错误或信息遗漏。选择译员时，除了要熟悉业务词汇，也需考虑具体的语言能力。如一些在中国谈判的外国公司会带着一名在公司工作多年的中国员工，既可以应对谈判过程中可能出现的语言问题，也能提供一定的文化建议，如谈判过程中的语言禁忌、行为意义、政策解读等。

主谈人一般分为两种类型：战略型和协同型。前者的主要目标是赢得胜利，将谈判视为通过才智、竞争乃至欺骗达成目的的过程。此类谈判者对另一方常持怀疑态度，谈判风格偏对抗型。交易导向型文化倾向选择此类谈判者作为主谈。他们在谈判中会直接陈述本方的要求，在双方意见不统一时，坚持本方的利益，不轻易妥协。协同型谈判者避免直接对抗，视谈判为协作而非竞争的过程，因此更关注共同的利益。关系导向型文化倾向以此类谈判者作为主谈人，他们的目标是建立长期友好的合作关系，在谈判过程中顾忌双方的面子，遇到冲突时选择相对委婉的处理方式。

在等级制度比较明显的文化中，主谈人经常是组织或社会中地位较高的成员，他们的参与表明该组织对谈判的重视。许多公司的做法是安排资历低的谈判人员做基础工作，高级别的谈判人员完成交易。团队中出现高层人员，预示着团队有权力达成有约束力的协议。平等主义相对明显的文化，主要根据交易的性质和目标选定主谈人,并不一定有高层的参与。做决定的权力下放给团队主要成员,谈判过程看重效率,即以最少的时间和金钱成本实现目标,避免不断征求上级意见再做出决定。

3. 文化对谈判目标的影响

来自不同文化的谈判者以不同的方式看待谈判的目标。对于来自交易导向型文化的商业人士,商业谈判的目标首先是双方之间签署的合同。对于关系导向型文化,谈判的目标是在双方之间建立一种可靠的合作关系。书面文件,如协议,代表了关系的建立,但交易的本质是关系本身。学者对此进行了实证研究,如在一项针对来自12个国家的400多人的调查中,74%的西班牙受访者声称他们在谈判中的目标是合同,而只有33%的印度高管持有类似观点。[①] 这一差异解释了为什么某些亚洲谈判者在谈判的前期准备工作中花费大量的时间和精力,因为谈判的前期工作旨在了解对方,是建立长久的、良好的商业关系的重要基础。相比之下,北美人往往想快速完成谈判的前期工作,尽快进入正式谈判阶段,最终就谈判结果签订协议。确定对手如何看待谈判目标对谈判过程至关重要。如果对方是关系型谈判者,仅让对方相信你有能力提供一个低成本的合同并不足以达成交易,建立一个长期可靠的关系更为重要。如果对方是交易型谈判者,以建立关系为重点可能是在浪费时间和精力。

在谈判中,实现自己的目标需要谈判者与对方进行竞争或合作,即谈判的性质是"切蛋糕"还是"扩蛋糕",其差异受到谈判人成长文化、生活背景、教育以及培训经历等多方面的影响。[②] 谈判人对谈判目标的态度一般分为两种:一是"双赢",即谈判是一个双方都能获益的过程;二是"输赢",即谈判是一场决定输赢的斗争。认同"双赢"的谈判者认为交易是一个合作的、解决问题的过程;认同"输赢"的谈判者认为它是对抗性的。不同文化之间对谈判目标的定位存在显著差异。竞争型文化,尤其是重视个人成就、工作目标以及将国家或家族荣誉放在首位的文化,如中东和韩国公司,认为谈判是要"赢"的场合。"赢"不仅意味着达成所需,还代表打倒对方,使其不得不放弃谈判底线,其中可能涉及价格、交付时间或营销条款等。"赢"也可能意味着以自身的小让步换取对方的大让步。换句话说,"赢"意味着另一方要输,

---

① J. W. Salacuse, *The Global Negotiator: Making, Managing and Mending Deals Around the World in the Twenty-First Century*. New York: St. Martin's Press, 2015.

② Z. X. Zhang, L. A. Liu & L. Ma, "Negotiation Beliefs: Comparing Americans and the Chinese", *International Business Review*, 2021 (5): 101849.

即所谓的"零和谈判"。在许多西方国家,"妥协"(compromise)是讨价还价和谈判过程中的一个必要环节,也是解决冲突的一种模式。当谈判方的妥协程度基本相同时,结果比较理想。然而,在一些文化中,"妥协"一词需谨慎使用。如在伊朗,"'妥协'意味着对原则的背叛,具有一定的道德含义"①。俄罗斯人认为妥协是软弱的表现,是对正确的、合理的立场的退缩。因此,俄罗斯人是伟大的"坐家",他们在谈判时的耐心会使不耐烦的美国人做出更多的让步。②

重视组织间持续关系的集体主义文化,往往强调双方都能获得有益的结果,即目标是"双赢"或"非零和"的。"双赢"和妥协的区别在于谈判者的关注点:如果谈判者的目标是期望对方妥协,那么关注点是本方的损失和收益。如果谈判者的目标是"双赢"以达成最终交易,关注重点则是双方的收益。然而,谈判者有时不得不接受无法达成协议的僵局,即谈判各方在没有达成任何协议的情况下结束谈判。当然,任何谈判人员都不会以此为谈判目标,因为这意味着谈判的失败。上述关系可以总结为图9.1:

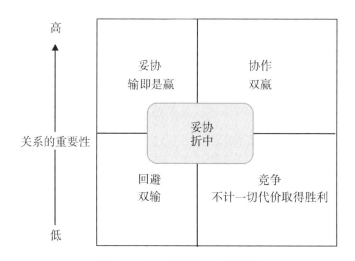

图9.1 文化对谈判目标的影响

---

① R. Mead, T. G. Andrews, *International Management*: *Culture and Beyond*. 4th edn. San Francisco: John Wiley & Sons, Inc., 2009: 101.

② Y. Richmond, *From Nyet to Da*: *Understanding the Russians*. Yarmouth, ME: Intercultural Press Inc., 2003: 152.

4. 文化对谈判风格的影响

文化决定成员的谈判风格。跨文化商务谈判中,谈判风格是谈判人员需要重视、研究的一个重要内容,只有理解了对方的语言特点和沟通方式,才能正确判定对方的态度和意图。本节分别从交易导向型/关系导向型、高语境/低语境、集体主义/个人主义几个维度讨论文化对谈判风格的影响。

谈判是一项特殊的沟通任务,需要使用特殊的语言和非语言技巧。来自不同文化的谈判团队,谈判目标各有差异,谈判风格也是如此。交易导向型的团队,强调沟通是阐明具体目标以完成这些目标的工具,他们倾向于把谈判看成是一系列要解决的问题。因此,谈判中的语言是明确的、直接的,并以期待中的协议内容为谈判中心。明确的陈述旨在避免或解决隐含的问题。这种方法对重视解决问题的西方文化来说是合乎逻辑的,例如,美国、德国和荷兰的谈判者以其坦率甚至直接的语言而闻名。相比之下,关系导向型谈判者优先考虑的是维持和谐和促进顺利的人际关系,因此他们会仔细观察对方的言行,以避免让其他人尴尬或者受到冒犯。关系导向型谈判者不喜欢直接的沟通方式,他们的沟通目的以鼓励和谐、维护面子和发展长期关系为主。例如,在日本,他们避免直接说"不",可能会使用"这个将会很难"或"我们得进一步研究",或者简单点的"也许""这个不是很方便"之类的语言。直截了当地谈一些尚未达成协议的问题可能会导致负面的情绪,严重的甚至会引起愤怒和对抗。中国人和大多数其他亚洲人具有类似的特点,他们避免直接冲突,即使认为自己是正确的,也不会与对方激烈争论,倾向使用委婉的、隐晦的语言。大多数来自西方文化的商人则倾向于直接发表意见,很大程度上不会介意对方的直接表述。[1]

本书第四章讨论的高语境与低语境文化,对理解不同的谈判风格也很有帮助。最新的研究显示,来自低语境文化和高语境文化的谈判者以相当不同的方式进行谈判。低语境文化的谈判者通常使用提问的策略,他们向对方提出有关利益和优先事项的问题,假定对方说的是实话,并以自己的利益和优先事项的信息作为回应。低语境文化的谈判者权衡谈判中的问题和细节,然后使用这些信息来提出要约。相比之下,高语境文化的谈判者使用一种更间接的策略来获得有关对方利益和优先事项的信息。关于利益和优先事项的内容被嵌入谈判信息中,通过从对方给出反馈的方式推断出对方的兴趣和优先事项,从而慢慢获

---

[1] R. R. Gesteland, "German Business Behavior", in *Cross-Cultural Business Behavior: A Guide for Global Management*. Copenhagen: Copenhagen Business School Press, 2012.

取想要的信息①。在低语境文化中，说话人的想法明确地编码于文字之中，不直接表达的问题可能得不到回应，沉默在低语境文化中暗含不快或沟通过程中的断裂。因此，来自低语境文化的谈判者通常对沉默感到不适，他们觉得自己有责任保持对话顺利进行。高语境文化，如日本谈判者，对沉默并不排斥，也不急于用谈话来填补沉默。在对方结束发言后，日方人员可能会短暂沉默，思考听到的内容并考虑发言者的感受。打断对方的发言是不尊重对方的表现。基于这一点，与日本同行的谈判需要小心，发言不宜匆忙也不宜过多。

文化影响谈判者的个人风格。个人风格涉及谈判者与他人交谈的方式、使用头衔、着装、说话以及与其他人的互动等。具有正式风格的谈判者坚持用对方的头衔来称呼对方，避免在谈判中涉及个人经历或提出涉及对方成员的私人问题。具有非正式风格的谈判者常以名字称呼对方，试图快速建立友好的个人关系。对美国人来说，直呼某人的名字是一种友好的行为，但对日本人来说，在第一次见面时直呼姓名是不尊重他人的体现。在外国进行谈判的商业人士必须尊重适当的礼仪。一般来说，采用正式的风格，并在需要时转为非正式的姿态，比从一开始就采用非正式的风格要安全。文化影响谈判者的个人情感表达。谈判者的情感表达差异是跨文化谈判中不可忽略的沟通维度。各种文化在表达情感的适当性和形式方面规则不同，这些规则也体现在谈判中。如拉丁美洲人和西班牙人在情绪化方面排名最高。在欧洲人中，德国人和英国人的情绪化程度最低，而在亚洲人中，日本文化在情感的表达上相对内敛。② 因此，对于交易导向型的商业人士来说，东亚和东南亚人似乎难以捉摸，他们总是习惯性地隐藏自己的情绪，尤其是负面的情绪。他们要么表情平静要么面带微笑来掩盖消极情绪。在这些文化中，如果表现出烦躁、沮丧或愤怒等情绪，会破坏交易过程的和谐关系，是无礼和冒犯的行为。例如，泰国人高兴、紧张甚至愤怒的时候，都会一直微笑，因为公开显示愤怒是幼稚的行为，也会使在场的人非常尴尬。除此之外，尽管情绪饱满的谈判者更容易影响对方的决定，但过于激动的情绪，如激动、愤怒，会隐含诸如产生攻击性、过度乐观和过度自信等不良后果。③

---

① J. M. Brett, *Negotiating Globally: How to Negotiate Deals, Resolve Disputes, and Make Decisions across Cultural Boundaries*. 2nd edn. San Francisco: John Wiley & Sons, Inc, 2007.

② J. W. Salacuse, *The Global Negotiator: Making, Managing and Mending Deals Around the World in the Twenty-First Century*. New York: St. Martin's Press, 2015.

③ W. Guo, W. Lu & X. Gao, "Exploring Configurations of Negotiating Behaviors in Business Negotiations: A Qualitative Comparative Analysis", *Journal of Business Research*, 2022 (147): 435-448.

关于各国谈判风格的讨论无一例外地涉及文化对时间的影响。人们常说：德国人很守时，拉丁人总迟到，日本人谈判慢，美国人交易快。但简单论断某一文化更重视时间会导致错误的判断。在跨文化商务谈判中，谈判者可能会以不同的方式衡量所追求的目标以及投入的时间量。对美国人来说，交易是一份签署的合同，时间就是金钱，所以他们希望迅速达成交易。因此，美国人试图将手续减少到最低限度，并迅速进入正题。日本人和其他亚洲人的目标是建立一种关系，而不是简单地签署一份合同，他们需要在谈判过程中投入更多时间，以便双方能够充分了解，并确定是否有希望建立一种长期的合作关系。于他们而言，缩短谈判时间很有可能是在隐藏某些问题。

最后需要注意，虽然"面子"的概念主要与亚洲文化相联系，但"面子"普遍存在于各个文化，只是说法不同而已。意大利人称它为"荣誉"（honore），盎格鲁-萨克逊人称之为"自尊"（self-respect）。[①] 没有人会喜欢粗鲁和冒犯的行为，当感到尴尬、被嘲弄或者被刻意批评时，人人都会心情不悦。因此，谈判过程中顾及对方的"面子"是在跨文化谈判中应注意的普遍问题。

5. 文化在定价中的影响

文化影响谈判参与人对讨价还价的接受程度和参与风格，从而影响了谈判中的定价策略。交易导向型文化倾向于直截了当的报价策略，不喜欢花费很长时间讨价还价。如与澳大利亚、加拿大、德国和瑞典的合作商进行谈判时，应注意不要过分夸大初始报价或采取"高低价"策略（夸大数字以留有讨价还价的空间），这往往会引起对方的反感，或者使对方在价格上望而却步。谈判者应以现实的出价开始讨论，在安全系数内留有余地，以应付意外的发生。

一般情况下，关系导向型文化的谈判者接受乃至欢迎讨价还价的环节。比如，墨西哥商人是强硬的讨价还价者，不怕直截了当地拒绝报价，但这种坦率的态度并不是无礼或是对抗，只是明确表达立场的方式。因此，与他们的谈判往往是漫长而激烈的，要预留足够的时间，并在开价中留有较大余地，以便留下让步的空间。沙特阿拉伯、埃及、土耳其商人往往是热情的讨价还价者，他们拒绝接受最初的报价，期望对手在谈判过程中对价格等条款做出重大让步，有些商人甚至用对方在价格上的妥协来衡量自己谈判的成功程度。与这一类型的对手进行谈判时，需要做出合理的预测，初始报价应为后面的谈判留有足够

---

① R. R. Gesteland, *Cross-Cultural Business Behavior: A Guide for Global Management*. Copenhagen: Copenhagen Business School Press, 2012.

回旋的余地。类似的定价策略也适合于中国、泰国、越南、希腊等商业文化。① 对谈判文化做出正确预测，灵活制定或对待对方定价策略是谈判过程中必不可少的技能。

6. 文化在解决冲突中的作用

"冲突"（conflict）是日常生活中最经常使用的术语之一，指人、团体和国家内部、国家之间的不和谐或对抗的状态和/或情况。它也可以指心理上的紧张，在这种紧张中，信仰、价值观、冲动和行为无法统一。冲突的根源在于需要解决的分歧，因为分歧可能引起内在的紧张、压力和/或情感和智力的不适，冲突可能是潜在的。

文化是引起冲突和解决冲突的一个重要组成部分。每种文化都具备一套解决问题的方案，体现在文化成员的行为规范、价值取向和解决策略中。观察文化差异能促使成员反思自己文化解决冲突的行为，帮助成员完善解决冲突的方法和策略。需要注意的是，文化差异是一种相对概念，比如一种文化可能具有等级制度的特点，但其成员在某些情况下也可能会拥护平等主义的价值观。根据本尼迪克特的比喻，文化是社会的"大人格"，即文化有主导性和隐性特征。② 例如，中国是以集体主义为主导的，但其成员有时也会以个人主义的方式行事。因此，观察个人主义文化中占主导地位的冲突解决方案，可以让我们了解自己文化中属于隐性（更隐蔽）的方法，从而提供有价值的选择方案。文化不断变化，隐性的替代方法目前可能有局限性，但在未来可能是有价值的选择。

在个人主义文化中，冲突被认为是生活的一个组成部分。这类文化的谈判者通常更注重谈判结果，冲突于他们而言是不可避免的、健康的构成部分。简单地同意对方提出的观点而没有任何分歧会使成员满足于易获得的而非最好的结果，这比冲突更危险。不同的观点会导致冲突，但也会碰撞出更高效的达成目标的方法，基于分歧的公开讨论能够有效地解决分歧。当然，冲突也会造成损害。即使在以结果为导向的文化中，人们也重视彼此之间的关系。关系越密切，冲突可能造成的损害就越大。在集体主义文化中，冲突通常被视为群体成员之间长久关系之内的一个方面。冲突是集体生活的一部分，但公开的冲突会威胁群体的和谐，因为在集体主义文化中，公开的冲突几乎是破坏性的。在这

---

① J. W. Salacuse, *The Global Negotiator: Making, Managing and Mending Deals Around the World in the Twenty-First Century.* New York: St. Martin's Press, 2015.

② 鲁思·本尼迪克特著，王炜译：《文化模式》，北京：社会科学文献出版社 2009 年版。

些文化中，分歧或相反的观点并不符合冲突的定义，人们不必有意识地花时间和精力去解决冲突，而应在不引起注意的情况下用行动补偿并恢复群体的和谐。成员之间不直接道歉，因为道歉的行为承认了冲突的存在，而公开承认冲突会使其成员觉得双方关系已不可修复。

在以关系为导向的文化中，如果关系密切的成员之间发生冲突，关系会受到威胁，其成员会不惜一切代价来维护关系。在等级文化中，人们一般不愿与地位较高的人发生冲突或者对抗。当冲突发生时，可能会由地位较高的第三方介入处理，第三方利用其权威解决冲突，也不会威胁到冲突方的面子和地位。

此处需要注意，关于冲突解决的研究多来自西方的思想和范式。西方研究者认为，冲突是可以管理和解决的，但并非所有的文化都认同这种观点。对于低语境文化来说，冲突的解决意味着冲突的终止，结果可能是个人目标或组织目标的实现，也可能是各方在目标没有满足的情况下终止冲突。换句话说，成员对解决冲突的手段可能存在分歧，但目的是公认的。然而，在高语境文化中，冲突的解决有非常不同的意义。冲突只是持续关系中的一个部分，表现形式多样，在具体情况中涉及不同的问题。冲突本身可能并没有"结束"，只是没有公开或破坏团体的运作。

7. 文化对决策的影响

在任何谈判中，了解对方团队如何组织、谁有权做出决定以及如何做出决定是很重要的。文化是影响谈判者如何组织并进行交易的一个重要因素。权力距离维度将影响决策结构的集中程度以及谈判者地位的重要性。[1] 不同的价值观会影响谈判方的组织结构。低语境文化基于结果或目的做决定，文化中的因果思维决定他们从原因到结果来回讨论。他们衡量利润、市场份额或客户数量等因素，寻找差别原因，根据可能出现的更好的结果做出决策。在此类文化中，做出商业决策通常需要对要点和问题进行细分，并按照特定的顺序处理细节，直到所有问题得到解决。澄清细节，理解各小节与主要问题之间的因果关系，找出答案，是做出决策的基本程序。高语境文化中的公司通常根据过程来做决定。这意味着决策对人、过程、组织和结果的可能影响都被考虑在内。过程导向文化是人的文化，在这种文化中，关系比结果更重要。可验证的信息、统计数字和测量结果并不像信任关系那样重要。在大多数高语境或过程文化中，关系链将人们镶嵌在互惠互利的关系网中，关系是决策过程中的一个重要

---

[1] G. Hofstede, G. J. Hofstede & M. Minkov, *Cultures and Organizations: Software of the Mind*. 3rd edn. New York: McGraw-Hill, 2010.

影响因素。

谈判时,要尽可能地考虑谈判团队的决策权力大小。在等级文化中,最终的决定权可能在从未直接参与谈判的人身上。在谈判中,最有影响力的人(男性最为常见)可能会出席一些会议,但一般不会明示他具有最终决定权。例如,在与日本商业人士的谈判中,团队的高级成员可能不会出席所有的会议,但会定期收到详细的报告,熟知所有谈判细节,并指导团队成员进行谈判。没有他的批准,团队不会做出任何重大决策。如果高级官员没有作为谈判小组的成员亲自出席,谈判的过程显然更长。

某些文化,如中国和日本,强调团队谈判和共识决策。与这样的团队进行谈判时,谁是领导者、谁有权力做出决定,可能并不明显。这类文化中,谈判团队人员相对较多。例如,中美两家公司进行谈判时,美国团队可能由三人组成,而中国团队则可能有十人左右。共识类型的谈判团队通常需要更多的时间达成协议。在团队组织的问题上,各个文化群体表现出不同偏好。法国人对共识决策的偏好比较强烈,同时,法国文化偏向个人主义,也许法国人认为,协商一致的决策方式是保护个人主义的最好方式。[1] 巴西人和墨西哥人在很大程度上比其他文化群体更倾向于一人领导。德国人在做出重要决定前会考虑同事的意见并与同事进行商议,因此,他们的决策时间比美国商人长,但会比日本商人和大多数亚洲商人短。在阿拉伯世界,谈判的节奏往往比较悠闲,强行要求对方迅速做出决定是错误的行为,谈判者应调整期望,耐心等待决策结果。在类似泰国的关系导向型文化中,决策过程往往需要更长的时间,因此,在谈判桌上需要足够的耐心。在韩国、越南公司,只有高层才能做出较大的决策,过程需要等待。[2]

8. 文化在合同中的作用

无论谈判者的目标是合同还是关系,几乎所有情况下,谈判的结果都会付诸某种书面协议。文化影响着双方达成的书面协议的内容设置。低语境文化中,大量的信息被归于明确的代码中,这也是个人主义文化的典型沟通方式。"很多在集体主义文化中不言而喻的事情,在个人主义文化中必须明确地说出

---

[1] E. T. Hall & M. R. Hall, *Understanding Cultural Difference*. Yarmouth, Maine: Intercultural Press, 1990.

[2] Salacuse, J. W. *The Global Negotiator: Making, Managing and Mending Deals around the World in the Twenty-First Century*. New York: St. Martin's Press, 2015.

来。美国的商业合同要比日本的商业合同长得多。"① 美国人一般倾向于制定非常详细的合同,试图预测所有可能的情况。交易就是合同本身,双方必须参照合同来处理可能出现的新情况。其他文化,如中国,喜欢一般原则形式的合同而非详细的规则,因为交易的本质是双方之间的关系。倘若出现意外情况,双方主要参照相互之间的关系来解决问题。因此,在某些情况下,中国的谈判人员可能会把美国人对所有意外情况的规定解释为对基本关系的稳定性缺乏信心。

以交易为导向的商业人士主要依靠书面协议来防止误解和解决问题。尤其是美国的商业人士在遇到分歧和纠纷时,往往会采取看起来不近人情的、法律至上的、基于合同的解决方案。许多美国公司谈判时会带上一名律师和一份冗长的合同草案,然后开始逐条讨论拟议的条款,每当出现问题时咨询法律顾问。瑞典公司认为书面协议是确定的,可能对重新谈判已签署的合同这样的要求不以为然。英国人强调法律方面和协议的细微之处,如果以后出现争议或分歧,他们倾向于依靠合同的条款解决问题,而不是援引非合同层面,如长期关系的重要性。沙特也倾向于把一切细节写在书面上,以避免将来出现误解。但在关系导向型文化中,这种做法可能会适得其反,因为他们更依赖个人关系而不是律师和详细的合同。在强势的关系导向市场中,在讨论后期阶段邀请律师加入,并在谈判间歇咨询他们的意见,是更合适的做法。

对合同截然不同的看法也导致了关系导向型文化和交易导向型文化之间的误解。例如,一家韩国公司与一家美国公司在纽约签署了一份商业合同,而随着条件的变化,韩国公司希望双方能重新谈判合同条款,他们认为与美国同行的密切关系能促成这一行为。但美国公司可能会误解提前要求改变合同条款的做法,认为韩国合作商是棘手的、善变的、不可靠的。关系导向型文化主要依靠关系来预防困难和解决问题,而注重交易的文化则依靠书面协议来实现同样的功能。例如,越南商人更注重友好的合作关系,因此关系一旦建立,他们期待对方在条件发生变化时同意讨论合同的变化。如果在合同签订几周后,越南合作伙伴要求重新谈判协议的一些内容,是常见的情况。②

合同形式上的差别也是应注意的一个问题,即商业交易的谈判是一个归纳

---

① G. Hofstede, G. J. Hofstede & M. Minkov, *Cultures and Organizations: Software of the Mind*. 3rd edn. New York: McGraw-Hill, 2010: 109.

② I. Varner & L. Beamer, *Intercultural Communication in the Global Workplace*. 5th edn. New York: McGraw-Hill/Irwin, 2011.

的过程还是演绎的过程？是从一般原则的协议开始然后进入具体项目，还是从具体细节如价格、交货日期和产品质量开始，最后总和成为合同的内容？学者研究发现，法国人更喜欢从一般原则达成协议开始，而美国人则倾向于就具体细节达成协议。对美国人来说，谈判基本上是在一长串的细节上做出一系列的妥协和取舍。对法国人来说，谈判的本质是就基本原则达成一致，这些原则将指导并决定之后的谈判进程，商定的一般原则成为框架和骨架，合同建立在此基础上。阿根廷人和印度人也倾向于将交易制定视为一个自上而下（演绎）的过程；而日本人、墨西哥人和巴西人则倾向于将其视为一个自下而上（归纳）的过程。①

四、跨文化商务沟通中的法律因素与政府因素

1. 商务交际与相应的法律体系

在全球化时代，边界仍然重要。尽管全球市场和国际通信均不断发展，但世界仍然是由独立的主权国家组成的，每个国家都有自己的法律和政治制度，更不用说许多国家的所辖行政区，如州、省或自治区，也有自己的一套法律和政府机构。国际谈判的双方或多方往往来自不同的法律体系，因此在思考商业问题时，各自使用的法律概念、类别和技术是完全不同的，这意味着国际商务谈判人员必须准备好面对和处理一系列令人困惑的外国政策和法律。国际交易商一般面临以下三大挑战：首先，外国的政治和法律制度对于在国外做生意的公司来说，基本上是未知的。对于没有经验的商业主管，外国的法律和政治是一个神秘的黑匣子，其内部运作不可理解，而且往往会产生不可预测的结果。其次，在国际舞台上进行交易就必须与许多不同的法律体系打交道，每个系统都具有同等的权威性。因此，在国外做生意的公司可能会在东道国的法律和母国或其他任何相关利益国家的法律之间受到挤兑。最后，在任何法律和政治体系中，外国人始终担心是否会遭遇歧视，会不会因为外国身份受到不利的裁决，法院是否会在涉及该国国民的案件中公正地对待他们，以及他们是否能够与当地企业平等竞争。为了有效地应对外国法律和政府，跨文化谈判人员必须学会处理这些问题。

外国法律也直接影响了谈判过程。当跨文化谈判遇到法律分歧时，不加怀

---

① J. W. Salacuse, *The Global Negotiator: Making, Managing and Mending Deals Around the World in the Twenty-First Century*. New York: St. Martin's Press, 2015.

疑地接受对方对其法律的解释是一个错误。特定的法律条款会有不同的解读，有经验的律师会提出有利的解释。如果对方确实对一项提议提出了法律上的反对意见，礼貌地要求对方做出充分的解释，或要求对方提供所依据的法律或条例的副本是比较明智的做法。

每个国家都有自己的法律，目前世界上存在四个主要的法律体系：法典法、英美普通法、伊斯兰教法和社会主义法律制度。[①]

西欧国家普遍遵循法典法（Code Law）。在法典中，重点是法律的措辞和解读，而不是以前审理过的类似案件。法典法起源于法国的法律传统。《法国民法典》可以追溯到1804年，在拿破仑皇帝的指导下完成编写，目的是澄清法律状况。法国法典法也被称为拿破仑法典，其写作风格简洁明了，旨在为公民服务。尽管法国法典以罗马法典为基础，它也纳入了法国大革命的一些思想，如私有财产权和订立合同的自由。《德国民法典》颁布于1896年，是一个高度结构化、精确和详细的系统。[②] 在法国和德国的体系中，解读法律的专业法官负责做出裁决，以前在类似情况下做出的裁决只有有限的说服力。

普通法系（Common Law），又称英美法系、英国法系或海洋法系，是与欧陆法系齐名的当今世界上最主要的两大法系之一，起源于中世纪的英格兰，目前世界人口的三分之一生活在普通法系司法管辖区或混合民法系统内。从法律渊源来看，普通法系的特点是判例法，即反复参考判决先例（precedent），最终产生类似道德观念一般的普遍的、约定俗成的法律规则（customary rules）。英国的大多数前殖民地，包括美国，都保留了普通法。美国的路易斯安那和加拿大的魁北克是两个例外，两者保留了法国法律体系，使用法典法[③]。

伊斯兰教法（Islamic Law），即沙里亚（Sharia），是一套以伊斯兰教教义为准则的法律，根据《古兰经》和可靠圣训的内容，对人们的日常生活和行为做出法律规定，因此又被称为伊斯兰法律。此外，伊斯兰教法还受到本土和部落法律的影响，如阿拉伯贝都因人的法律、麦加的商业法、麦地那的农业法和犹太法。与西方法律体系相比，伊斯兰教法涵盖了宗教、政治、社会、家庭

---

① R. August, *International Business Law*. Englewood Cliffs, NJ: Prentice-Hall, 1993.
② I. Varner & L. Beamer, *Intercultural Communication in the Global Workplace*. 5th edn. New York: McGraw-Hill/Irwin, 2011.
③ I. Varner & L. Beamer, *Intercultural Communication in the Global Workplace*. 5th edn. New York: McGraw-Hill/Irwin, 2011.

和私人生活的方方面面。① 伊斯兰教法关注的是伦理和道德问题,不仅限于商业法律和法规。伊斯兰法几乎没有处理现代国际商业惯例和交易（如信贷和利息支付）的规定。任何在伊斯兰国家做生意的国际商业人士都需要了解伊斯兰教法的一些规定,特别是与合同、银行和代理关系有关的做法。并非每个有穆斯林人口的国家都遵循伊斯兰教法。例如,在土耳其,96%的人是穆斯林,但土耳其的法律体系是法国和瑞士法律的混合。伊斯兰法适用于所有穆斯林,也包括生活在伊斯兰国家的外国人。例如,在沙特阿拉伯,妇女不允许开车和单独旅行,这一规则也适用于在沙特居住的外国女性。伊斯兰教法的执行情况因国家而异,商人们需要熟悉每个国家的具体规则。

社会主义法系或苏维埃法系是指实行社会主义制度或原先是实行社会主义制度的国家普遍使用的一种法律体系。它基于欧陆法系,并主要根据马列主义的思想进行修改和补充。"中国特色社会主义法律体系是在中国共产党领导下,适应中国特色社会主义建设事业的历史进程而逐步形成的。中国特色社会主义法律体系,是以宪法为统帅,以法律为主干,以行政法规、地方性法规为重要组成部分,由宪法相关法、民法、商法、行政法、经济法、社会法、刑法、诉讼与非诉讼程序法等多个法律部门组成的有机统一整体。"②

2. 争端的解决

并非所有的冲突都会演变成争端,精心制定的合同和耐心培养的合作关系都是为了减少误解从而避免争端。然而,在相同文化中,合同或者关系都不能保证万无一失,遑论跨文化背景下的商务合作。在签署合同时,签署者并不能预料到每一个突发事件,也不能实现识别和解决每一个条款解释上的差异。因此,争端在所难免。

文化差异加大了沟通和错误归因的难度。因此,跨文化谈判人员必须为解决争端做好充分准备,了解跨文化争端的起因以做好应对措施。解决争端需要尊重对方对抗方式的偏好（直接或间接对抗）,以及对直接和间接利益、权利和权力程序进行灵活应对。优秀的争端解决者了解不同文化中的利益、权利和权力如何解读,以及如何改变焦点和处理情绪。

在跨文化谈判中,争端不可避免。争端发生之前就应建立争端解决系统。

---

① Neol James Coulson, *Sharia*, *Islamic Law*. https://www.britannica.com/topic/Shariah［2022 - 10 - 10］.

② 中华人民共和国国务院新闻办公室：《中国特色社会主义法律体系》,http://www.gov.cn/zwgk/2011 - 10/27/content_1979526.htm［2022 - 10 - 10］。

这种制度通常涉及合同或规范性协议,以真诚的方式进行谈判,如不成功,则进行调解,如调解失败,则进行仲裁。建立争端系统的目的是将争端引向低成本的程序(通常涉及第三方),同时保留达成有效结果的可能性。因为争端一旦爆发,各方往往因情绪激动无法明智地选择解决程序,在谈判交易的同时商谈一个解决争端的系统很难实现。重视和谐、信任和人际关系的集体主义文化的谈判者,在商业交易之前,通常不太愿意先建立一个解决争端的系统,因为这样的提议太过直接且体现了对关系建立的不确定。但其实争端解决系统能提供建立关系的规范和解决争端的范本,避免争端不断扩大。

诉讼和仲裁是两种广泛使用的争端解决程序。第三方通常根据法律、先例或者合同,决定谁是过错方,从而解决双方争端。诉讼是一种公共的司法程序,争议人或其代理人对其主张进行辩论,由第三方或偶尔由陪审团做出最终的、有约束力的决定。谈判方通常不愿意对争端进行诉讼,因为在对方的法律体系中进行诉讼并非上策,可能存在的偏见、在外国进行诉讼耗费的时间和金钱,以及对未来关系的影响,都是值得担忧的问题。通常情况下,高语境文化不愿以诉诸法律的形式解决争端。假如两个日本公司有业务争端,他们几乎不会诉诸法庭,打官司对双方来讲都是非常丢脸的事情。正如前文所述,在日本,沟通的重点是创造一种和谐的氛围,诉讼会严重破坏这种关系,提出诉讼的公司反而会更丢面子。在类似文化中,诉讼手段是不受欢迎的方式,所以调解和仲裁发挥着重要作用。

仲裁是一种私人裁决程序。如果争议方想保护隐私,仲裁是比诉讼更好的选择,在仲裁中败诉的争议方不必担心公开丢面子。仲裁员和法官一样,负责在争议范围内解释合同或法律条款。当事人同意对争议进行仲裁时,会指定仲裁所依据的商业法,这就解决了许多发展中国家商业法不完善的问题。当事人还可以指定仲裁员的来源和挑选程序(有经验的仲裁员、退休法官或来自第三国的律师等),从而缓解一些国家的法官没有处理复杂民事诉讼的经验的问题。即使是低语境文化背景的公司也开始转向调解和仲裁,以削减法律成本,避免扰乱商业交易。仲裁通常比诉讼更快、更中立。在仲裁中,双方在争端发生前就某些规则达成一致,同意遵守仲裁员的决定,建立一种消除分歧和寻求共同目标的沟通方式。

是否愿意接受第三方介入并解决争端受到文化因素的影响。与倾向个人主义和平等主义的文化群体相比,集体主义、等级制度和高语境文化群体更愿意接受第三方的权威。他们默认第三方会以集体的利益为先,保护弱者;希望第三方能维护和谐关系,保住彼此的面子。个人主义、平等主义和低语境文化的谈判者更关心自我利益及维护追求这些利益的权力。因此，他们不太可能接受第三方争端解决方案，只有在所有的谈判努力失败后才会采纳这一做法。文化差异也会导致第三方介入争端的时间差异，有时在一方的要求下，第三方很早就参与到争端中；有时只是在争端各方或其代理人未能通过谈判达成协议后才进入争端。在等级制度文化、具有强烈和谐价值观的文化以及倾向间接对抗的文化中，第三方参与争端的时间较早。在这些文化中，第三方参与被认为是一种规范的、保护面子的以及和谐的解决争端的方式。

学者将解决争端的不同策略整合为利益、权利和权力策略三个框架。简而言之，利益策略通过共同解决问题来化解争端。利益是一方的真正的需求或忧虑，是一方声明立场的基础。争端各方共享有关利益信息，并试图整合这些利益。当事人愿意接受和执行基于利益的协议，因为协议符合其个人需要。权利策略通过依靠一些相互承认的、客观的、独立的标准或法规来解决争端。权利标准可以是规则、合同、法律、原则或规范性程序，被用来评估每一方案例的合法性。当事人可以通过参考一些客观、公平、独立的标准提供建议并论证其价值。权利策略通过引用一些独立的原则或法律提供解决方案来解决索赔，并且抚平了争端方的情绪，因为它为各方提供了一个合法地取得公平结果的基础。权力能够影响他人的行为、思想或感受。在商业关系中，有更好选择的一方往往掌握更多的权力。权力战略通过运用各方力量来解决纠纷，履行或者否决最初的请求。①

文化所包含的价值观和信仰影响着争端解决策略。集体主义较强的文化倾向于使用符合集体价值观的策略解决争端，然而，这并不意味着这些文化从不使用符合个人主义价值观的策略。思考争端解决方案背后的文化差异，就是要把一种文化的首选策略与它的文化价值取向联系起来，反过来有助于揭示解决争端策略背后的文化假设。利益策略根据每一方的基本利益来解决争端，它假定冲突各方的个人利益比集体利益或预先制定的法规更为重要，所有各方的利益同样合法，并且争端方可以自由地表达他们的利益和建议。② 因此，利益策略在崇尚个人主义、平等主义和直接沟通等价值观的盎格鲁文化中经常得以使用。

---

① J. M. Brett, *Negotiating Globally: How to Negotiate Deals, Resolve Disputes, and Make Decisions Across Cultural Boundaries*. 2nd edn. San Francisco: John Wiley & Sons, Inc, 2007.

② C. H. Tinsley, "How we get to yes: Predicting the constellation of strategies used across cultures to negotiate conflict", *Journal of Applied Psychology*, 2001 (4): 583–593.

重视明确的契约和平等主义的文化，如日耳曼文化，往往倾向于使用权利策略[①]。权利策略假定各方熟知规则或程序，并认为其是解决问题的合法基础。如果各方不能就规则或标准的合法性达成一致，就不能为解决争端提供前提。因此，当一文化群体选择权利策略时，他们更加重视抽象的、普遍化的原则。权利策略的第二个假设是，标准平等、普遍地适用于每个人。有选择地适用于某些人的法规，对提出或拒绝索赔的争议者来说，可信度较低。维护预先建立的普遍适用的法规与明确的契约和平等主义的文化价值相一致，这也是日耳曼文化的特点。[②] 社会分层或等级制度较为普遍的东亚文化则倾向于权力策略。争端方的其中一方具有更多的选择权，从而有能力宣布一个解决方案。例如，在工作场所的纠纷中，权力大的一方拥有更多选择，他/她可以威胁另一方或将另一方转移到其他部门。权力策略在东亚文化中使用较多，但这并不意味着平等主义文化中从不使用这一策略，只是在接受社会分层的文化中，各方的权力差异比较明显，权力策略更为常用而已。重视和谐的文化往往使用权力策略，因为这种方式在短期内最为快捷。如果一种文化想要快速解决争端以减少产生混乱的可能性，权力策略是很有吸引力的选择。对文化差异的反思可以加深谈判者对争端解决策略的理解，促使商业人士及商业研究人员对策略背后的文化假设进行思考，从而做出更专业的决策。

3. 国际企业与国家利益

国家监管商业以确保国家利益。国家对跨国贸易的监管一般出于以下利益：①促进贸易以改善国内的就业和生活水平；②遏制某些项目的出口以保证产品在国内的供应，或减少某些产品的进口以保护国内产业；③抵制腐败。回顾本章开篇关于拉法基在中国云南省投资水泥公司的例子。中国政府希望从拉法基获得技术和管理技能，但也希望保持中国对正在蓬勃发展的建筑业的这一重要部分的控制，并避免劳动力发生社会迁移。再如，2005 年，法国总理多米尼克·德维尔潘（Dominique de Villepin）针对百事可乐收购法国拥有的达能公司的竞标，制定了一项"经济爱国主义"政策（economic patriotism）[③]，

---

① C. H. Tinsley, "How we get to yes: Predicting the constellation of strategies used across cultures to negotiate conflict", *Journal of Applied Psychology*, 2001 (4): 583–593.

② E. T. Hall and M. R. Hall. *Hidden Differences: Studies in International Communications, How to Communicate with the Germans*. New York: Stern, 1983.

③ 经济爱国主义，也称经济民族主义，是一种倾向于国家干预主义而非其他市场机制的意识形态，其政策是在国内控制经济、劳动力和资本形成，包括对劳动力、货物和资本的流动征收关税和施以其他限制。经济爱国主义的核心信念是，经济应该为民族主义目标服务。

保证政府会支持达能抵挡任何不符合期望的收购。法国劳工部长让·路易·博洛（Jean-Louis Borloo）也表示，法国有大量的农场主以及中小型企业依靠给达能集团（Groupe Danone）供应初级产品过活，达能对于法国的意义"比珠宝都还要珍贵"，因此，政府将竭尽所能，反对一切针对达能的敌意收购。[1]

任何国家的政府都必须权衡国家的短期利益和长期利益。如果对外国企业的税收太高，这些企业就不会在该国投资，国家经济的发展可能会受到影响。自由贸易协定目前在全世界非常流行，成员之间的贸易关税降低，从而鼓励出口。但各国必须平衡其利益。没有关税的进口商品会危及当地企业，因为更便宜的进口商品更具有市场竞争力。同时，出口市场的低关税可以促进当地企业在国外的销售。

国际企业的利益与民族国家的利益不同，他们越来越看重全球的情况。在最高效的地方进行生产、在全球范围内调动员工以及在全球范围内开展业务，都要求国际公司超越单一国家与国籍的限制。当然，规范国内和国际交易中的道德行为是跨国贸易的基本要求。如果一国政府认为某项拟议的交易不符合本国利益，便会干预谈判过程。哪怕合同已经签署，政府也会采取行动，使其难以执行。因此，国际交易商的第一个也是最基本的问题，就是要清楚了解拟定交易是否涉及国家利益。在进行交易之前，应仔细阅读该国的相关经济政策、法律和国家发展计划，以把握国家的优先事项以及国家政策如何影响私人商业交易。在计划任何国际交易时，都应重视政府关于经济政策的一般性声明，多与当地的同行交谈，分析政府对类似交易的态度以及在问题出现时政府的取舍。

与国营公司或机构的交易涉及一系列特殊的考虑。谈判地的法律或法规可能会限制政府部门和国有企业的合同自由。他们可能被要求使用标准格式的合同，例如关于付款条件、保险和担保的强制性条款及交易种类的规定等。因此，了解影响政府部门或国有公司的法律和法规至关重要。除此之外，不能忽视国有公司或机构与政府的关系。例如，大多数国有公司是由一个特定的政府部门监管的，各个公司是否可以自行签订合同，或者他们的协议是否必须得到相关部门的批准才能生效，这些都是需要考虑的问题。

---

[1] 每日经济新闻：《拦截百事　法国发起达能保卫战》，http://finance.sina.com.cn/roll/20050722/0212220919.shtml[2022-10-10]。

五、文化杂糅

"文化杂糅"是当代象征性的概念之一,它高度概括了当下的时代特点:全球化背景下的经济合作跨越了地域与文化的限制,文化在交流与沟通的过程中不断摩擦、碰撞、融合以至产生不可逆转的变化,形成了新的文化现象和文化认同。从词源分析,"杂糅"一词最早出现于拉丁语,用来描述"驯服的母猪和野猪的后代"。[1] 在19世纪,它被用来指代一种生理现象;在20世纪,它被重新使用以描述一种文化现象。随着科技的发展,"杂糅"的使用语境更为广泛,现可指多用途的电子小工具、改良的农业种子、具有双燃料和电动引擎的环保汽车、融合美国和日本管理实践的公司、多种族的人、双重国籍和后殖民文化现象等。后殖民理论家霍米·巴巴(Homi Bhabha)对"文化杂糅"进行了非常详尽的阐述,他认为,"杂糅"并不只是简单融合了现有的文化元素,而是在不可抗拒的交流与碰撞的过程中不断被解读和转化,从而出现了一种新的文化,即"杂糅文化"。[2] "文化杂糅"现已成为跨越文化研究、理论和批评等诸多领域的一条主线,也是后殖民理论中使用和批评最广泛的概念之一。

早期关于"文化杂糅"的讨论主要分为两大类型:一种是政治的,认为"文化杂糅"是民主斗争和抵抗帝国主义的场所,或是与跨国资本主义共谋的新殖民主义话语;一种是本体论的,使用描述性的方法将"文化杂糅"视为全球和地方互动的明确产物。随着不同国家在经济、文化方面的深入交流,学者们认为"文化杂糅"应被理解为一种构成社会、政治和经济活动的传播实践。这一观点意味着跨文化沟通关系是复杂的、过程性的和动态的,是文化演变和创造力的积极条件,挑战了文化身份固有不变或本质主义的说法。种族化的、血统纯正的主张已经被一种渐进的文化杂糅所代替,种族和文化界限的跨越已成为社会发展的一个特征。[3] 现如今,"文化杂糅"已从传统学科如文学、人类学、社会学和后殖民领域进入到如建筑、旅游、商业和经济贸易的相关研究中。

---

[1] R. Young, *Colonial Desire: Hybridity in Theory, Culture, and Race*. London & New York: Routledge, 1995: 5.

[2] H. K. Bhabha, *The Location of Culture*. New York: Routledge, 2012.

[3] M. Kraidy, *Hybridity, or the Cultural Logic of Globalization*. Philadelphia: Temple University Press, 2006.

在国际商务中,由于总是涉及跨文化沟通以及不同文化形式、风格或身份的融合,"文化杂糅"已成为一种普遍现象。在跨国公司中,公司文化、管理人员的文化与员工文化之间形成了一个新的空间,创造出了一种杂糅的管理文化。① 这与巴巴对"杂糅文化"的理解相一致,即当两种或更多的文化融合在一起时,会共同创造出一种新的价值观、信仰、传统和社会体系的组合。例如,国际公司的员工有自己的文化,而不局限于他们的民族传统,这本身就是一种文化杂糅,源于他们组织环境中的文化融合。此外,文化并非一成不变,而是一个解释和重新解释的过程,跨国公司的商业实践和知识转移也是类似。跨国公司应关注文化杂糅现象,在新的文化空间产生的管理文化更适应当地的情况,从而更受欢迎,在日常管理中也可以提供高效的解决方案。单独的理论方法不能完全理解文化杂糅的复杂模式,国际商业人士要理解文化和管理之间关系的复杂性,因为其性质在不断变化。② 文化杂糅的过程创造了一个新的意义领域以适应新的语境,并重新思考和扩展原有的原则,跨国公司在运营中必须考虑这一点。

六、多元文化主义

在社会学中,多元文化主义的概念描述了一个特定社会处理文化多样性的方式:不同文化的成员和平共处,社会通过保护、尊重甚至鼓励文化多样性而变得更加丰富。在政治哲学领域,多元文化主义指的是社会选择制定和实施处理不同文化公平待遇的官方政策的方式。它可以通过移民自然发生,也可以通过立法将不同文化的管辖区结合起来而人为地发生。多元文化社会的特点是不同种族、族裔和民族的人共同生活在同一个社区。在多元文化社区,人们保留、传承、庆祝和分享他们独特的文化生活方式、语言、艺术、传统和行为等。

多元文化主义有两种主要理论或模式——大"熔炉"(melting pot)理论和"沙拉碗"(salad bowl)理论。"大熔炉"理论认为,各种移民群体会倾向于"融为一体",放弃各自的文化,最终完全被主流社会同化。"大熔炉"理

---

① B. Shimoni, "The Representation of Cultures in International and Cross-cultural Management: Hybridizations of Management Cultures in Thailand and Israel", *Journal of International Management*, 2011 (1): 30-41.

② J. Gamble, "Transferring Organizational Practices and the Dynamics of Hybridization: Japanese Retail Multinationals in China", *Journal of Management Studies*, 2010 (4): 705-732.

论通常被用来描述美国文化对移民的同化，就像铸造厂的熔炉，其中铁和碳元素被熔化在一起，形成单一的、更强的金属——钢。① 有些学者批评大熔炉模式减少了文化的多样性，强制执行的政府政策导致人们失去了他们的传统。例如，美国1934年颁布的印第安人重组法迫使近35万名原住民被同化到美国社会，该法令忽视了他们的文化遗产和生活方式的多样性。②

"沙拉碗"理论是相较于"大熔炉"理论更自由的多元文化理论，描述了一个异质性更强的社会，在这个社会中人们共存，并至少保留了各自传统文化的一些独特特征。就像沙拉的配料一样，不同的文化被聚集在一起，但不是凝聚成一个单一的同质文化，而是保留他们自己的独特风味。③ 在美国，有许多独特的民族社区，如"小印度"和"唐人街"，被认为是一个"沙拉碗"社会的例子。"沙拉碗"理论认为，人们没有必要为了被认可为主流社会的成员而放弃自己的文化遗产。例如，非裔美国人不需要为了被认为是"美国人"而停止庆祝宽扎节。也有批评家认为"沙拉碗"模式所鼓励的文化差异会分裂一个社会，导致偏见和歧视的存在。

多元文化主义是实现高度文化多样性的关键。当不同种族、民族、宗教和族裔的人聚集在一起形成一个社区时，就会出现文化多样性。一个真正的多元化社会是一个承认并重视其成员文化差异的社会。当今社会，越来越多的国家、工作场所和学校由多样的文化、种族和民族群体组成。通过认识和了解这些不同的群体，人们在多元文化语境中建立信任、尊重和理解，并从文化多样性带来的不同背景、技能、经验和新的思维方式中受益。

多元文化使工作环境中的各种文化聚集在一起。无论人们是来自不同的种族背景还是不同的国家，雇主都应该寻求多元化的商业文化。作为一个企业主，将文化多样性纳入招聘工作和管理风格之中，对公司多元化发展大有裨益。多元文化主义促进了不同文化的融合，以及不同观点的分享，从而为企业带来创新和多样性的工作关系。思想开放和跨文化沟通是多元文化主义的核心优势，它鼓励公开对话，增强员工之间的理解、合作和团队协作。最重要的是，多元

---

① M. Berray, "A Critical Literary Review of the Melting Pot and Salad Bowl Assimilation and Integration Theories. *Journal of Ethnic and Cultural Studies*", 2019（1）: 142 – 151.

② Robert Longley, *What Is Multiculturalism？Definition, Theories, and Examples*, https://www.thoughtco.com/what-is-multiculturalism-4689285#:~:text=Multiculturalism%20is%20the%20way%20in,harmonious%20coexistence%20of%20different%20cultures［2022 – 10 – 10］.

③ M. Berray, "A Critical Literary Review of the Melting Pot and Salad Bowl Assimilation and Integration Theories", *Journal of Ethnic and Cultural Studies*, 2019（1）: 142 – 151.

文化展示了包容和尊重的态度，能够改善公司文化，减少工作场所的冲突。

多元化的员工队伍使公司具有竞争优势，特别是在进行国际贸易时，具有不同文化背景的员工更容易进行跨文化沟通，并增加公司对不同文化和环境的了解。多元文化为企业提供了扩大其国际影响力和提高企业责任感的机会，帮助企业与来自不同文化背景的客户发展更富有成效的工作关系，并创造一个健康的工作环境。随着世界变得更加开放和全球化，公司的国际化对其发展和成功变得越来越重要。文化和文化差异是这一国际化过程所面临的一部分，为了使日常业务正常运行，管理者应提高文化意识，正确处理文化差异。

思考训练

1. 大北方服饰（Great Northern Apparel）公司是加拿大一家棉制服装进口商。当公司决定开始在中国采购男士礼服衬衫时，副总裁皮特·马丁（Pete Martin）从美国的一个行业联系人那里听说了常青服装公司——广州一家专门为美国市场供货的大型制造商。在双方经过了大量的邮件沟通后，皮特飞往广州，敲定了8000打男士衬衫的采购协议。与常青服装公司的讨论进行得十分顺利，双方需要一周的会议时间商定面料材质、尺寸和颜色分类、包装、交货日期、价格、付款条件等其他交易的细节。在漫长的谈判中，皮特已经筋疲力尽，所以很期待尽快签约。然而，他记得，常青服装公司还没有向欧洲或加拿大出口过服装，因此可能不熟悉加拿大的标签要求。所以，他解释说，所有在加拿大销售的服装都必须有法语和英语两种语言的纤维含量和洗涤说明的标签。这个消息引起了中方的一些担忧，因为他们缺乏法语方面的专业知识，所以强烈希望只用中文和英文来处理。中方的王经理笑着回应说："马丁先生，我担心提供法语和英语的标签会有困难，这个问题还需要进一步研究。"皮特重申，法/英双语标签是加拿大法律规定的，"请理解，我们在这方面别无选择，这是法律规定的"。在与他的团队进行了短暂的讨论后，王经理再次微笑开口："马丁先生，我们会认真考虑您的请求。恐怕这将是非常困难的。当然，我们公司将尽力解决这个问题。"解决了这个最后的细节后，皮特松了一口气，在购买合同上签了字，并向中方正式告别。七个月后，皮特接到了仓库质控主管的电话："马丁先生，我们有一个问题，您知道那些刚从中国运来的8000打衬衫吗？它们上面有双语标签，但它们是英文和中文的！"皮特震惊了，他认为常青公司已经同意提供法/英双语标签，但现在这种情况该如何解释？

2. 来自北欧最大的啤酒厂之一的高管们与越南中部的一家公司就在当地建立合资啤酒厂的协议细节讨价还价了几个月。在其中一天的谈判中，过程十分令人沮丧。在当天讨论即将结束时，欧洲团队的领导人再也无法掩饰他的烦躁。他的脸变得通红，气得浑身发抖，双拳紧握，手中的木质铅笔突然断成了两截。听到这一声音，整个会议室立刻一片寂静。片刻之后，整个越南团队不约而同地站了起来，径直走出了会议室。第二天，一份传真到达这家欧洲啤酒厂的总部，通知他们，越南方再也不会与他们的团队负责人这样"粗鲁、傲慢的人"坐在同一桌上了。现在该怎么办？在这个复杂的项目中，他们已经投入了数月的艰苦讨论，欧方最终决定将犯错的经理遣送回国，并另外派出一名以"扑克脸"著称的同事代替他的工作。几个月后，双方正式签署了协议。

3. 加拿大一家大型高科技制造公司正在与一家埃及公共部门的公司进行深入谈判。副总裁 Paul White 高兴地获悉，这家位于开罗的公司负责人正带领一个团队前往多伦多，以期完成谈判。令他更加开心的是，对方负责人 Dr. Mahmud Ahmed 在抵达后强烈暗示，讨论进展顺利，双方合作很有可能实现。这份合同一旦达成将是 White 的公司迄今为止受益最大的交易，因此，他非常清楚建立友好关系的重要性。他在当地有名的大酒店举行招待会，宴请埃及团队，Dr. Mahmud Ahmed 是主宾。当 Dr. Ahmed 到达宴会现场时，他还是如以往一样和蔼可亲，并热情地与 Paul 握手。闲聊几分钟之后，加拿大方把主客领到了酒桌前，桌上摆放着葡萄酒、白酒、果汁和软饮。Paul 礼貌地询问，"Dr. Ahmed，请问您想要哪种饮料？""哦，现在没有什么适合我的，"埃及人笑着回答。随后，两人就体育、音乐和其他共同的兴趣愉快地交谈了一会儿，然后 White 引着客人来到自助餐桌前，上面摆满了众所周知 Dr. Ahmed 会喜欢的美味佳肴。当 Dr. Ahmed 再次礼貌地拒绝，说他不饿时，Paul 很惊讶，客人对食物和饮料的态度让他很困惑，很想知道问题在哪，但随后他被吸引到与其他客人的交谈中，没有注意到 Dr. Ahmed 提前离开了宴会。在第二天的谈判会议上，Dr. Ahmed 表现得冷淡和疏远，双方在达成协议方面没有取得任何进展。当天下午，保罗得知埃及公司的负责人正在向他的同事大声抱怨他在晚宴上受到的"无礼和冒犯的待遇"，人们听到他说："当然不打算与这种无礼的人做生意。"由于代表团将在三天后离开加拿大，Paul White 急切地想知道发生了什么。这是否是一种谈判策略——一种压力策略，还是他的团队真的以某种方式冒犯了 Dr. Ahmed？如果是这样，他该如何缓解局面？

第十章 跨文化交际能力与企业文化

一、引言

中国著名企业华为公司非常重视全球化和多元化的运营,定期为员工提供跨文化培训课程,如《多元化管理课程》《外派适应学习》以及《跨文化意识》等,以促进中国员工和外籍员工的沟通,提高管理人员及员工的跨文化意识,建立相互信任的多元化团队。华为中方外派人员在上任前须学习这些课程并通过相关考试,来自国外的新员工也需在入职前完成培训,以快速适应公司文化。这类课程帮助中国外派人员和当地新员工增强跨文化意识,快速融入团队,从而提高工作业绩。2020年,华为公司要求所有以全球市场为目标的中国员工将英语作为工作语言,并通过相关认证。[①]

众所周知,文化相互影响。人们总是习惯依据自己的文化理解信息并与他人交流。但不同的文化之间往往同时存在着差异和相似性,文化差异在跨文化沟通中可能会导致误解、冒犯,在商业语境中会导致利润的损失。跨国公司要做到本土化,意味着要雇佣当地员工,公司的文化也就不可能是单一文化。即使是一家国内公司,也面临着越来越多的多元文化劳动力。华为公司为员工提供跨文化培训,目的是营造多元文化的公司环境,这也是未来不可避免的趋势。在任一跨国公司中,母国文化与当地文化(甚至其他文化)都参与其中,因此,克服文化差异非常重要,对相关文化进行充分了解和提高个人沟通能力是必要的。

个人的跨文化能力,如个人的语言能力,焦虑/不确定性的管理能力以及个人经验等,以华为为例,公司以技术导向为主,员工多为技术工程师。他们对产品和技术服务非常了解,但不一定具备足够的跨文化管理技能。而公司的

---

① 《开展多元化培训和中方员工英语能力认证,筑起跨文化沟通的桥梁》,华为官网 https://www.huawei.com/cn/sustainability/the-latest/stories/building-bridges-for-cross-cultural-communication#text4 [2022-10-10].

本土化意味着须充分了解当地文化,并构建多元文化的管理环境。员工对公司文化的认可、奖惩制度的认定以及管理人员的日常沟通风格,都受到文化的影响。因此,相应的跨文化培训项目、学习新文化的意识、对文化差异的敏感以及对跨文化技能的实践是应对多元文化的需求。本章第一部分主要分析跨文化交际能力的重要性和构成因素,为培养跨文化能力提供一定的指导。第二部分讨论企业文化的主要构成要素,分析文化对企业的影响。

二、跨文化交际能力

当今中国的发展需要实现人和文化的充分发展,跨文化教育和跨文化能力的培养有助于增强个人文化身份认同,丰富文化多样性,促进社会和谐发展,也是成为世界公民和国家栋梁的基本要求。[1] 无论哪个行业,有效的沟通是成功的核心。为了真正了解有效沟通所需的条件,首先要了解影响人们交流方式的不同文化因素。当今世界,国与国之间日益联系紧密,企业和组织运作的方式也发生了诸多变化:工作场所多样化、远程团队遍及各地、销售市场面向全球,所有这些因素使跨文化交际成为企业和机构成功运营的重要组成部分。

交际能力是对一个人与他人互动的程度的社会性判断。能力涉及社会认知,与所处的环境和人际关系有关。因此,尽管对能力的判断受到对个人特征评估的影响,但又不能完全由个人特征决定,因为能力涉及人与人之间的互动。合格的人际沟通中的行为首先应是恰当的,也就是说,沟通者的行为符合交际的期望和要求。恰当的沟通意味着参与者使用在特定情况下应该使用的符号。合格的人际沟通也是有效的,能实现预期的结果。因此,交际能力是人们对他人做出的一种社会性判断,且取决于语境、互动者之间的关系、互动者想要实现的目标或目的,以及用来实现这些目标的具体的语言信息和非语言信息。

跨文化交际能力指理解来自不同文化的人并与他们有效沟通的能力。跨文化交际是认识文化群体之间的差异和相似性的过程,以便在特定背景下有效地沟通。跨文化交流与合作隐含弥合文化鸿沟的意义,帮助双方相互理解,发展和谐的人际关系。换句话说,跨文化交际是指来自不同文化背景的人通过调整以改善彼此之间交流的过程。在当今快速变化的商业世界中,了解文化元素如

---

[1] 张红玲、姚春雨:《建构中国学生跨文化能力发展一体化模型》,载《外语界》2020 年第 4 期,第 35 – 44,53 页。

何影响工作场所中个人和团体之间的沟通至关重要。培养强大的跨文化沟通技能是创造成功的工作环境的第一步，它能使组织内部的所有团队成员发挥出最佳水平。

1. 语言能力

语言能力是跨文化沟通能力的重要组成部分。语言能力包括口头交际能力和书面交际能力。很多企业为员工提供语言培训项目，以提高员工在实际沟通中的效率。语言培训是好的开端，但使用语言的能力不仅体现在会说这门语言，还表现在能够区分合适的语境和不同的沟通方式等现实因素。如高语境文化的成员"惜字如金"，低语境文化的成员"滔滔不绝"；高权力距离文化的成员"礼貌客气"，低权力距离文化的成员"不拘小节"；而且还有丰富但易被忽视的身体语言，这些都是现实沟通中应注意的问题。书面沟通也是跨文化交际中的一大障碍。以英语为例，即使在英语国家，也有不同的写信方式。在传达坏消息时，美国人通常会以一个相关的、中立的或过渡性的缓冲声明开始，先给出坏消息的原因，以积极的方式阐述拒绝对方的意见，并提出积极的替代方案。然而，在英国，常见的做法是一开始就说明情况，讨论原因，传达坏消息（往往很直白），最后以道歉或遗憾的声明作为结束。[1] 与亚洲文化相比，美国的书面沟通又直接得多。这可能会导致亚洲人觉得美国人的商务信函是粗鲁的，而美国同行会认为亚洲人的信函是模糊的和情绪化的。

文化和语言紧密交织，相互影响。语言不是一个简单选择代码和语法规则的过程。无论以口头或是书面形式选择词语、组成句子和发送信息时，均会做出文化选择。词语的意思来源于语境，即文化用法。语言有助于与来自不同背景的人交流，然而文化素养对于理解所使用的语言至关重要。如果在使用语言时忽略其中的文化含义，会导致低效的沟通或者传递错误的信息。例如，在有些文化中，社交话题以问题的形式出现，但说话人并不期待具体的信息，此类话题只是一种推动对话的润滑剂。在美国，"你好吗？"是一个社交问题；但在德国、俄罗斯和波兰，"你好吗？"是一个信息问题，说话者实际上想得到问题的答案。在中国，"你要去哪里？"是一个社交问题，但在美国这是一个信息问题。因此，这个问题可能会使美国人觉得隐私受到侵犯，从而不知该如何回答。不熟悉惯例的人经常会误解这个问题和所要表达的意思。

语言反映了人们所处的环境，人们通过语言给周围的事物贴上标签以便理

---

[1] F. Luthans & J. P. Doh, *International Management: Culture, Strategy, and Behavior*. New York: McGraw-Hill, 2018.

解。例如，在亚马逊地区，雪不是自然环境的一部分，因此在当地的语言中"雪"这一词汇并不存在。在偶尔下雪的地区，关于"雪"的语言词汇可能只是一个没有任何区别的词，而在雪季很长的地区，关于雪的术语相对丰富。环境也影响着技术、产品和词汇的发展。例如，热带气候下的文化不会发展供暖系统，因此便不会有相应词汇，正如寒冷气候区的人不需要空调及其相关词汇一样。语言还反映了文化价值。如霍尔的研究指出，纳瓦霍人（Navajo）没有形容迟到的词汇。纳瓦霍人生活中依据的时间是自然时间，而非工业国家使用的人工时钟时间。时间在纳瓦霍人的生活中并不起作用，时间和时间的流逝是人无法控制的事情，人们不应该担心浪费时间或制定时间表，因此，纳瓦霍人没有那种与时间和时钟有关的不同词汇。[1] 除此之外，根据自身文化的习惯翻译外国语言和文化的概念会带来信息误差。例如，西班牙语中的"明天"（mañana）意指"未来的很快的一个时间"，并非很多文化中所认定的"今天午夜到明天午夜"这一段确切的时间。[2] 这类模糊的术语会给强调效率的文化带来困惑。

在跨文化工作场景中，除了上述要注意的语言问题外，还应注意一些实践中的技巧问题。比如，在日常交流中，尽量避免使用俚语、行话、隐喻和缩略语等容易引起对方理解困难的语言。语速要适当，不应太快，避免出现语言错误，也便于对方理解。如果谈话内容比较重要，应适时地给出总结，方便对方抓住重点。语言技能是跨文化交际技能中的重要组成部分，语言的习得与使用需要经年累月的实践与积累。

2. 对目标文化的认知

对目标文化的认知，一般可以从两个方面的研究入手：关注整体文化的研究和关注个体的研究。对整体文化的研究一般分为两种：文化主位研究和客位研究。主位研究专注于一种文化，并从该文化的内部进行描述。主位研究聚焦特定文化中对其成员具有意义的文化特征。客位研究旨在寻找存在于一种以上文化中的元素，聚焦文化的共享特征。客位研究通常涉及比较，找到相似之处和差异。对整体文化的研究可以为学习者提供文化概括，比如，中国文化注重和谐，美国人注重竞争等，这类总结可以帮助学习者快速理解某个文化的特征。霍夫斯泰德及其团队对文化维度的研究和霍尔的高语境/低语境等文化理

---

[1] E. T. Hall, *The Silent Language*. New York: A Division of Random House, 1959.
[2] I. Varner & L. Beamer, *Intercultural Communication in the Global Workplace*. 5th edn. New York: McGraw-Hill/Irwin, 2011: 46.

论，为学习和理解整体文化扩展了理论视角，也为跨文化交际实践提供了指导。前文对这些理论都有详细介绍，此处不再赘述。

研究文化的另一种方式是关注文化中的个体成员。基于个体的研究考察文化对个体感知、个体认知和个体行为的影响方式，主要领域包括：人际沟通、个人之间的冲突沟通、面子问题和个人的文化认同等。个人身上带有所属文化的价值观和态度，他们的行为可能符合所属整体文化的预期，但通常情况下，个人并不具有概括性预测的价值观、态度和行为。影响个人的思维和行为的因素很多，文化只是其中之一。个人经验、个人见解、个人目标、兴趣和期望，都是他们身份的一部分。在一个文化群体中，并不是每个人都会与其成员相同。

除学术研究外，了解目标文化最常见的方法是询问目标文化的成员，尤其是具有相似背景（经济、教育、家庭）、有类似经历或从事相同工作的人。在目标文化生活了很长时间的非本地成员熟悉自身文化与目标文化之间的差异，也能提供非常实用的建议。阅读目标文化的文学作品也可以帮助了解该文化。通过阅读人物的行为方式，读者可以了解该文化中的常见思维和行为模式。例如，通过阅读当代中文短篇小说，读者能了解到中国文化如何看待情感的公开表达、男性与女性的相对地位、不伤及别人面子的重要性，以及外在的公共行为和私人意见之间的区别等。观看电影也是了解文化的重要渠道，电影展示了人们的行事方式、非语言交流和语言的使用等。目标文化对自身文化的评价，如对机构、历史、信仰和对未来目标的描述，甚至旅游指南，都包含了深刻的见解。电视、报纸和杂志广告暗含丰富的文化信息，如美国的麦片广告，凸显年轻上班族对"方便快捷"的核心诉求，而同样的广告在墨西哥强调的是家庭成员需求的核心诉求。亚洲媒体广告中的女性形象很有可能会冒犯伊斯兰国家的女性，这都是在媒体信息中可以注意到的文化问题。[1]

学习和认识一种文化是一个持续的过程，多样化的渠道会提供多元客观的知识和洞见，因此，跨文化交际者应保持开放的心态，持有不断学习的态度，在实践中积累交际经验，从而不断提升自己的能力。

3. 跨文化沟通能力与技巧

跨文化沟通能力是一个复杂的概念，涉及很多层面。广义上讲，跨文化沟

---

[1] I. Varner & L. Beamer, *Intercultural Communication in the Global Workplace*. 5th edn. New York: McGraw-Hill/Irwin, 2011.

通能力是"在特定背景下恰当而有效的行为"①。"恰当"是指在交际过程中双方认为重要的准则和规范,以及对他们之间关系的期望没有受到严重侵犯;"有效"指的是经过一定的努力,在一定的时间内,成功实现既定目标,得到应有回报。国际商业中的跨文化能力"是个人有效地使用一套知识、技能和个人属性,以便在国内或国外成功地与不同国家文化背景的人们一起工作"②。无论定义宽泛还是具体,均表明跨文化沟通能力意味着分析情况并选择正确的行为模式。跨文化沟通能力的评估,一般包括三个部分:①意识,获取新文化知识的愿望或动机;② 知识,即了解一种文化的信仰、行为、价值观和理念的能力;③ 行为,与来自不同文化的人沟通的实践。③

  动机意味着沟通者希望成为成功的跨文化沟通的一部分。持续的动力和积极的态度通常会带来正面的结果。动机可能是外在的或内在的。外在方面指的是会给交际者带来的实际回报,如经济利益、尊重或权力等。内在动机比较个人化,也更难获得,尤其是在跨文化交际环境中。要想成为一名合格的跨文化交际者,必须学会超越个人的界限,努力寻找激励的来源,以此作为目标,并做出改进。知识与动机相辅相成,要求交际者有足够的动力来收集关于其他文化的知识。这一要素也经常被称作认知灵活性,因为它指的是增加和扩大关于来自不同文化的人的知识的能力。学者将这类知识分为两种:内容性知识和程序性知识。内容性知识是对交流主题、词语、意义等情况所需的理解,程序性知识是指如何在特定情况下组合、计划和执行内容知识。④ 关于跨文化沟通的知识,学者们推荐两种调查方法:文化特性方法和文化共性方法。文化特性方法认为,改善跨文化沟通的最有效方法是一次研究一种文化,并学习该文化的所有特征和具体的沟通特点。如当事人准备访问德国或即将与来自德国的成员一起工作时,深入学习德国的文化特点,如对方的语言特点、禁忌、身体语言等,从而获得文化指导,与对方有效互动。文化共性法的基本原理旨在通过不同的学习方法了解文化对人类行为的普遍影响。这一方法的基本假设是,几乎

---

  ① B. H. Spitzberg, "A Model of Intercultural Communication Competence", in L. A. Samovar & R. E. Porter (eds.), *Intercultural Communication: A Reader*, Belmont, CA: Wadsworth, Inc, 2000: 379.

  ② J. Johnson, T. Lenartowicz, S. Apud, "Cross-cultural Competence in International Business: Toward a Definition and a Model", *Journal of International Business*, 2006 (37): 530.

  ③ M. W. Lustig, J. Koester & R. Halualani, *Intercultural Competence: Interpersonal Communication Across Cultures*. 5th edn. Boston, MA: Pearson and AB, 2006.

  ④ S. P. Morreale, B. H. Spitzberg & J. K. Barge, *Communication: Motivation, Knowledge, Skills*. 3rd edn. New York: Peter Lang, 2013.

所有文化都有一些共同的生活经验和交流特征，可以在文化中相互借鉴。尽管每种文化在其价值观、语言、规范、行为等方面的表现存在不同，但处理这些问题的需要是普遍的。对这些方法的简单了解有助于我们在实践中做出选择，理想状态是将两者相结合，为交际者提供长远的指导。

跨文化沟通技巧是交际者为了沟通成功所做出的具体行为。关于技巧，学者给出的建议良多，本节结合上文讨论的构成要素，提出以下建议。

首先，学会倾听。倾听涉及沟通的动机及文化的知识。这要求交际者对文化有基本的了解。高语境文化中，如日本，沉默是谈话中的一个重要部分，是需要"倾听"的内容。在听不同文化背景的人谈话时，说话者如何展示自己的想法也存在文化差异。如日本、泰国、柬埔寨，人们倾向于用柔和的声音说话，而在地中海地区，音量要更强烈一些，这对倾听的过程提出了不同的要求。谈话内容中的非语言也受到文化的影响。美国人在倾听过程中发出的"嗯—哼"的声音，通常是表达注意力的标志，但在有些文化中，听众这样的反应被认为是打断对方说话的不礼貌的行为。是否保持直接的眼神接触，也是倾听中要注意的问题。除此之外，还应注意交谈的对方采用的是直接还是间接的沟通方式。在直接沟通方式的文化中，如法国、德国和美国，倾听者多注意事实和信息，并就所听内容提出直率的问题。在间接沟通方式的文化中，如芬兰、日本、中国等，倾听者不会出现打断对方的情况，礼貌是听众行为的重要组成部分。成功的倾听行为还应包括开放的心态、接受新的想法等。

其次，灵活沟通。灵活性意味着交际者能够调节、调整和改变自己的沟通行为，使之适合于环境和沟通双方。无论扮演什么角色或采用什么方式，掌握一些沟通技巧能够应对不同的人和环境，在遇到沟通困难时，能够进行反思而不是冲动行事。遇到正式风格的文化时以正式的方式行事，与低调交流模式的人交谈时，轻声说话而不是拔高音量，这都是跨文化沟通技能中灵活性的体现。与灵活性密切相关的是培养对模糊性的容忍度。跨文化沟通多不可预测，而且往往涉及新的价值观和习俗，混乱和模糊在沟通过程中无可避免。例如，交际一方的文化重视竞争，而另一方重视合作和人际和谐，一方的行为在另一方看来可能是模糊和混乱的。但如何应对模糊性是跨文化能力的一个关键因素。正确的反应能使交际者保持冷静，不急于做出判断，磨炼耐心。

文化背景的差异增加了工作交流的难度。即使使用相同的语言，不同的工作地点也会有文化差异，在沟通中应考虑文化因素以优化沟通结果。有效的沟通策略首先要考虑信息的发送者和接收者的文化背景差异，对文化多样性的基本理解是跨文化沟通的关键。学习相关文化的基本知识以及掌握基本的语言技能非常重要，否则，日常交流中简单的问候和身体接触也会成为棘手的问题。有效的跨文化能力培养，应兼顾生活语境和工作语境，从认知理解、情感态度、行为技能三个层面入手①，综合提升跨文化交际能力。

三、跨文化视域下的企业文化

1. 文化与权力

人类历史中，权力在国家、人民、文明和文化之间的关系中发挥着重要作用。德国哲学家马克斯·韦伯（Max Weber）将权力定义为"个人或者集团在他人反对条件下也能贯彻自己意志的可能性概率，是一种社会关系"②。从更广泛的角度来看，权力是导致事情发生的能力，控制发生的事情，以及阻挡主体不希望发生的事情。③ 权力是跨文化交际的一个重要维度，文化培养了合法使用权力的规范性标准。如果仅以个人化的术语（地位、威望）来定义权力，那么就很难观察到权力概念的文化差异。文化差异还体现在权力在文化中的分配和使用、对权力的态度以及人们为获得权力所采用的方法。比如，有些文化可能提倡为他人的利益而使用权力，而不是为了个人获得地位和声望。有些文化中，权力能够被用以追求自我利益，无视他人的福祉和愿望。权力运用的方法是多样的，也是广泛的。从全球政治到跨文化成员之间的接触，甚至在朋友和家人的人际交往中，都存在权力。因此，权力极大地影响了跨文化交际的所有阶段。跨文化交际中，谈话人拥有的权力大小影响交谈对象、谈话内容以及谈话结果。权力的来源基于文化，在一种文化中可能被视为权力来源的东西在另一文化中可能与权力无关。例如，在英国，一个人的英语水平往往被视为潜在的权力标志，因为它标志着一个人的阶级和社会地位。在美国，年长的白人男性在社会交往中比女性或少数民族群体享有更多的权力。在一些文化中，权力和地位与一个人的姓氏或职业有关，教育水平也可以是权力的来源。

从组织机构的角度来讲，第三章所讨论的国家文化维度权力距离和不确定性规避影响了人们对组织中权力问题的思考。组织机构总是会面临两个问题：

---

① 张红玲，姚春雨：《建构中国学生跨文化能力发展一体化模型》，载《外语界》2020 年第 4 期，第 35 - 44、53 页。

② R. Swedberg & O. Agevall, *The Max Weber Dictionary: Key Words and Central Concepts*. 2nd edn. Stanford: Stanford Social Sciences, 2016: 261.

③ R. A. Barraclough, & R. A. Stewart, "Power and Control: Social Science Perspectives", in V. P. Richmond, & J. McCroskey (eds.), *Power in the Classroom*. Hillsdale, NJ: Prentice Hall, 1991: 1 - 18.

①谁有决定权？②为了达到预期目的，应遵循什么样的规则或程序？回答第一个问题，受到权力距离的文化规范的影响；回答第二个问题，则受到不确定性规避的文化规范的影响。高权力距离文化中的组织通常权力比较集中，承认等级和地位的存在，并遵守既定的权力线。低权力距离文化中的组织，倾向于平等对待上级和下级，不强调使用头衔称呼上级。有权力的人，无论是主管、经理还是政府官员，经常与下属互动，并试图让自己看起来并无权力上的优越。比如，高层管理人员与下属互动时，可能采用较为随意的沟通方式或行为举止，以示平等。权力距离和不确定性规避指数两者之间的联系意味着组织机构满足其成员的主观文化需求的程度。例如，调查研究表明，在其他条件相同的情况下，法国的组织更注重权力，德国的组织需要更多的职能机构，而英国的组织相信临时解决问题的能力比职能部门更重要。① 在高不确定性规避的文化中，企业制定的战略活动不易实现，管理层支持细节性的规划并期待短期反馈，且将制定规划的任务交给专家。低不确定性规避文化中的企业，支持战略活动，重视长期规划和目标，更多的员工参与企业中的管理和规划。当然，个人主义维度和男性维度也会影响着人们对组织机构中的人的思考。跨文化交际中，交际者要意识到不同文化对权力的态度，并尽可能地减轻其影响。

2. 组织文化

自20世纪80年代初以来，组织文化一直是热门话题。优秀的组织文化是培养企业成功的关键。组织文化是指导所有团队成员行动的价值观、期望和做法的集合。好的组织文化会体现出积极的特质，从而提高组织的工作效率。组织文化不能与组织目标或宣传混为一谈，前者的创造依赖于一致和真实的行动而不是通过新闻稿或政策文件的宣传。组织文化有各种表现形式，包括领导行为、沟通方式、内部传播的信息和企业庆祝活动等。组织文化在很大程度上决定了员工的行为方式，以及员工、商业伙伴及客户之间的互动模式。组织文化也决定了它应对变化和危机的方式，深深影响着组织在短期和长期内的创新和成功能力。

组织文化随着时间的推移而形成，是由组织的领导层和有助于组织获得成功的行动和价值观所共同塑造的。组织文化可以通过组织领导者和管理层的文化意识来管理。管理一种文化需要集中精力来维持支持组织有效性的文化元素，一个组织的习俗、传统、仪式、行为规范、符号和一般的做事方式是其文

---

① G. Hofstede, G. J. Hofstede & M. Minkov, *Cultures and Organizations: Software of the Mind*. 3rd edn. New York: McGraw-Hill, 2010.

化的明显表现；现有的组织文化通常是根据以往的成功经验总结积累而形成的。组织或企业的创始人对早期的文化有重大影响，随着时间的推移，逐渐形成与组织的价值观相一致的稳定的规范。

组织是象征性的实体，根据其成员头脑中由文化决定的隐性模式运作。不同行业的组织往往具有共同的文化核心。例如，大多数私营组织都希望增加盈利，他们努力做到以团队为导向并关心组织成员，公司之间因为收益和市场份额相互竞争。区别组织文化的特征一般包括以下几点：价值观、等级制度的程度、以人为本或任务导向、职能导向等。霍夫斯泰德等学者结合文化维度的理论，对组织文化进行了大量的实证研究，根据研究结果，他分别从以下几个维度讨论组织文化的特点。[1]

第一个维度是过程导向与结果导向。组织的运营活动可分为劳动密集型、材料密集型与资本密集型。劳动密集型倾向于结果导向，材料密集型倾向于过程导向。在劳动密集型的运营活动中，组织成员的努力和贡献在其结果中起着重要作用，因此，更有可能孕育出一种结果导向的文化，相应地，组织的缺勤率也相对较低。材料密集型和资本密集型的生产活动往往取决于技术流程，这与过程为导向的文化相呼应。一般情况下，研发单位、服务行业主要以结果为导向，制造业和机关单位往往以过程为导向。从组织结构讲，扁平化组织更倾向于结果导向。专业化和正规化更强的组织往往更注重过程。

第二个维度是员工导向与工作导向。如果一个组织根据利润或者其他财务业绩指标评价员工，那么这个组织就属于工作导向型文化。如果组织根据预算来评估员工的业绩，则正好相反，其属于员工导向型文化。与内部标准，即预算相比，按照外部标准，即市场利润运作，属于工作导向型文化，相对严苛。员工如果被允许发表有争议的观点也是员工导向型文化的体现。

第三个维度是地域性与专业性。通常情况下，采用传统技术的组织倾向于地域性文化，而高科技单位则倾向于专业性文化。大型组织会培养更多的专业文化，经理人有更高的教育水平，组织结构显示出更多的专业性。在专业性文化的环境中，成员们倾向于将个人生活视为私人领域，与工作生活相分离。他们认为组织在招聘过程中主要基于候选人的专业技能和能力来做出选择，并且倾向于为自己的职业发展制定长期规划。相对地，在地域性文化背景下的员工，他们认为组织规范不仅指导其职业行为，还可能影响其家庭生活。这些员

---

[1] G. Hofstede, G. J. Hofstede & M. Minkov. *Cultures and Organizations: Software of the Mind*. 3rd edn. New York: McGraw-Hill, 2010.

工相信，在招聘过程中，组织会同时考虑候选人的工作能力和其社会及家庭背景。此外，这些员工可能不会制定过于长远的职业规划，因为他们可能期望组织为他们的未来做出相应的考虑和安排。

第四个是开放与封闭系统维度，这一维度体现在组织中女性员工的比例。女性在管理人员或高层管理团队中的百分比体现了组织的开放性，但这种关联性受到国家文化的影响。比如，在欧洲发达国家中，丹麦是女性劳动力参与率最高的国家之一，而荷兰则是最低的国家之一。因此，数据显示，丹麦组织的开放性得分更高。同时，正规化的组织文化呈现出更强的封闭文化，员工表达观点的自由度也体现了文化的开放性。

维度五是松与紧的控制。材料密集型组织的文化更严格。员工受教育程度较低的组织，管理也相对严格。

维度六是私营单位和公共单位，研究表明，私营单位往往更务实，公共单位（如警察部门）更规范。

3. 企业文化的类型

20世纪60年代，人们逐渐建立起对企业或组织文化的认识。"企业文化"一词于20世纪80年代初发展起来，并在90年代开始广为人知。在当时，"企业文化"被经理人、社会学家和其他学者用来描述一个公司的特征，包括普遍的信仰和行为、公司范围内的价值体系、管理策略、员工沟通和关系、工作环境和态度等。现在，"企业文化"还包括有魅力的首席执政官（CEO）所塑造的公司起源神话，以及诸如标识和商标等视觉符号。企业文化不仅由公司的创始人、管理人和员工共同创造，还受到民族文化和传统、经济趋势、公司规模和产品的影响。文化的构成元素众多，因此描述企业文化的术语角度也不同。一些常用的术语包括积极进取、以客户为中心、创新、有趣、道德、研究驱动、技术驱动、流程导向、等级制度、家庭友好和风险承担等。

企业文化是决定公司的管理层和员工如何互动以及处理商业交易的信念和行为。无论是不是刻意塑造的，它都能触及公司意识形态和实践的核心，并影响企业的方方面面。通常情况下，企业文化是隐含的，没有明确的定义，有可能反映在员工着装、工作时间、办公设置、员工福利、人员流动、招聘决定、客户满意度以及运营等方面。企业文化是围绕企业"灵魂"而产生和形成的一套行为准则。优秀企业文化的形成并非一蹴而就，需要日积月累不断实践，并且一旦形成，很难为其他企业所获取或模仿。企业文化是一种无形资产，无法具体描述，只能以共同价值观的形式被员工认可，形成员工共同遵守的行为规范和思维方式。实证研究结果表明，企业文化对员工既有激励作用又有约束作用。激励作用有利于促进员工的个人成长,推动技术的改革和创新,帮助企业降低生产成本。约束作用体现在以维护企业的利益出发,为企业创造更多价值,为客户提供优质的产品和服务。[①] 企业文化强度对并购创新绩效、潜在和现实吸收能力均有正向影响。[②]

在全球化和国际商业互动频繁的今天,企业文化受多种文化因素影响。为了积累积极的跨文化经验,促进更有凝聚力和生产力的企业文化,公司往往投入大量资源改善跨文化间的商业互动。随着企业意识到自己是社会舞台上的行动者,企业文化成为企业需要关注和评估的,与资产、收入、利润和股东回报等"硬"指标相对的另一个方面。强大的企业文化是成功企业的一大共同点。公司从上至下践行着文化,清楚公司的价值观,而这些价值观则决定他们的工作方式。反之,无效的企业文化可能会导致领导层垮台、雇员缺乏参与感、离职率居高不下、客户关系不佳和利润下降。例如,员工可能会被他们所认同的企业文化所吸引,从而保证员工保有率,推动新人才的引进。对于专注于创新的公司来讲,培养创新文化对于保持在专利或其他形式的知识产权方面的竞争优势至关重要。同样,企业文化也可以在向客户和整个社会推销公司方面发挥作用,从而形成一种公共关系。在许多企业中,创始人的魅力和领导力确立了一定的"文化"。但是,随着公司主要事务的深入制度化,企业文化成为新进成员获得的制度性习惯。因此,在实际操作中,自上而下地"重塑"企业是很难实现的,需要长时间的积淀,而且只有在强有力的领导下才能发生。企业文化的观察者和研究者将其细分为与主要群体(雇员和工人、客户、供应商、政府、社区)或与运作方法或风格(谨慎、保守、冒险、进取、创新)相关的各种表现形式。本章主要介绍以下四种企业文化及其特征。每种类型都有其优缺点,因此很难判断哪种类型更好或者更成功;需要考虑的变量和差异很多,公司需要决定最适合的类型。

第一种:家族型企业文化

家族型企业文化,也被称为协作文化、小团体文化。在这种类型的企业文化中,关系、参与度和公司士气最为重要。管理者被看作员工的顾问和指导者,有较高的权威和权力。家族型组织文化提倡共享,像大家庭一般的友善氛

[①] 王若晨、陈亮:《企业文化与核心竞争力研究——以海尔集团为例》,载《改革与战略》2004年第4期,第102-104页。

[②] 王维、李璐璐、李宏扬:《新一代信息技术企业文化强度、吸收能力与并购创新绩效的关系研究》,载《软科学》2021年第4期,第49-54页。

围，具有开放、和谐、支持及信任等特性，并将行政级别和员工之间的障碍降到最低，企业运行高度灵活，专注于在变化中茁壮成长并采取行动。

家族型企业文化中，团队成员之间的沟通公开有效，有助于促进团队的工作氛围，员工的参与度高，企业的市场增长可能性大。但随着企业的发展，家族型企业文化很难维持。对于员工而言，横向的领导结构不利于其明确职业道路。在日常工作中，过多地强调合作可能会牺牲员工的生产力。因为要时刻考虑其他员工的感受，管理者和员工可能会无法明晰工作职责，做决策的效率也会受到影响。

第二种：灵活适应型企业文化

灵活适应型企业文化主要侧重于创新和风险承担。许多成功的初创企业具有这种类型的企业文化。它在工作场所创造了一个创业环境，鼓励员工承担风险，积极追求打破传统和常规的想法。这类组织文化注重理想的目标和愿景，总是在寻找"下一件大事"，时刻准备着承担风险。

灵活适应型企业文化信奉"高风险高回报"，企业增长和突破的潜力更大。员工有动力发挥创造力，不断提出新的想法且容易获得支持与肯定。因此对员工而言，获得职业发展的机会也会增多。然而需要注意的是，由于采取的新想法、新举措数量较多，灵活适应性企业文化有可能会缺乏稳定性。新项目多意味着失败的风险大，可能会损害公司的盈利。同时，员工需要积极果断地工作，初时可能会产生畏惧心理，因为一直处于创新的压力中，员工压力大。

第三种：市场导向型企业文化

市场导向型企业文化也被称为"竞争文化"，以结果为驱动，以市场为导向，一切以公司的盈利能力为前提。简单地讲，这类企业文化目标性强，为了实现既定目标，管理层可能是严厉而苛刻的，但同时，真正的努力工作也会得到及时的回报。这种类型的文化在大型企业中最为常见，吸引了有竞争力和想"赢"的人，领导者一般要求很高，希望员工在高压环境中表现出色。员工会努力实现具有挑战力的目标，员工的绩效受到密切监控，因此，对员工的惩罚与奖励是常见管理手段。简单来说，"完成工作"是头等大事。与家族型文化截然相反的是，在市场导向型组织文化中，稳定是关键，重点永远不会偏离渗透市场、击败竞争对手和掌握市场份额的所有权。亚马逊的 CEO 杰夫·贝索斯（Jeff Bezos）和已故的苹果公司 CEO 乔布斯都是市场导向型文化领导者的主要例子。

处于市场导向型企业文化中的员工对自己的工作充满热情。竞争氛围鼓励员工努力工作以达到公司目标。这类企业以盈利为公司重点，对公司整体而言，有利于其适应市场与经济的发展，取得成功。公司所有的决定几乎都涉及盈利，因此此类企业文化对员工期待高，注重工作成果，对员工而言是巨大的挑战。持续的竞争和业绩压力会使员工倍感压力，长期而言，不利于员工的身心健康。

第四种：等级制企业文化

等级制企业文化是一种遵循传统企业结构的文化，有明确的指挥系统和管理层次，将行政人员与员工分开。这种类型的公司有特定的做事方式，可能包括传统的规范，如着装规范和严格的工作时间，公司的重点是稳定和可靠。等级制文化有一套固定的做事方式，使得公司比较稳定，规避风险。

等级制度企业文化相对保守，公司相对稳定。公司的流程都有清楚的定义与说明，员工了解公司对自己的期望。公司的目标、期望和工作条件是明确的、可预测的，因此给员工带来一种安全感。但在此类企业文化中，程序置于人之上，工作文化不够灵活，可能难以对市场的变化做出快速反应。公司目标优先于个人，员工参与的积极性不高，也不愿提出新的方法解决问题，长期而言，会阻碍公司的创新发展。

4. 企业文化的构成

企业文化限定了公司行为的背景，塑造了员工在工作场所的体验。公司、市场和行业各有不同，因此没有一个放之四海而皆准的文化模板来满足所有公司的需求。但不管模板有何种差异，企业文化的构成可以归结为几个特定的构成元素。

任一企业在生产产品或提供服务的同时，都会传播企业的某种精神，就如同人的精神面貌一样，如日本索尼公司的"开拓创新"、中国海尔集团的"两创（创业和创新）"精神。传统观念中，利润是企业的首要目标，因此，许多企业忽视员工的个人需求和利益，不重视公司的品牌形象，往往在创建之初便会面临经营的重重困境。如今，越来越多的企业家们意识到，利润固然重要，但良好的、积极的企业价值观对企业的发展壮大也是至关重要的。以中国知名企业华为为例，公司的核心价值是三句话：以客户为中心、以奋斗者为本、长期艰苦奋斗。这就意味着，华为员工应以客户需求和为客户提供高质量的服务为导向，全体员工不断奋斗，提高管理能力和决策力，提升员工的综合竞争力，付出与回报并重，从而做到长期可持续发展。

美国哈佛大学教授迪尔和麦肯锡咨询公司顾问艾伦·肯尼迪（Allen Kenndey）在其合著的《企业文化——现代企业精神支柱》一书中提出，每一个企业——事实上每个组织——都有一种文化，在公司内部发挥巨大的影响。企业文化包含五种因素：一是企业环境，即公司运作的环境，可分为很多子系统,影响着公司的投入—产出逻辑,从而影响客户的消费选择。二是价值观,也就是公司的驱动力和核心价值,影响着员工的关注内容。三是英雄人物,他们本身体现着企业文化并为员工提供了可供效仿的榜样。四是礼仪和仪式,即公司内部规律性组织的不同形式的规范活动。五是文化网络,即公司价值信念和英雄神话的"载体",是公司内部的主要沟通手段。[1]

关于企业文化的构成,国内学者多从以下三个层次讨论:一是企业的物质文化,即企业里以物质形态呈现的文化元素,如企业大楼、办公室布局、着装规范等;二是制度层,包含企业内部的团队构成、管理层的结构和制度等,规约着企业里的每一名成员的行为;三是核心的精神文化层次,是一种更深层的文化现象,包含企业的价值观念、卓识远见、公司定位等,是企业文化的核心要素。[2] 在三层次的讨论之上,学者加入了行为层面,提出了普遍接受的四层结构:精神层、制度层、行为层和物质层。[3] 不同学者可能在名称上略有不同,但内核可概括为图10.1:

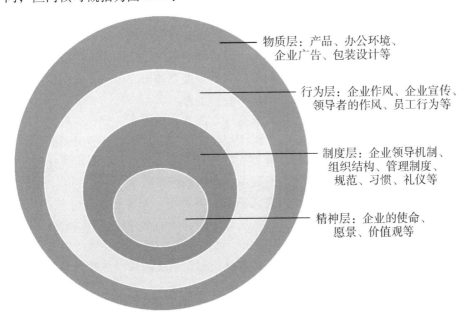

图 10.1 企业文化的构成

---

[1] 特伦斯·迪尔、艾伦·肯尼迪著,李原、孙健敏译:《企业文化——现代企业精神支柱》,北京:中国人民大学出版社,2014。
[2] 王璞:《企业文化咨询实务》,北京:中信出版社2003年版。
[3] 刘光明:《企业文化(第二版)》,北京:经济管理出版社2001年版。

四个层面相互依存，为塑造企业文化提供坚实的基础。全面地识别和理解企业文化的不同层面，是振兴和重塑企业文化的第一步。企业的物质文化是基础，企业的精神文化为实现企业愿景所需要的行为和形态提供准则，是企业的价值观和方法论，它经过漫长的经营岁月积淀而成，以一种潜意识的形式影响着每一个员工的行为，起着团结和指导团队的作用。

5. 企业制度文化

企业制度是企业根据自身的经营管理现状和客观需要，以及企业的战略愿景，对企业成员提出的一系列规范。制度文化是精神文化的延伸与实践，是企业价值观和企业精神的具体体现。在企业中，制度文化是人与物、人与事、人与人、人与组织之间价值标准和行为规范的综合。

企业制度文化主要包括"企业领导体制、企业组织结构和企业管理制度三个方面"。[①] 企业领导体制是企业领导方式、领导机构、领导制度的总称，受生产力和文化的双重制约，不同历史时期的企业领导体制反映着不同的企业文化。企业组织结构，是指企业内部各组成部分及其关系，是企业有机体的骨骼部分，受到企业的领导体制、企业环境、企业目标等因素的影响和制约。民族文化也影响着企业的制度文化，如中国传统的组织文化中，组织模式一般为树状模式。树冠部分是执行层，决策层和管理层犹如树的根部，底层稳固才能支撑整个系统，枝叶参差茂盛才能应对各种事务。

组织机构类型一般分为直线式、直线职能式和矩阵式。直线式机构，顾名思义，指每个员工只有一个上级，组织层次之间的主要纽带是等级制度，权力和决策权集中在组织的最高层。管理人员没有专业化分工，通常正规化程度较低，集中化程度高。因为结构相对简单，所以指挥系统单一。常见于大型政府机构或小型且业务单一的企业。直线职能式兼顾统一指挥和专业分工的优势，对提高管理效率有利。但由于管理人员对不同部门的掌握程度不同，有可能会丧失控制权。相比之下，矩阵式机构中，每一个部门或地域性单位负责自己的业务和利润，高层管理者可以为公司各部门制定明确的目标并监督各部门，管理更加灵活。

6. 权力—义务关系

权力与领导力不同，权力代表着命令某人按特定方式行为的潜力，但是如果将权力作为唯一工具，领导者并不能长久地保持其领导地位。相反，领导者需要明智地使用自己的权力，让员工认为其可靠且有责任感，方能有效地管理

---

① 刘光明：《企业文化（第二版）》，北京：经济管理出版社 2001 年版，第 194 页。

员工。在企业中，如果一位管理者不明智地使用权力（如：承诺不切实际的结果），可能会导致从事某项任务的员工对此产生不满。而当管理者通过命令来管理员工时，就要做好被员工抵触的准备。

"义务"一词，可追溯到拉丁文"respondere"，意思是"回应"。这种对情况做出反应的想法演变成为一种更细微的含义，即负责任。虽然责任主要意味着一个人要对行动负责，但它也包含了值得信赖和可靠性的内涵。与权力不同，义务意味着责任与后果。试比较："我命令你在下午4点前完成这份报告"和"我需要你对最终报告负责，你能在多长时间内完成并保证质量？"前者体现了管理者行使权力时的命令方式，同时也体现了对员工缺乏信任。而从员工的角度讲，前者是命令，后者不仅是义务/责任也是信任。

无论是养育孩子、指挥军队，还是准备商业合并，都必须谨慎地平衡权力与义务，这不仅有利于领导者的管理工作，而且对团队和整个组织都有利。权力与义务相辅相成，与权力相伴而来的是义务。人们可以授予权力，但不能授予义务。权力与义务应该相互匹配。例如，当一名职员被指派完成一项任务时，他应该有权力雇用所需人员，并在成员未能完成时进行问责。权力和义务的任何不平衡都将是危险的。权力大于责任可能会导致权力被滥用，而权力不足将无助于完成指定的任务。权力驱动的企业文化，需要相对较多的法规和管理条例管理员工，使决策过程更加负责任。在这类文化中，变革一般都是自上而下的。义务驱动的文化中，信任度高，企业进行变革也更容易。①

权力与义务的分配影响企业中的管理策略和运营方案。如高权力距离文化中的企业，在管理中支持政治思维以及管理者的个人规划和控制，在低权力距离文化中的企业，更注重企业的战略思维，信任下属，愿意下属参与决策过程。管理者的沟通风格也会受到文化的影响，学者的调查研究表明，低权力距离文化的管理者给下属指令或问题的答案相对宽泛，下属拥有更多的自主权，高权力距离文化的管理者指令或答案相对明确，下属期待上级给出具体的决策。②

7. 企业行为文化

企业行为文化是一个企业将企业的核心理念呈现出来的活动文化，体现企

---

① B. Lloyd, "Power, Responsibility & Wisdom: Exploring the Issues at the Core of Ethical Decision Making and Leadership", *The Journal of Values-Based Leadership*, 2009 (2): 1 – 16.

② R. Gibson, *Intercultural Business Communication: An Introduction to the Theory and Practice of Intercultural Business Communication for Teachers, Language Trainers, and Business People*. Oxford: Oxford University Press, 2002.

业的价值排序和决策排序，表现在企业的各类活动中。从人员结构上划分，企业行为包括"企业家的行为，企业模范人物的行为，企业员工的行为等"[1]。企业家（entrepreneur）行为一般指识别可能性并将好的理念付诸行动，通常需要个人主动性和独创性。entrepreneur 一词起源于法语，后被英语沿用。原来的含义带有冒险家的意思，现在也一直与承担风险联系在一起。创办任何新的企业都会有失败的风险，因此，企业家需要有勇气，能够评估和承担风险。企业家还应具有高度的创新能力，产生新的想法，创办公司并从中赚取利润。[2] 创新可以是向市场推出新的产品，也可以是以更有效和经济的方式做同样的事情的过程。远见和领导力是企业家必不可少的素质，为了成功，企业家应该对企业有清晰的愿景。然而，将愿景变成现实，则需要卓越的领导力，合理利用资源，领导员工走向正确的成功道路。企业家的开放心态，帮助他们在市场的变化中灵活应变。在了解市场的最新趋势的基础上，判断现有的产品或服务是否符合当前市场的需求，或者是否需要调整。企业家行为代表了公司的运营方针。以中国企业家任正非为例，他白手起家，依靠点点滴滴、锲而不舍的艰苦追求，在电子信息领域实现客户梦想的同时，逐步使华为成为世界级领先企业，使自己成为商业巨星。而美国企业家埃隆·马斯克（Elon Musk）则是十足的冒险家和跨界的颠覆者，其创新涉及互联网金融、电动汽车、人工智能和太空运输等多个领域。

企业的模范/英雄人物，高度参与企业的日常工作和活动，自然而然地带动其他员工更富有成效地投入到工作中。模范人物的行为是企业价值观和企业精神的某个方面的卓越体现，是其他员工仿效的对象。美国学者曾将企业模范人物划分为共生英雄和情势英雄两大类，而后者又被划分为出格式英雄（outlaws）、引导式英雄（compass-hero）、固执式英雄（hunker-down hero）和圣牛式英雄（sacred-cow hero）四类[3]。在中国，企业中的模范人物称谓很多，有"劳动模范""先进工作者""'三八'红旗手"等。

除此之外，庆祝活动和盛大典礼占据企业文化中的行为文化的一大部分。拥有优秀企业文化的公司员工十分注重工作、生活中各种仪式之间的协调配合，从录用到解聘、薪资发放、会议形式与记录规范、沟通方式，这些仪式非

---

[1] 吉任忠：《把弘扬民族精神融入企业文化建设之中》，载《湖南社会科学》2004 年第 6 期，第 119 页。

[2] 陈军、张亭楠：《现代企业文化：21 世纪中国企业家的思考》，北京：企业管理出版社 2002 年版。

[3] 特伦斯·迪尔、艾伦·肯尼迪著，李原、孙健敏译：《企业文化——现代企业精神支柱》，北京：中国人民大学出版社 2014 年版。

常重要，让企业文化以一种富有凝聚力的方式显现出来。每一种仪式背后，都体现了企业文化的核心信念。公司的庆典活动有助于对英雄人物和优秀事迹的赞颂，使文化得以充分展现，如公司的年会庆典中对优秀员工的嘉奖及抽奖环节等，给员工提供了难以忘怀的经历和体会。社交礼节是一种仪式化的行为，公司中管理者和员工每天所做的严谨的工作本身也是仪式，为公司成员提供了一种安全感和共同身份的认知。企业通过明确的沟通，制定恰当可行的礼仪标准，使其成员能了解公司对他们的期望，把重心放在制定的程序上。公司还会给出具体做法或者营造工作环境，使员工乐在其中。简而言之，强文化公司在企业生活中创立了行为的礼仪和仪式。

企业员工是一个企业成功与否的决定性因素。如果企业员工没有参与感和归属感，再多的政策和激励措施也收效甚微。因此，企业应注重培养员工学习企业的规章制度，定期进行培训，并积极开展文化、体育等各种文艺活动，使员工认同企业的核心精神，以企业的共同目标为自己的目标，建立认同感。

8. 企业创新与活力

为了在快速变化和充满不确定性的商业环境中保持长期的和可持续的成功，企业文化需要不断做出调整，以适应变化的世界。创新引导组织从现有的技术、资源和市场中获得最大利益。企业创新可以定义为在现有商业模式中实施新的创新机会的过程。重视企业创新的公司通常有一个专门的团队从事创新工作，使公司更快地渗透市场。创新一般是指改变流程或创造更有效的流程、产品和理念。创新通过满足市场需求获得竞争优势，既包括采用最新技术，创造新产品，也包括优化生产系统，完善现有产品。大型和成熟的公司容易出现变化缓慢和故步自封的情况，他们倾向于在现有产品的基础上发展，但易导致市场份额的减少乃至生意的失败。如柯达公司担心影响其照相胶卷的利润而拒绝采用数字技术，最终导致了公司的衰落。不断寻找机会，寻求新的视角并获得投资支持，用新的技术和新的商业模式颠覆整个行业，是初创企业的主要目标。

企业文化对创新至关重要，研究者按照组织对创新的态度，将企业文化分为生产创新和采用创新两种类型。① 重视生产创新的企业，创新本身是目的而不是手段；成员愿意创造、促进和接受新的理念，生产新产品是企业的核心价

---

① F. Damanpour & J. D. Wischnevsky, "Research on Innovation in Organizations: Distinguishing Innovation-generating from Innovation-adopting Organizations", *Journal of Engineering and Technology Management*, 2006, 23: 269-291.

值之一。采用创新的企业则认为创新活动是有助于实现目标的手段,创造和实施新产品需要巨大的努力。创新还可能包括知识产权,如专利、商业秘密或社会构建的隐性知识,这些知识最终可能有助于新产品的开发。因此,创新的产生需要一个强大的共同价值观为基础。例如,对创新者的认可和对失败的容忍,有利于推动创新的产生。文化作为一种基本的组织因素,不断影响成员对其环境的解释和他们的行为。作为组织目的的创新价值和其他有利于创新的价值将形成一种支持不同类型创新的文化。面对创新,企业应保持乐观的态度,并理性对待失败。对于创新,学习先于盈利,而且需要多年的时间。最重要的是,企业文化创新必须与战略、业务流程、组织结构和技术创新的创新保持同步。也就是说,企业文化、技术和其他非技术因素的创新必须齐头并进,共同发展。

四、单一文化能力

每一个人类社会的成员,在日常生活中学习自己的文化信仰、模式和预期行为时,首先接触到的就是文化,这一过程也是社会化的过程。社会化的过程是一把双刃剑,人类在社会化的过程中学习如何在环境中生存,但也学习以自身民族为中心的方式来处理周围的世界,因为所有的文化都倾向于让其成员相信自己的方式是最好的。因此,所有的人,不管出生在哪种文化,都浸染于自身文化,并默认他们文化中的信仰、模式和预期行为是正确的。这就是单一文化能力。

传统的单一文化概念最早出现于约翰·戈特弗里德·赫尔德(Johann Gottfried Herder)的关于人类历史哲学的思想,这个概念有三个特点:社会同质化、民族融合和文化间的分界。首先,每一种文化都应塑造有关民族和个人的整体生活,使每一个行为和每一个对象都能成为社会的一部分。其次,文化始终是"一个民族的文化",代表着一个民族的存在。再次,每一种文化作为一个民族的文化,都要与其他民族的文化区分开并保持距离。[1] 然而在今天,这一传统概念的三个要素已无法立足。现代社会内部的差异化程度高,使得同一性不再是其构成要素,也不再是可以实现的目标。现代社会包含了众多不同的生活方式,社会中存在纵向差异。例如,普通收入人群住宅区和富裕人群住宅区的文化,几乎没有任何共同之处。横向差异,比如性别,或者性取向之间的

---

[1] J. G. Herder, *Outlines of a Philosophy of the History of Man*. New York: Bergman, 1966.

差异，可以构成完全不同的文化模式和生活方式。因此，传统的单一文化概念已无法应对现代文化的内在复杂性。其次，以民俗为界限的文化定义是难以实现的，尤其当下地域界限逐渐模糊，国与国之间的商业、文化交流日益频繁，固守一隅已无可能。最后，传统的文化概念是一个内在同质化和外在分离的概念，隐含一种文化种族主义。因此，对文化的思考应超越自由性和外来性的对立。

五、跨文化能力和超文化能力

当人类遇到来自不同文化取向的同类时，就需要学习一种新的文化。愿意了解并学习新文化的人被认为具有跨文化能力，他们开始对文化形成更高级的视角，从而对文化差异日益认可。在当今文化多元化的全球社会中，越来越多的人需要培养跨文化能力，它成为旅行者、商业主管、政府和社区变革领导者、教育者及其他许多与多种文化打交道的专业人士所公认的需求。人们越来越认识到，那些与其他文化交流和接触的人，需要这一能力，以便他们在跨越多元文化界限时能够成功运作。这包括提高对自己文化的认识，将其作为许多不同文化可能性中的一种行事方式。前文对跨文化能力的构成与培养已有介绍，此处不再赘述。

超文化能力，要求学习者发展超出上述两个层次的处理文化差异的观点和技能。首先，超文化性是现代文化内在分化和复杂性的结果。文化包括了许多生活方式的相互渗透或相互产生。其次，旧有的同质化和分离主义的文化观念已经通过文化的外部网络被进一步超越了。今天的文化相互联系和相互纠缠。生活方式不再止于民族文化的边界，而是超越边界并以同样的方式出现在其他文化中。新的联系形式是移民过程的结果，也是世界范围内的通信系统以及经济上的相互依存和依赖的结果。因此，同样的基本问题和意识形态出现在曾经被认为是根本不同的文化中——例如，人权辩论、女权运动或生态意识，它们在整个文化中都是强大的积极因素。最后，当今的文化总体上以杂糅为特征。对每一种文化来说，所有其他文化都有可能成为其内部内容，这在人口的构成、商品和信息层面均能得到体现。在大多数国家，生活着其他国家的成员；曾经奇特或稀有的物品，在全世界都可以买到；全球通信技术使各种信息都能被其他地方相同地获得。一切都触手可及，所以不再有任何绝对陌生的东西，相应地，也不再有任何专属于"自己"的东西。实质上，一切都超越了文化的决定。今天，在一种文化的内部关系中，在其不同的生活方式中，存在着许多的外来性。

超文化在个人的微观层面上也得到了发展。对大多数人来说，多种文化联系对文化的形成具有决定性意义。大家是文化的混血儿，拥有多种身份，如第九章提及的身份杂糅（hybridity）。当然，这种类型的文化认同并不等同于民族认同。一个人的身份认同越来越多地参与进整合不同文化来源的组成部分的工作，只有超文化的能力才能保证我们长期的身份。[1]

综上所述，今天的文化决定因素——从社会的宏观层面到个人的微观层面——已经呈现出超文化的特点。旧的文化概念误导了文化的实际形式、文化关系的类型，甚至是个人的身份和生活方式的结构。进入21世纪，跨文化交际能力开始显现出不足，因为人们的交际活动已远超两种语言或文化之间，处于一种多语言、多文化的语境中。这就需要参与者在掌握人类文化共性的基础上，尊重文化差异，包容不同文化的观点、立场和态度，开展有效的沟通交流。

超文化能力包括能够适应世界上任何地方的各种社会文化环境，无论事先是否了解所遇到的人和社会的文化取向。这种普遍的文化适应性更加复杂，要求对文化有更高水平的认知和理解。超文化能力，即在任何文化环境中成功处理文化差异造成的问题并制订解决方案的能力，不是简单地学习关于其他国家的文化，而是一种通过别人的眼睛看世界的意愿，发展深刻的文化知识、好奇心和同理心，同时探索自身文化的意识。学者认为超文化能力包含四个要素：①承认：沟通中存在困境。②尊重：对于当下的两难境地，双方都有合法的意见。③调和：达成某种解决方案的艺术。④实现：将方案转化为实际行动。[2] 拥有这种能力的人能够认识、尊重、调和并实现文化困境，是当代全球社会亟需的能力。

单一文化交际、跨文化交际以及超文化交际的基本特征、要求和理论前提方面的总结，详见表10.1：

---

[1] W. Welsch, "Transculturality—The Puzzling Form of Cultures Today", in M. Featherstone and S. Lash (eds), *Spaces of Culture: City, Nation, World.* London: Sage, 1999: 194–213.

[2] J. Glover & H. L. Friedman, "The Need for Transcultural Competence", in J. Glover, H. L. Friedman, W. G. Glover, *Transcultural Competence: Navigating Cultural Differences in the Global Community.* Washington, D.C.: American Psychological Association, 2015: 3–15.

表10.1 单一文化交际、跨文化交际以及超文化交际对比

单一文化交际	跨文化交际	超文化交际
在单一文化中个体间的交际实践（如中国文化内部的沟通实践）	不同文化群体在相互交往中的交际实践（例如，中国人与意大利人的交流）	对文化差异和语言差异的研究，对来自不同文化的参与者或研究者的交际实践的研究，但不一定与任何特定群体有关
文化被看作是离散的、可分离的实体	文化不是有固定国界的实体，而是边界模糊的动态实体，文化可以适应和混合	文化和语言的界限可以被超越
文化被看作是相对同质的	文化是异质性的，呈现多样性的特点	文化是异质的，文化的特征是可争议的
在国家层面上看待文化	民族文化是众多话语群体中的一种，在交流中可以借鉴	民族文化是众多尺度中的一种，从地方到全球，参与者在各种尺度中流动
对文化的先验假设是：参与者位于文化内部	不对文化或其他方面的话语群体作出先验的假设，参与者在杂糅文化中互动	文化实践和表征可以现场构建，是动态的过程

单一文化交际和跨文化交际为超文化交际提供基础和条件。超文化交际除了多文化的成员相互交际外，还具有关注文化共性、包容文化差异性、创设理想多文化交际情景的内涵，是新时代亟需的交际能力。

思考训练

1. 一位英国工程师被派去美国的分公司工作。他同时身居管理职位，负责公司建造一个新工厂的项目。最初之际，公司为他提供了跨文化培训，但是他认为英美两国语言相通，没必要培训，因此便拒绝了公司的培训。这位工程师在美国子公司工作一段时间之后，向总部抱怨他在子公司并未得到他所预期的配合工作。总部聘请了一名跨文化培训人员前往他的工作地，检阅了他所有的信件往来，并旁听了几场会议。培训人员发现，美国子公司的员工不能理解这位英国工程师的交流。他在口语和电子邮件中都使用了充满英式幽默和讽刺的语言，美国的下属们不确定他什么时候是严肃的，什么时候是开玩笑的。请

问这位英国工程师在整个事件中有哪些不恰当的沟通方式？需要进行哪些改进？

2. 虚拟团队，即由在不同国家工作的同事通过邮件和其他沟通技术一起完成任务的工作小组，如今越来越流行。虚拟团队有很多优势，比如可以省去行程，以及避免在现实交流中会出现的迟到、打断别人谈话或喋喋不休的情况。另外一个优势是不同文化的成员在线上交流时（书面或者口语），会更自在一些，紧张感有所降低。然而，此类交流方式也有很多弊端。假设一个虚拟团队有来自中国、美国和法国的成员，可能会出现哪些问题？应注意些什么？

3. 简答题：企业文化一般分为哪几个层面？几个层面之间有什么样的相互关系？

参考答案

第一章

一、案例分析

1. （1）高显企业品牌；"五星级"转义为"安全舒适享受，服务完备高档"；文化认同；突显对客户的关怀，隐去商业行为的营利宗旨。

（2）高显企业/产品品牌；"大自然"转义为"环保健康"，"搬运工"意在淡化甚至避开"价格""利润"等概念；突显对客户的关怀，隐去商业行为的盈利宗旨。

2. 明星代言广告：以明星业已取得的广为公众（潜在客户/消费者）认同的文化形象展开产品营销，目的在于获得高效的营销效果以及良好的利润回报，因此在商品营销上，代言广告的明星与企业主体具有共谋的性质，应该承担起诚信的责任，即应该对所宣传产品特点及其他宣传内容的真实性承担相应责任。注意要结合具体案例，将产品营销活动的逐利性质与职业诚信以及公众人物的诚信要求结合起来展开分析。

3. （略）

二、问答题

1. 查阅本章相关论述，结合相关工具书，筛选出自己喜欢的定义，先尝试修改定义，不行时建议以一条定义为基础，添加其他定义中你认为合理的成分形成稍长但更全面的定义。注意，一定要有所侧重，展现出你关注的独特的视角并给出相应的理据。

2. 查阅本章相关论述，从横向和纵向两种视角对文化模式进行定义和分类，列出不同文化模式下的本质性特点，并试图对其中部分文化模式的特点展开稍微详细的比较和分析。

3. 商务活动属于社会文明/生产经营行为；商务沟通是人与人之间的文化交往行为。文化在商务沟通中往往起着很重要的作用：明确基本的社会、经济、文化规范和基础；厘清相互之间的具体供需内容；达成相互信赖的交易内容。所有这些过程中，文化是最基本的平台。请选取相关案例展开沟通过程中具体文化要素方面的深度分析。

三、思考题

1. 随着社会经济生活的发展，商务活动越来越复杂、精致、高效，商务文化包括的内容越来越丰富。

变化的规律：法治化、契约化、主体责权利的明晰化；符号化、文化化、社会交往全方位有序地展开。

变化的根本原因：产业文明的发展过程造就了商务文化的发展、完善；社会组织的发展；法规的完善。

2. 消费时代意味着供给相对过剩，在商品和服务富裕的背景下如何实现商务目标，出现了较紧缺经济时代很大的不同：为产品和服务赋予文化意义。现代社会交往的普遍化，信息技术的革新，使得生活与商务活动之间的边界消融了，即出现了生活、商务、文化深度交织融合的格局。

3. 商务文化学应该定义为对商务文化的研究，即对商务活动过程中的文化现象的研究，包括对商务物质文化、商务制度文化、商务精神文化和商务行为文化的研究。

商务文化学的基本论题：文化、商务文化与跨文化交流；跨文化之语言交际与非语言交际；社交礼仪、商务礼仪；影响着跨文化商务的会议、谈判、营销、咨询等；跨文化言语幽默；跨文化商务之贸易、生产、管理、纠纷处理、企业文化；等等。

主要研究方法：文献综述法、案例分析法、问卷调查法、统计分析法等。

第二章

1. 自我参照标准指的是我们在社会交往中倾向于无意识地使用本族文化、标准去判断其他国家的文化和行为的对错、合适与否。也即我们会有这种倾向：将我们自身的信仰、标准投射于他人，这种倾向容易成为跨文化交际的障碍。在具体经营分析中，需要克服自我参照标准的影响，进行跨文化分析。通常建议的分析框架为：第一步：按照本国的文化特征、习惯或规范定义；第二步：按照外国的文化特征、习惯或规范定义经营问题或确定经营目标，但不进行价值判断；第三步：分离自我参照标准的影响，仔细分析自我参照标准的影响如何使问题复杂化；第四步：在没有自我参照标准的影响下，重新定义问题，并解决问题，谋求最佳经营目标。这种方法需要理解各个外国市场的文化以及本国文化。

2. 它主要是指人们对某个事物或物体形成的一种概括固定的看法，并把这种观点、看法推而广之，认为这个事物或者整体具有该特征而忽视个体差异。它通常具有两大特征：过度概括和过度简化。刻板印象可以是积极的，也可以是消极的。其积极表现体现在对于具有许多共同之处的某类人在一定范围内进行判断，不用探索信息，直接按照已形成的固定看法即可得出结论，这就简化了认知过程，节省了大量时间、精力，使人们能够迅速了解某人的大概情况，有利于人们应对周围的复杂环境。其消极方面体现于在被给予有限材料的基础上做出带普遍性的结论，会使人在认知别人时忽视个体差异，从而导致知觉上的错误，造成先入为主，妨碍对他人做出正确的评价。

3. 文化惊骇是指一个人进入到不熟悉的文化环境时，因失去自己熟悉的所有社会交流的符号与手段而产生的一种迷失、疑惑、排斥甚至恐惧的感觉。它是一种暂时的社会性隔离、焦虑、抑郁的心理状态。其四步骤为：蜜月期、危机期、调整期、接受期。

蜜月期：通常发生在初次接触异文化，通常伴随强烈的兴奋感。在此阶段，人们通常会忽视一些小的问题并期待学习新事物。

危机期：随着时间的推移以及问题的累积，如语言障碍、交流困难等，人们在异文化中生活一段时间后往往会进入危机期。这一阶段的特征主要是长时间形成的母文化价值观与异国文化中的一些价值观不和谐或相抵触，造成行为上无所适从；或在异国文化中，生活方式、生活习惯等方面的差异会使得身处异乡的人们难以适应。在此阶段，人们通常会有焦虑、愤怒等情绪出现，如果不能进行适当调整，则可能导致抑郁，甚至完全与社会脱离。

调整期：在此阶段，人们慢慢开始学习接受异国文化，从而改变之前消极的态度，努力尝试适应、融入异国文化。在经历了危机期后，随着对新环境的不断适应，人们的思想、认识也不断改变，逐渐熟悉了当地的语言、食物、风俗习惯，他们心理上的孤独、失落感逐渐减少，自信心逐渐增强，慢慢顺利适应环境。

接受与适应期：人们已经接受、适应了异国文化，甚至有宾至如归的感觉，他们开始参与各种活动，并欣赏、享受异国文化、风俗习惯。人们自己的交际能力、问题的处理能力和自我调节能力都有明显提高，学习、工作或生活慢慢步入正轨。

4. 虽然不同文化之间具有巨大的差异，其差异性不可忽略。但作为人类，首先从生物学观点来说，99%以上的人类基因是相同的。与此同时，同为人类，我们具有类似的基本需求和类似的情感，如快乐、幸福、对爱的感知、嫉妒、焦虑等。此外，人类也分属不同身份群体，如年龄、性别、兴趣、职业、国籍等。在此基础上，通过语言及非言语交际方式，实现跨文化沟通。

第三章

1. 任意感兴趣的两个国家各参数对比，参照文中内容进行对比、分析、解读。

2. 在很大程度上霍夫斯泰德文化维度划分是有指导意义的，它从不同维度去分析纷繁芜杂的文化，有助于实现文化分析的框架化、结构化。但单纯从态度角度去衡量文化，有失偏颇。文化的形成有其极其复杂的经济、政治、历史、社会、心理等多方面因素的影响。比如中国人的面子文化，从文化维度来分析，似乎不是很恰当。总之，宏观上文化维度分析可以提供一定框架，但具体到细节，有很多差异性、独特性，需要注意。

3. 短视频的快速崛起与当今社会经济的迅猛发展有着密切的联系，伴随着现代科学技术水准的不断创新，人们的生活方式越来越多样化，对生活的要求也逐渐增高，单单保障物质供给充足已经不能够满足人们的生活要求，人们开始追求精神层面的享受，实现物质与精神的共同发展。短视频通常在3～6分钟左右的时间内完成对整个故事情节的讲述，具有较强的浓缩性与娱乐性，能够满足现代人们碎片化阅读的要求，特别是对现代年轻群体具有非常强的吸引力。此外，短视频使用者还可以选取周边的事物、元素等自己制作短视频，并上传到网络上与其他受众分享。随着短视频的不断发展，给广告行业产生了重大冲击，推动了广告行业向全新的方向发展。短视频的出现改变了传统广告宣传方式，广告商也逐渐地开始接受短视频广告营销方式，通常情况下，广告商会寻找一些短视频达人、明星网红等进行合作，由于其具有庞大的粉丝群体，能够获得良好的广告效果，而帮助企业进行商品宣传的用户也能够获得丰厚的酬劳，实现了用户与广告商的双赢。电视广告在经历了长期发展以后已经逐渐退出了历史的舞台，在短视频的冲击下，电视的收视率不断降低，这也使得许多以电视广告营销为主的商家转投到短视频广告宣传上，这为短视频广告发展带来了绝佳的机会。短视频广告与传统广播电视广告有着较大的区别，传统广告是根据商家要宣传的产品主题制作相应的语音或者视频，在电视节目或者广播节目播放之间插放，这样的方式在电视机与广播流行的时代里具有非常显著的效果，然而随着智慧手机、短视频的迅速普及，电视机的地位越来越低，电视节目的收视率也不理想，通过广播电视进行的广告宣传已经不能够激发消费者的购买心理。

第四章

一、选择题
1-5 BCBAA   6-10 DBCAA

二、案例分析

1. 本案是由一元时间观和多元时间观之间的文化差异引起的误解。威廉来自美国。美国属于一元时间观文化，人们倾向于短期计划，一次只做一件事。他认为，周二上午10：00时间段属于他，不能被别人干扰。另一方面，中国属于多元时间观文化，时间被视为分散的，通常可以同时做不同的事情。多元时间观文化强调人们的参与和任务的完成，而不是强调一切都按照时间表进行。工作时间表灵活，时间表更加人性化。多元时间观是关于时间使用的灵活性，倾向于做长期计划和一个允许时间内做各种事情。当有特殊情况时，可以将手头的工作放在一边处理特殊事项。虽然10点钟的时间段是用来和威廉说话的，但也可以打断，比如签字、短暂安排其他事情。

2. 该对话反映了沟通中高语境文化和低语境文化的区别。中国人和美国人都以母国文化作为交际中会话含意推理的依据。美国人愿意坦率地表达自己的观点，而中国人则更喜欢以间接的方式表达自己的观点。在沟通过程中，中国人更注重对方的感受和面子，习惯于隐藏自己的想法，以迂回的方式表达出来，以避免双方的尴尬。在语境中，中国女士说出暗示性的话，美国朋友根本不理解其中的含义。中国人在社交交往中往往注重维护面子，不直接提出要求以避免尴尬。但是生活在低语境文化中的美国人倾向于认为主动提供帮助会让对方显得无能和轻视对方。中国人和美国人的交际失败是由于对话语在语境下的含意的不同理解。在这种情况下，不同的文化背景会导致沟通误解。

第五章

1. 郭某拜访教授失败告终，主要是因为郭某在与教授交换名片这一细节上表现得严重失礼。日本是集体主义文化，讲究社会身份、职务，等级观念强，因此，日本人十分看重名片，讲究交流名片的礼仪。这也是教授为什么会双手接过郭某递出的名片，并仔细查看，然后才放入公文包。相比之下，郭某单手递出名片，并随意放入口袋，他的这一行为在教授的眼中是对他的极度不尊重。

2. 中方随行人员明确告知瑞士同仁中国文化中馈赠礼品的禁忌，是希望瑞士方面下一次馈赠礼品时能考虑中国文化习俗，加强文化交流，互相尊重，增进理解；最后随行人员说中方代表团成员都不迷信的话语，显然是遵守了礼貌原则，考虑了瑞士方面的面子，尽量挽回他们的面子，不至于过于丢面子。

3. 美国属于任务导向型文化，日本属于关系导向型文化。美国人关注工作本身，日本人更看重初次见面建立人际关系，因此会选择晚上在宾馆隆重迎接鲍勃，递出名片和赠送礼物，以表达合作的诚意。依据影片所讲述的情形，美国人会选择直接在工作场所见面，所以鲍勃没有提前准备礼物和名片。此外，日本是集体主义文化，喜欢集体行动，这也是为什么有很多人一起欢迎鲍勃的另一原因。美国属于个人主义文化，主张平等自由，强调个人利益，不看重"职务和头衔"，这也是为什么美国人喜欢直呼其名的原因，对名片也不如日本人重视。

第六章

1. 在不同文化中，译员的职责和功能也不同。在日本，为了避免因文化差异带来的误解，译员需发挥交际功能，并非只是直译原话。影片中，译员对美国文化有一定了解，她知道美国人只需具体明确的指令，如果将导演的所说的抽象的、模糊的话全盘翻译，鲍勃根本就无法理解。

同时，在权力距离方面，日本属于较大，而美国则较小，日本导演以绝对权威的命令口气容易会让崇尚平等的鲍勃心生不满，因此译员只把导演的具体指令翻译了出来，而直接省略没必要译出的信息。

再者，根据礼貌原则，日本文化强调为他人面子考虑，不让他人处于尴尬的境遇，所以译员想尽量过滤掉会让鲍勃感到不舒服的信息，只传递有效且不会产生文化误解的信息。

最后，霍尔从沟通的角度将文化归纳为高语境文化和低语境文化，日本是典型的高语境文化国家，一般当事人需根据当时的情景自己去领悟和体会，这就是为什么译员即使知道鲍勃会对她的翻译产生困惑或不信任，但她没有解释；而美国是典型的低语境文化国家，习惯明确地表达自己的意图。

总之，由于美国文化与日本文化之间存在差异，故在跨文化交流中非常容易产生误解。

2. 深受中国儒学思想影响，泰国具有很强的等级观念，如家长制、权威崇拜，是人们日常生活中的行为规范。同理，在泰国组织机构内部，对权力分配不平等接受度高。而英国则主张组织机构内部成员之间平等的，每个人应有同等的权力，注重个人能力的发挥。因此，英国的权力距离较小，而泰国的权力距离较大。

本案例发生在泰国，如果总经理的用车水准降低，公司所有职员的用车则要整体降级，必然会有员工骑自行车上班，而这在现实中是很难做到的。

总经理本人来自权力距离较小的英国，认为交通工具的选用只是为了提升的工作效率，每个人都有选择的自由，自己选用什么款型的车与公司其他人无关。

3. 相同点：牛是人类生产、生活中不可缺少的动物，中英文中，"牛"都喻指健壮、行动迟缓、笨拙、倔强或者令人讨厌的人。

不同点：在汉语中的"牛"喻指谦卑、勤劳或者高傲的人，这与发达的中华农耕文明紧密关联；而在英语习语中，"bull"一词往往被用作喻指易怒、有攻击性的人。

第七章
一、案例分析

1. 这个广告的设计者和发布者显然忽略了一个重要问题，就是广告与文化的联系。龙是中国的图腾，在一定意义上是中华民族的象征。每个国家对传统文化的理解不同，在我国的文化中，龙的内涵非常丰富，也就是图腾和禁忌所具有的象征特性。其中一个内涵象征着中华民族的精神。而这则广告显然忽略了与文化的联系，就会使受众感到不舒服甚至产生厌恶。

启示：非言语符号作为社会的交际工具，既是文化的载体，也是文化的组成部分。不同民族的非言语棱镜折射出不同的文化环境、生活方式、思想观点、宗教礼仪、价值观念和思维习惯等。非言语信息负有"文化使命"，粘连着一层文化色彩。从事跨国营销及其他商务活动的商务人士尤其应该注意文化环境在整个商务活动中所起的不可忽视的作用。

2. 沙特阿拉伯人因购物迟到了 45 分钟，在他们自己的国家，商务会面中迟到 15～30 分钟是双方可以接受的。但这一次，他们迟到了 45 分钟，而且会面的另一方来自美国，一个强调时间和效率的国家。所以沙特阿拉伯人对迟到感到非常内疚。美国人知道两种文化对时间的不同期望，也了解对于沙特阿拉伯人来说，等待多长时间是正常的。所以他们只是利用了对待时间的不同态度。因此，沙特阿拉伯人在整个过程中处于被动状态是很自然的，并因此失去了谈判的主动权。

二、问答题

大概分布	工业化程度相对较高的文化，北美、北欧等地。	工业化程度较低的文化，地中海沿岸文化、阿拉伯文化等。
相对优点	讲究效率，尊重个人"私事权"。	富于自然性、弹性和人情味。
相对缺陷	人为性、强制性、奴役性，日程僵硬不变。	效率低，个人"私事权"较少。

第八章

1. 塑造品牌可以确认产品和服务，通过品牌词传递信息，品牌是具有法律效力的财富。全球化品牌具有极高的认知度，但是不同的文化具有不同的品牌忠诚度。这主要是因为不同文化有不同的语言，而同一品牌在另一种语言中的发音甚至谐音都会导致意义的改变，出现一种消极的甚至是有害的意义，这对于品牌的跨文化传播非常不利。美孚商标"EXXON"用两个"X"表示，容易拼读、容易记忆，在任何语言中都不含有贬义。因此很快脱颖而出，成为传播广泛的国际品牌。

类似的例子，比如中国的快餐连锁品牌"美国加州牛肉面"让人感觉很有异域风情，生意很好。但事实上，加州并没有这个连锁店，牛肉面也不是加州的特产。该品牌的创始人深谙国人对外国文化的偏好，让自己的品牌在命名上技高一筹。

2. 广告创意（略）。可以参考联合利华收购中华牙膏推出的一系列广告。在广告设计中充分考虑到中国文化的特点。例如在产品品质方面，重点强调"牙膏具有消肿止痛、预防牙龈出血、草本抗菌"等功效。在产品包装上，除了使用英文标识外，还应该加上中文名称，便于消费者识别、购买、建立对品牌的认知。根据牙膏的适用人群，选择相应年龄段、口碑良好的中国明星进行广告代言。

3. ①文化决定着产品与服务

不同的文化背景下会产生不同的消费行为，也有着不同的消费观念和习惯，因此也带来了对产品和服务的不同看法和需求。例如，在伊斯兰国家和地区，猪肉是被禁止的，这与他们的宗教信仰中认为猪是肮脏邪恶的，因此猪肉在这一地区没有市场。再如，中国在招聘空姐时一般规定身高165cm以上，年龄 18 至 25 岁之间。而在美国却一般没有这样的限制，只要有完成工作的能力即可。可见中国更注重外在和感官，美国则偏于实质和平等。不同的文化对应着不同的产品和服务。

②文化影响着沟通与促销

文化影响着人们的思维方式，那么在表达和接受方式上也会有所差异。从广告的角度讲，美国注重个性、冒险、追求自我。而日本人则是团队、节俭、等级。但美国通用汽车进入日本市场时，美国商家依旧宣传安全平稳，而日本面积小、资源缺乏，更加在意节能减排，最终美国汽车以失败告终。失败的原则在于没有了解当地的文化，投入的广告和宣传不对。再如，从公关谈判的角度讲，美国直截了当，中国则喜欢含蓄迂回。在处理危机时所采取的策略就截然不同了。例如，丰田汽车召回事件中，美国市场的汽车全部召回，而中国市场却没有进行。因为美国更加追求个人利益神圣不可侵犯，当个人权利受到侵犯时，他们会拿出一切手段进行维权。而中国文化中，逆来顺受、安分守己、追求中庸则是大部分人的思想。因此丰田公司选择了与对待美国市场截然不同的手段。

第九章

1. 加拿大属于交易导向型文化，在商业谈判中，倾向直接表达自己的观点和需求，经常使用坦率的、直截了当的语言。而中国属于关系导向型文化，往往喜欢更间接、微妙、迂回的风格。中国的谈判人员很少直接用"不"回答问题，以避免伤及对方的面子。他们可能会使用一些隐晦的语言，如"这个很难"或"我们不得不进一步研究"，来表达自己的拒绝。

2. 在东亚和东南亚高度注重关系的文化中，如果谈判一方的谈判人员发脾气，双方都会面子受损。公开发怒被认为是幼稚的、不负责任的行为，是对双方关系的破坏。

3. 较于加拿大而言，埃及属于交流方式比较正式的文化。因此在商业交往中，应注意对方的年纪、资历及在公司的地位等，从而使用相对应的称呼和社交礼仪。在商业晚宴中，应表示出对主要人员的尊重。在本案例中，Paul 应给予 Dr. Ahmed 更多的关注以示尊重。在 Dr. Ahmed 客气拒绝食物和饮料时，Paul 应该再礼貌地询问，如果有其他事务，可以安排专门的工作人员招待 Dr. Ahmed.

第十章

1. 即使使用同一种语言，英国人和美国人在具体的沟通中也会有很多差别。这位工程师在开始之际，应接受公司的培训，了解美国员工的沟通特点以及禁忌等。其次，在日常沟通中，要有主动了解其他国家文化的意识，并对文化差异多加留意。最后，在商业场合中，使用幽默需要谨慎。对幽默的理解，牵涉很多文化因素，如语言习惯、语境以及对幽默的接受程度等。

2. 尽管线上沟通避免了很多线下沟通中出现的问题，但是团队成员身处不同地域，具有不同的文化背景、宗教传统、风俗习惯等，很容易导致信息交流时的失真。如果没有适当的培训，团队成员很有可能依据本国文化感知、分析和理解信息，造成信息理解偏差和误解。长此以往，可能会出现个人目标与组织目标的偏离。除此之外，线上交流应采用多种方式，为员工创造交流的机会，增强员工之间的相互信任。

3. 企业文化一般分为物质文化、行为文化、制度文化和精神文化四个层面。四者相互作用、相互影响，共同构成了完整的企业文化体系。企业文化的精神层次，是企业价值观的体现，对企业长期生存与发展起重要作用，是企业的价值观和方法论，经过漫长的经营岁月积淀而成，以一种潜意识的形式影响着每一个员工的行为。制度文化是精神文化的延伸与实践，是企业价值观和企业精神的具体体现。在企业中，制度文化是人与物、人与事、人与人、人与组织之间价值标准和行为规范的综合。物质文化是制度文化存在的前提，制度文化随着物质文化的变化而变化。企业行为文化是指企业员工在生产经营、学习娱乐中产生的活动文化。它包括企业经营、教育宣传、人际关系活动、文娱体育活动中产生的文化现象。企业行为文化是企业制度文化和精神文化的体现，是核心精神在企业个人层面的具体呈现。